U0118974

启真馆 出品

人性与自我修养

自我修养

〔美〕杜维明 著

浙江大学出版社
ZHEJIANG UNIVERSITY PRESS
·杭州·

图书在版编目（CIP）数据

人性与自我修养 / 杜维明著. -- 杭州：浙江大学
出版社，2023.10

ISBN 978-7-308-23706-2

Ⅰ.①人… Ⅱ.①杜… Ⅲ.①儒家—人生哲学—文集
Ⅳ.① B222-53

中国国家版本馆 CIP 数据核字（2023）第 071836 号

人性与自我修养

杜维明 著

责任编辑	周红聪
文字编辑	程江红
责任校对	黄梦瑶
装帧设计	周伟伟
出版发行	浙江大学出版社
	（杭州天目山路148号　邮政编码310007）
	（网址：http://www.zjupress.com）
排　　版	北京楠竹文化发展有限公司
印　　刷	北京中科印刷有限公司
开　　本	880mm × 1230mm　1/32
印　　张	8.25
字　　数	192千
版 印 次	2023年10月第1版　2023年10月第1次印刷
书　　号	ISBN 978-7-308-23706-2
定　　价	65.00元

联经中文版序

24 年前（1966 年），我从台北寄出一篇英文论著给夏威夷的《东西哲学》杂志主编摩尔（Charles A. Moore）先生。不久收到他的回信，两整页不空行的长篇，对我的构思行文都进行了严厉的批评。特别是针对我声称仍属"初稿"，他提出了尖刻的抗议：即使是自命不凡的哈佛研究生，也绝不应把尚未完成的作品投递到享有国际声誉的学报！不过，在最后一段，摩尔先生竟心平气和地说，这篇文字确有"希望"，如果我修订后正式投稿，他愿意慎重考虑出版。不久，摩尔教授仙逝（夏大为了纪念他创办《东西哲学》杂志及主持东西哲学家会议的业绩，近年来还特别建造了一座摩尔大厦表示敬意），摩尔的继承人道启（Eliot Deutsch）接掌学报不久即来信联系。本书所收的第一篇就是 1968 年在《东西哲学》发表的《"仁"与"礼"之间的创造性张力》的中译文本。对这个课题的探索揭开了我从事反思儒家哲学中心价值的序幕。《作为人性化的"礼"》（第二章）和 1970 年 12 月在印度的马德拉斯（Madras，今金奈）宣读的《从宋明儒学的观点看"知行合一"》（第六章）都是同类的工作。

1968 年，我完成了以分析王阳明的"知行合一"思想为主题的博士论文，正式走上以阳明教旨为主要关切的学术之旅，阳明的"致良知"一直是我所关切的哲学问题。我总觉得，阳明自称经过"百死千难"才悟出的道理与时人轻易获得的浅显的感悟没有什么可会通之处。《主体性与本体论的实在性——王阳明思维模式的诠释》（第十章）和《王阳明四句教考》（第十一章），即是设想进一步体会阳明教旨的尝试。《王阳明四句教考》一文是应西谷启治和阿部正雄两位日本哲人的邀请而撰得的，因此在《东方佛学》（*Eastern Buddhist*）刊出。

《心与人性》（第八章）是评介牟宗三先生《心体与性体》三册的论文，《重建儒学传统》（第九章）是评介钱穆先生《朱子新学案》五册的论文，《作为哲学的转化思考》（第十二章）则是评介丁博（Dimberg）先生《圣人和社会：何心隐的生涯与思想》（英文）的短篇。这三篇书评（前两篇刊在《亚洲学报》，后一篇刊在《东西哲学》）把宋明儒学中的身心性命诸问题提到学术议程之上。1970年在亚洲学会宣读的《宋明儒学的"人"的概念》（第五章），虽是一般综述，但也对美国汉学界只从政治意识形态来认识儒家传统的陈见提出质疑。近年来，在欧美学界从道德哲学、比较宗教学及美学的角度来发掘儒家传统精神资源的例子已屡见不鲜，但回顾二三同道孤军奋斗的往事难免会有创业维艰的叹息。

1975年应美国艺术与科学学院（American Academy of Arts and Sciences）之邀，我为其以建造希腊迷宫和发明人翼著称的巧工代达罗斯（Daedalus）命名的杂志撰文。《儒家的成人观》（第三章）能通过这个媒体流传英美知识界是难得的助缘。《论孟子的道德自我发展观念》（第四章）刊在《一元论者》（*The Monist*）上，也达到了和欧美专业哲学家沟通的目的。《内在经验：宋明儒学思想中的创造性基础》（第七章）则刊在由普林斯顿美术馆出版的《艺术家和传统：中国文化中的古为今用》一书中。因为这篇感性的短文，我在美学界结识了不少道友，这是意料之外的收获。

《颜元：从内在体验到实践的具体性》（第十三章）和《熊十力对真实存在的探索》（第十四章）两篇学术论文都是在美国学术联会资助的国际研讨会中提出讨论的。我深信通过对塑造儒家传统有贡献的人物的理解来阐述身心性命之学的真实内涵，不仅有助于对儒家哲学的中心价值进行深层的反思，而且可以为获取儒门的人生智慧创造良好的条件。其实，"亲师取友"乃至"尚友千古"本是"吾儒家法"。如果能通过原始资料（书信、语录、自传、论说等），私淑几位古今大儒，那将会受益良多。

固然，今天儒家传统与中国现实紧密相关，已是不争的事实，只是从正面肯定或从负面否定的立场尚多有争议，但在20世纪70年代初期，强调儒家正面的重要性，需要傻劲也需要勇气。

这本论文集曾由北京大学的胡军和于民雄翻译为中文，以《人性与自我修养》为书名，收入中国文化书院所刊行的"中国文化与文化中国"丛书里，由北京的中国和平出版社于1988年出版。我很感激胡、于两先生在写作时间压力极大的困难中帮助我在大陆传播"儒家信息"。我曾收到湖南乡下一位年仅15岁的少年因读《人性与自我修养》有所兴发而寄来的问学书。他不赞成我所谓"儒门淡薄"的悲观，而且建议我为某些过分"欧化"的词语做一些必要的修订，这类回响使我振奋。不过大陆版没有原序（多半读者不知道这些论文都是15年前用英文发表的旧作），又因刊行仓促而把脚注全部删除，而且文字错误也特别多，不能反映英文本成书的"艰苦"。

承蒙联经出版事业公司总编辑林载爵教授的厚意，我很高兴这本论文集的中译本能有重新在台湾刊行的机会。东海大学的张端穗教授不仅把脚注全部译出，而且重新详阅大陆版，做了比重译更艰难的校雠工作，使全书面目焕然一新（譬如第十三章便彻底重新翻译）。大陆版原有庞朴的丛书总序和汤一介为《人性与自我修养》撰写的序，我接受了联经编辑部的建议，为联经版撰写了这个新序，说明原委。因此，庞、汤两序只好割爱。

我虽然常用中英双语撰文，但在翻译自己论著方面却乏善可陈。固然我不愿只停留在"双语主义"（bilingualism）的层次，其实，严格意义的"翻译"正是我努力的目标，但我从来没有把自己的英文（或中文）论著翻译成中文（或英文）的奢想。我是希望从中英双轨的实践中汲取培养语言能力的经验，能否相得益彰，当然不能只从"双语主义"来证成。因此我由衷地感激张端穗教授的这番苦心（更不必提苦工了）。最后，虞韵琴悉心校对全稿，改正不少错误，一并在此致谢。

杜维明

1991 年 10 月于

美国，马萨诸塞州，康桥

原序

1977 年的春天，已故的社会研究新学院纳尔逊（Benjamin Nelson）教授建议我把几篇业已发表的儒家思想论文集结成书。他主动提出，将我的论文集纳入由他主编的一系列有关比较文明研究的专论丛书中并予以出版，同时他还答应为我的论文集写序，从比较文明学研究的角度介绍我的学术工作，使我极感欣慰，也倍觉荣幸。1977 年 9 月 17 日，纳尔逊教授在德国旅行时不幸去世。他的逝世对我们这些深受其充满活力的人格所感召、其生趣盎然的学术所鼓舞的文化工作者，确是一大损失；尤其是我本人，对这位敬爱的"师友之间"的人物的猝然离去更感到悲痛。我们原已商定准备共同撰写三篇从比较文明学的角度来探索中国和西方的论文，其中一篇以中古基督教的"良心"（Conscience）为线索，集中探讨宋明儒学关于"心"的概念。

由于我的同事加州大学伯克利分校东方语文系兰克斯特（Lewis Lancaster）教授的鼓励，我终于鼓起勇气把这几篇论文安排成专著的形式。他所主持的亚洲人文出版社决定重新排印全稿，为我提供了改正一些错误和进行少量校订的机会。我很感激阿德勒（Joseph Adler）先生、湘纳（Betsy Scheiner）女士和汤普森（Tracy Thompson）女士在这方面对我的帮助。

我对历史和哲学界不断从学术上给我以支持的老师和朋友也表示真诚的谢意。我想特别提到这些年来对我启发良多的谈友：张灏、陈荣捷、陈启云、狄百瑞（Wm. T. de Bary，后改名为狄培理）、洪铭水、林毓生、刘子健、刘述先、梅广、墨子刻（Thomas A. Metzger）、牟复礼（Frederick W. Mote）、吉德炜（David N. Keightley）、湘纳（Irwin Scheiner）、史华慈（B. I. Schwartz）、魏斐德（Frederic E. Wakeman，Jr.）、杨联陞和余英时。我也要感谢由美国学术联合会（American Council of Learned Societies）所支援的"伯克利儒学研讨会"的会员们，近年来他们对我学术工作的批评和指正确使我眼界大开。我尤其要对余约翰（John Ewell）先生、研讨会的秘书和记录员表示万分谢意，这里所收的好几篇论文初稿都经过他们精心的审阅和批评。

同时我必须提到，由已故唐君毅教授以及牟宗三、徐复观教授所领导的"东方人文友会"虽然没有直接参加我在美国"经院式"的反思活动，但"友会"（长期非正式的学会）诸公所创建的那个纯粹以人文精神相提携且饶有人生意义的"沟通世界"，却经常为我的工作提供滋养。

杜维明

1978 年 6 月于

美国，加州，伯克利

目　录

第三部分　现代儒学思想体系

导言

　　儒家思想是人类历史上最丰富、最悠久的精神传统之一。本书中的11篇论文及3篇书评是我企图了解儒家思想的一些研究成果。经过再三思考，我在初步探讨所研究的内容后选择了"精神"（Spiritual）这个关键词。首先我必须指出，我的目的在于：以一种分析的、描述的方式来探讨儒学思维模式的某些显著特征。我对这些问题的论述或许会为儒学传统加上一层积极的色彩，但这是出于方法论的考虑，而非蓄意维护一套受人诋毁的思想体系。

　　当然，我以为使我倾心的儒家知识只有少数研究中国思想的同人与我分享。半个多世纪以来，研究中国的西方学者和大部分中国知识分子都注重所谓儒家文化的"阴暗面"。然而，用现代的观点来评价儒家思想是一回事，而以现代意识形态中所谓的优势，不论是科学主义、民族主义或社会主义，来抨击儒家的象征系统却是另一回事。前者是以发现的精神来试图理解及正确理解一个文化现象的一种诠释的艺术，而后者却源于善辩者的说教，其明显的目的在于把一个传统化约成一套公式的算法而已。近代中国某些最优秀的思想家多次积极参与重新评价儒学传统的事实，说明了在致力于中国现代化的人眼中，传统的处境堪忧。但当我们探究中国现代化的

1

意义时，我们立刻就会为那些甚至是"新世界"、"新思想"、"新潮流"和"新生活"最优秀的支持者屡屡不能正视文化认同的问题而感到震惊。

事实证明，在意识形态方面，现代化的种种方法实际上都是空想的捷径，即想要摆脱根深蒂固的本土文化的重压。我相信中国的知识分子已经为这种空想付出了巨大代价。更糟的是，为了实现任何似乎切实可行的，有可能使自己民族免于外族侵略、内部纷争及落后状态的方案，学术团体已经流于肤浅。其结果是，思想的力量丧失了。用列文森（Joseph R. Levenson）的话来说，文化的政治化是儒家中国的悲惨命运。

然而，我并不认为儒学的命运便就此决定了。相反，儒家思想作为中国主要思想力量再度出现的可能性是真实存在的。我坚信，随着文化的非政治化成为全民的信条而非实现现代化的策略，儒学在艺术、文学、历史和哲学中的精神价值将会再度发挥它对塑造整个中国创造性心灵的影响。中国在未来探讨文化认同时，将不可避免地面对历史上最深刻且普遍的"中国性"之突出体现（译者案，指儒家思想）的挑战。

不过，我要特别提请大家注意，我之所以研究儒家思想不是出于一种真诚的决心：要使儒家思想与现代中国意识形态的转化有所关联。虽然或许我已经受到这样一个愿望的影响，但我主要关切的一直是尽可能公正地去研究儒家传统与众不同的特点。我首先集中探索了它的"内在层面"，希望以此为出发点进而对它在文化、社会、政治等方面的表现做出更全面的评价。因此，在方法论上，我的优先选择是，先根据儒学传统中一些最主要思想家的论断，研究曾鼓舞传统中国著名思想家的儒学层面。

不用说，在这样做时，我已对某些自己在研究儒学思想中所获得的价值做了表态。事实上，我十分愿意把自己探索文化认同的努力说成是具有"儒家"特性的学术工作。当然，我知道个人对存在主义的选择会极大地限制一个人用超然的态度来分析和描述一种精神传统的能力。人们普遍认为，一个人越接近于参与者的角色，那么他就越不容易去履行观察者的职责。在实际上使公正精神成为必要的客观性标准似乎与倾情投入的心理是不相容的。

然而，使自己潜心于一个传统的研究而又不丧失批评的敏锐感的困难并非不可逾越。事实上，人文学科需要信用上的承诺和理智地保持距离二者不断地相互作用。创造性学术的锋刃往往来自这两种学习模式的对抗。诠释的艺术部分依赖于我们在感觉迟钝和过分热心之间找出一条道路的能力。

因此，我研究儒家思想的各篇论文正是这样一种探索，有成功也有失败。所谓探索，并不意味着我已试图冒险涉足未知的海岸从而开辟新的研究领域。在陌生的海洋中冒险航行并非我的本义。相反，我一直在中国思想史学者极为熟悉的领域工作，因此不可能产生那种兴奋。事实上，我已回避了那些对传统儒家而言是外围问题的领域。当然，对立论稳固的儒家思想的诠释而言，如果对似乎是边缘性的主题做进一步探索，结果可能会成绩斐然。但我自己选择的一直是考察，更确切地说，是重新考察那些长期以来被认为已经解决的问题。这样我的方法既不是概观也不是建构，而是按加布里埃尔·马塞尔（Gabriel Marcel）的意思，以一种诠释的观点来"挖掘"。

我的探索——人们或许会说是一种精神考古学——在10多年前就已开始。现在的这本书在某种意义上说，是我在过去12年间出于各种考虑，在各种不同场合下即兴之作的汇编。虽然这些论文的主题不尽相同，但它们并不是孤立的，而是探索儒学传统丰富的象征性资源总体尝试的片段。当我着手开始研究的时候，我并没有一个通盘的计划，也没有一个详尽的蓝图来指导自己的行动。然而早年在大学研习阶段便受到传统中国教授教诲儒家经典，在研讨班中又接触到现代美国教授对儒家文化的诠释，1966年我决定集中力量对儒家的精神价值进行长期的探索，以此作为自己专业上的承诺。在某种意义上，这些论文大都是有感而发，并不表明专业承诺目标的实现。但是我希望在这些文章中有一个基本的统一性，能引导读者去赏识儒家思想的"内在层面"。

不可否认，我还没有形成一个既定的、最终将实现的思想构图。在这里我也不能明确地说明它应怎么被并拢起来。但我想这些精细深入的研究将会显示儒家的精神价值不能被化约为政治、社会或心理的现象，并且，借着引进伦理学、美学、比较宗教学和系统哲学等学科来研究儒家的精神价值，它们是可以作为独立的人类努力的领域而被很好地研究的。我无意在此夸大这些研究模式的价值，而只是要说明，我的目标一直是经由研究儒家楷模教师的精神生活及研究儒家经典的精神内容来分析和描述儒家思想。

其中部分原因是要矫正普遍存在于东方与西方汉学文献之间的严重不平衡的现象。更重要的是，它试图发现，是否可以通过对多层次晦涩描述的理解，使得新的诠释真正的可能性再度出现。事实上，我坚信只要运用新的眼光来研究这些永恒的问题，那么我们就能穿透那些片面的和歪曲真相的作品。只有在那时，我们才能说有了理解。不过，回顾一下我的这些文章，我不能说它们已然超越了既定道路上的足迹。

此书的第一部分由四篇论述古典儒学观念的文章组成。它暂时解决了两种根本不同，然而从更深层的意义上说，又是互为补充的关于修身哲学之看法间的冲突。这两种哲学思想，一种是传统的求和谐、整合和统一的理想，一种是现代的对异化、张力和矛盾的强调。在这些文章中我所论证的是：如果我们认真对待学以成人的过程，那么儒家信条就绝不是静态地坚守前设的模式，而是象征一个不断的自我精神转化过程。

个人成长的中心地位在宋明儒学的思考模式中具有无所不包的意义，因此第二部分可以看作是努力运用这种特殊的洞见去分析各种不同性质的人类环境。虽然由于写作环境不同，这些论文在外观上很难展示出一个统一的模式，但它们绝不是对意外的请求漫不经心的回应。事实上，读者可能会看到第二部分虽然并不完备，但却是对宋明儒学家生活方式"内在情境"的进一步探索。

读者或许会看到运用这一洞见去分析历史上各不相连的人文处境和所谓探索一个传统的内在情境之间的联系。然而我的主要目标一直是指认一条精神意义上的联系过去与现在的"狭窄山脊"（narrow ridge），第三部分中的文章就是这种尝试。它们的焦点虽然集中在当前，但我希望，它们不只是关于最近已经发生的和在不久的将来能够或可能发生的思辨之说明。当然，我对现代儒家象征主义的研究仍是尝试性的，而且，不可否认，我对当代中国儒家思想转化的诠释立场，一直受到我对这个伟大传统继续不断壮大的深刻关注的影响。不过，我的这些看法并不仅仅是"个人的感受"。我反对现代主义宣称为了发现新的而去珍惜旧的，这种看法是既不值得也行不通的。我不仅反对他们的宣言，并且我敢断言批判继承与创新发展双管齐下的立场已为越来越多的学术界人士所赞同。按照我的同事，特别是罗伯特·贝拉（Robert N. Bellah）和赫伯特·芬格莱特（Herbert Fingarette）的精神，我坚信正是因为我们能够复活旧的东西，我们才有希望获得新的东西。

第一部分　古典儒学思想

"仁"与"礼"之间的创造性张力

一

这篇文章的目的既不是用发展的观点来考察两个儒学的概念，也不是分析这两个概念的词语意义，而是企图把可能是儒学中最重要的概念"仁"，和可能是最为人所熟知的另一概念"礼"做一番比较，从而研究儒学传统的活力。当然，这只是许多可行取向中的一种。我们也可以把"仁"和义、智、孝、忠、勇等儒学的其他道德概念联系起来考察以获得类似的成果。事实上，即使是在探讨"仁"和"礼"的过程中，我们也常被吸引去做不同方向的思索，如我们可效法孟子把"仁"看作四种基本道德中最主要的一个，我们也可模仿荀子把"礼"视为最重要的社会控制系统，我们甚至可以把"仁"放在"礼"的范围内，和"道""兼爱"甚至"上帝"对照来看，以显示"仁"在儒家思想中的独特性。

上述几种可能在下面都将会涉及，但本文的重点是"仁"和"礼"之间的创造性张力。期望借着对这个问题的考察，我们能再度发现某些最原始、最持久的儒学概念所具有的资源。然而，在后面我们将会清楚地看到，我考察的重点与其说是"礼"，不如说是"仁"。这并不仅仅是因为"礼"这个概念已为人所熟知且较易把

9

握，也因为"礼"这个概念远在儒学产生前就已存在了。[1]毕竟是孔子引进了"仁"这个新的概念，中国思想史领域中才有了一个质的突破。因此，我们将首先讨论《论语》中那一直被认为最能反映"仁"这个概念特征的章节。

二

孔子最得意的弟子曾经向他请教有关仁的问题，他回答说："克己复礼为仁。"[2]我以这段引文作为讨论的起点似乎是无可非议的，因为这个回答所牵涉的三个主要概念或问题与我们的目的密切相关。然而困难也正从这里出现了。"克己"这个概念在英文中可被译为"to conquer oneself"，但这个英文词组的特殊含义易引起误解。因为孔子的这一概念不是意指人应竭力消灭自己的物欲，反之，它意味着人应在伦理道德的范围内使欲望获得满足。事实上，"克己"这个概念与修身的概念密切相连，它们在实践上是等同的。

"复礼"这个汉语词也比它的英语译文"return to propriety"包含着更广泛、更深刻的含义。首先，"礼"一般意味着在社会、道德甚或宗教脉络中的正当行为规范和准则，但"礼"并不意味着对一既定环境的消极顺应。阿瑟·韦利（Arthur Waley）把"复礼"所包含的整个思想译成"to submit to ritual"，这是极不贴切

---

[1] 虽然我们可在《左传·襄公七年》发现一句"参（德、正、直）和为仁"，但《左传》中最重要的观念却是礼。见理雅各（James Legge）译：《春秋及左传》（The Chüen Tséw, with the Tso Chuen），收于《中国经典》（The Chinese Classics），卷五（London：Henry Frowed, 1871），432 页。编者注：由于作者引用的文献年代较远，且都是外文文献，原文已不可考，所以参考文献只做轻微改动，保留原格式。

[2] 《论语·颜渊》第一章，见韦利译，《论语》（The Analects of Confucius, London：George Allen and Unwin Ltd., 1938），162 页。

的。[3]事实上，"复礼"是要使人们与"礼"完全相符，它不是消极地顺应而是积极地参与。"克己"和"复礼"这两个概念的含义似乎令人难以把握，然而在这三个概念中最难捉摸的可能还是"仁"这个概念。虽然这个概念可译成英语的 benevolence、charity、humanity、love、human-heartedness 和 goodness，但没有一个是令人满意的。[4]似乎探讨"仁"这个概念的最好办法就是首先把它看作儒学价值体系中最高层次的道德，换言之，"仁"为那些在儒家社会中起整合作用的其他所有的伦理规范提供了"意义"。

这样，我们在处理这些问题时似乎有必要考虑它们各自不同层次的含义。大致地说，我们可把"仁"看作古典儒学思想中有关个人道德的概念和宋明理学中形而上学理据的概念，而"礼"基本上则是社会关系的概念，然而，必须指出，这样的概括仅是为了便于分析。首先，提出这些概念的伟大的思想家未必清楚这些范畴本身的含义。即使他们无意识地体会出这些区别，他们主要关切的也是它们之间的"和谐"而不是"张力"。因此，我们强调它们之间的张力，不是想反驳古代哲学家的主要思想，而是想显示：他们所关注的这些概念间的和谐有着一种非常复杂的、交响乐式的结构。的确，普通人的耳朵是不习惯这样的结构的。当然，我们在这样分析的时候可能会冒着赋予那些古代文本太多意

---

[3] 依据这样的翻译，韦利有如下的说辞："在《左传·昭公十二年》中，孔子引用的这句话是以前书上记载过的。注释者不晓得'克'字的古代用法（能够），把'克己'解作'克制自己'（self-conquest）。这是个很有启发性的错误。见上引书，74 页。"我曾检阅过他的第 74 页以及他所引用的所有原文。我相信注释者基本上是对的，而韦利本人的评论则有些牵强。韦利没有注意到在《左传》的第一章中，"克"字之义是"克制"（conquer）而非"能够"，见理雅各（《春秋及左传》，3 页）："夏五月，郑伯克（overcame）段于鄢。"

[4] 见陈荣捷（Wing-tsit Chan）：《儒家仁的观念的演进》("The Evolution of the Confucian Concept Jen")，《东西哲学》(*Philosophy East and West*)，卷四，第 4 期（1955年 1 月），295 页。

义的危险，但我们的重点不在于考证学的工作——虽然考证学的工作对于这样的研究是至关重要的——而在于这些典籍所蕴含的在意义上可能的伸缩性。不过我们也必须注意到不要陷于纯思辨的另一极端。基于上述种种考虑，在下面，我们首先对"仁"这一概念进行探索。

三

作为一个个人道德的概念，"仁"被用来描述人们借着道德上的自我修养而达到的最高的人生境界。[5] 成为一个君子并不困难，但很少人有资格被称作"仁人"（体现"仁"的人）。孔子几乎从未给过任何人这样高的赞誉。[6] 不过，孔子又说："仁，远乎哉？我欲仁，斯仁至矣。"（《论语·述而》，第二十九章）[7] 进而他又指出："人而不仁，如礼何？人而不仁，如乐何？"（《论语·八佾》，第三章）如果我们不把"仁"看作一个客观的实体，我们就能把这两个似乎相互排斥的看法协调起来。问题并不是非此即彼的，因为孔子肯定对"仁"的实现有程度上的不同。每个人都程度不同地体现"仁"，但在更完满地体现"仁"的过程中，却没有一个人能达到绝对完美的境界。

这里主要的问题在于做内在决定的过程。这个过程既不是一

---

[5] 阮元的说法似乎不易让人接受。阮元说："孔子论人以圣为第一，仁即次之……又智者，仁之次。"虽然孔子的确在仁者与智者之间做了区分，但他从未暗示仁人与圣人之间应有所明白地区别。见阮元：《论语论仁论》；见其著：《揅经室集》，上册，卷八，3—5页。又见陈荣捷：《儒家仁的观念的演进》，298 页。

[6] 管仲的例子应被认作是例外。我们应注意，孔子称赞管仲，因为管仲有攘夷之功。尽管管仲僭越违礼，但他在文化领域上的贡献证明他有资格获得这样的赞誉。见《论语·宪问》，第十七章；《八佾》，第二十二章。

[7] 编者注：因作者未在注释中标注引文的英译本出处，故本书将此类引文的原始出处标于正文中，以示与脚注的区别。

个瞬间，也不是一个阶段，而是每一个人在所有的处境中都会反复遇到的一个永久性的问题。因此孔子才说道："君子去仁，恶乎成名？君子无终食之间违仁，造次必于是，颠沛必于是。"(《论语·里仁》，第五章）而且在宋明理学的传统中，这个"蜕变的过程"(becoming process）不仅仅是"功能的"(functional），或只是达到目的的手段，"蜕变"也是"实体的"(substantial），这意味着它是目的，甚至它本身就是一个终极目的。[8]

从功能的观点来看，如仍用宋明理学的措辞，那么这个"蜕变的过程"是以持久的"工夫"为特征的。古典儒学的"新"的概念和宋明理学的"觉"的概念都是指这种内在永恒的自觉努力。实际上，如果"新"意味着"重生"，而"觉"意味着"听从上帝的召唤"，基督徒也可能会认可"新"和"觉"这两个概念。然而不同于基督教的态度，儒学的思想取向是反对把这种努力的最终动力看作源自上帝的恩赐。它辩称在自我实现的过程中，这种行动的基础存在于道德的心灵之中，或者用儒家的术语来说是存在于"仁心"之中，而这种仁心是每个人所固有的。

然而，区别并不在于是相信超越的"他"还是忠于内在的"我"。儒学同样也有它的先验的依托（这点将在后面讨论），虽然这个依托有完全不同的性质。这里如从实体的观点来看，"仁"就不仅是个人的道德，也是一种形而上学的实在。[9]换句话说，不仅从心理学的意义上，每个人都有体现"仁"的可能性，而且从形而上学的意义来看，这个道德的精神或"仁"的精神按其本质而言

---

[8] "功能"(function）在宋明儒学中是"用"字的翻译，"实体"(substance）是"体"字的翻译。必须确定的是，体用二分本身就可以是一篇论文的题目。这里我只能说，在目前的研究中，体用二分的理念被用来作为许多可能的研究"仁"的途径之一。

[9] 陈荣捷：《儒家仁的观念的演进》，306页。

是等同于宇宙的精神的。这样，"仁"就是"修身"在道德和本休论层面的基础。"仁"一方面被看作一种背后的推动力，另一方面则被看作道德行动之上的意义结构。实际上，"仁"是道德，但在儒学，尤其在孟子的思想中，道德并不局限于伦理的层面，它也表达了宗教的意义。确实，儒家的伦理观必然要扩展到宗教领域中去。[10] 牟宗三教授证明，"仁"归根到底是一个形而上学的实在，它意味着创造力自身。[11] 或许也正是在同样的意义上，陈荣捷教授用了"活动"和"生命"（或"生产"）来描述"仁"所具有的三个最主要特征中的两个。[12]

孟子的思想与上述思想相一致，所以他才说："尽其心者，知其性也。知其性，则知天矣。存其心，养其性，所以事天也。夭寿不贰，修身以俟之，所以立命也。"[13] 因此，儒者，特别是新儒家传统中的儒者，拒绝接受超越意义上的人格上帝有何道理可言，然而却在自我决断过程中给既是功能又是实体的"仁"的"主体性"增加了先验的和宗教的维度。儒学本身并不具备正式宗教的性质，但它却在中国社会中起着一种与道德、宗教体系相同的作用，这是可理解的。因此，我们虽然可以不把儒学称为宗教，但如果完全否认它的宗教性质却是错误的。[14]

同样地，虽然人际关系对于"仁"来说是至关重要的，但"仁"

---

[10] 关于这个问题的深入讨论，见唐君毅：《先秦中国的天命思想》（"The Tien Ming in Pre-Chin China"），《东西哲学》（*Philosophy East and West*），卷十一，第 4 期（1962 年 1 月），195—218 页；卷十二，第 1 期（1962 年 4 月），37—38 页。

[11] 牟宗三：《中国哲学的特质》（香港：人生出版社，1963），37—38 页。

[12] 阵荣捷：《儒家仁的观念的演进》，310—314 页。

[13] 《孟子·尽心上》第一章，理雅各（James Legge）译：《孟子》（*The Works of Mencius*），收于《中国经典》，卷二（Oxford：Clarendon Press，1895）。

[14] 像宗教（religion）、各种宗教（religions）、宗教性（religiousness）等词条依据史密斯（Wilfred Cantwell Smith）、吉尔兹（Clifford Geertz）和贝拉（Robert Bellah）等人最近研究中的用法。

主要不只是一个人际关系的概念，它是一个内在性（inwardness）的原则。这种"内在性"意味着"仁"不是从外面得到的品质，也不是生物、社会或政治力量的产物。孔子曾说过："当仁，不让于师。"（《论语·卫灵公》，第十五章）朱熹在评论孔子的这段话时说："盖仁者，人所自有而自为之。"这样，"仁"作为一种内在的道德并不是由于"礼"的机制从外面造就的，而是一个更高层次的概念，它赋予"礼"以意义。正是在这个意义上，我们可以说"仁"基本上是与人的自我更新、自我精进和自我完成的过程联系着的。"仁"也是一个起统一作用的概念，它不仅赋予其他重要的儒学概念以意义，而且也决定着它们的性质并把它们综合为一个整体。正是由于这点，孔子不承认自己只是"多学而识"，而认为"吾道一以贯之"（《论语·里仁》，第十五章）。

不过，孔子不承认自己只是"多学而识"这一点，却并不意味着他对教育和其他社会问题缺乏真诚的关注。而且，如果孔子真想取得一贯之道以统合他的知识，那么关于外在丰富多彩世界的知识对他是有益的。毕竟，孔子从未宣扬过所谓的禁欲主义。[15]他也从未在任何特殊的社会环境之外讨论过他的哲学。因此，宋明理学家关于"仁"的概念尽管可以被看作一个形而上学的概念，但在实践上"仁"必须与特定的环境紧密相连。就此而论，陈荣捷认为"仁"的第三个特征是它的社会性，这个看法是很中肯的。[16]下面我们来讨论"礼"这个概念。

---

[15] 见白乐日（Etienne Balazs）:《政治哲学和社会危机》（"Political Philosophy and Social Crisis"），收于《中国文化和官僚制度》（*Chinese Civilization and Bureaucracy*, New Heaven: Yale University Press, 1964），195 页。

[16] 陈荣捷:《儒家仁的观念的演进》，311 页。

四

"礼"可以被看作"仁"在特定的社会条件下的外在化。不管"仁"看起来多么抽象，根据它的定义，它必定要求自身的具体表现。儒者从不就"仁"的形而上学含义本身去思考它们。他们并不力图纯理智地去理解"仁"，也不认为它是一个现存的信条。不同于基督教徒与其人格上帝的关系，也不同于净土宗佛教与阿弥陀佛的关系，儒者对"仁"的态度比较类似于道教徒对"道"的态度，他们总是努力去体现"仁"。

"仁"的心理机制与道家"真人"能体现"道"的思想是一致的。可是，"道"这个概念不仅自身是无差别的，它也防止任何差别的产生。因此，像"朴""素"这样的名词在道家就有了突出的地位。相反，存有论的必然性要求"仁"在复杂的世界中区分自己。[17]在道家和禅宗的影响之下，一个儒者也可能练习打坐静思，如许多宋明理学家实际上所做的那样，但此外他还必须在所谓既定的社会条件中把自身内在的力量体现出来。这里表达这一思想最好的词莫过于"践仁"。对一个道教徒来说，借人类的努力在这个世界实现"道"是不可思议的，因为道教学说的主旨是教导其信徒不仅去超越人事而且要使心灵专注于"无"，从而使自己和伟大的道的"无为"若合符节。道教学说可能产生积极的社会结果，但这无论如何不是它的主旨。而儒家关于"仁"的概念则指示着相反的方向。社会影响就包含在内在原则之中，因为它的主旨不是获取心灵完全的平衡以摆脱一切世俗的牵累，而是要成就伟大的"用"。虽然这种想法既不同于实证主义式的功利主义，也不同于杜威式的工

---

[17] 这牵涉"差等性"的整个问题。在现代中国儒家哲人中，特别是唐君毅、牟宗三和徐复观等，共同的看法是把"差等性"认作仁的内在本质。

具主义,但是正是在关切到可行性和实用性的地方,"礼"的真实意义才能被认识到。

曾子曾说过:"慎终追远,民德归厚矣。"(《论语·学而》,第九章)根据这种说法,祖宗崇拜的"礼"确实对社会伦理道德发挥着有力的影响。这和孟子的思想是一致的。孟子严厉抨击墨子的"兼爱"思想,他甚至断言墨子的学说必然会导致无所爱(《孟子·滕文公下》,第九章)。从基督教神学的角度来看,这种谴责似乎令人震惊。然而,既然墨子的"兼爱"思想不是以对超越的上帝的一般关注为基础,那么很有可能指的是仅仅由于地区的广袤,亲密的关系就会疏远,从而父母也可被看作陌生人。因此,儒学家争辩道,如果一个人不能理解根基之重要,那么他就断然不能认识枝叶;一个人连他的父母妻儿也不爱,他又怎能侈谈爱他的邻居呢?[18] 显然,这个观点反映了一些特殊主义的倾向。从基督教的观点来看,只有宣誓忠于超越的上帝,一个人才能摆脱这种特殊主义的窘境。特殊主义是利己思想的一种,因此,如果一个人不能摒弃自己生物性的束缚并遵从普遍的原则,那么他就没有资格成为一个基督教徒。可是儒家的哲学家们不认为上述儒学的特殊主义是直接反对普遍主义的,而认为它关心的是实用性。"仁",作为儒家的理想,是普遍的而不是特殊的,但在具体实现"仁"的真实过程中,在"礼"的范围内却又存在着对特殊的考虑。

因此,"礼"可被看作特殊主义的原则,这个原则说明了"仁"的自我实现过程是怎样发生的,换句话说,一个儒家学者总是在社会环境中进行自身的道德修养。他不反对人世,也不认为自己仅处

---

[18] 要知道一个完全不同的立场的看法,见德效骞(Homer H. Dubs):《儒家思想中利他主义的发展》("The Development of Altruism in Confucianism"),《东西哲学》(Philosophy East and West),卷一,第 1 期(1951 年 4 月),48—55 页。

于这个世界，而不属于这个世界。他的取向在于此世，他认为此世的活动是有内在价值的，对于自我完成是必要的。可是，这并不会导致这样的结论，认为"礼"总是与积极参与社会相关联的。在某些具体的场合，"礼"也会引起相反的结果，如在一些理想的情况下，父母死后守丧三年的礼节通常迫使一个儒者在婚后独居，而且这通常发生在他学术生涯最有创造力的岁月里。无疑地，如同中国哲学一样，中国文学中的有些名篇也是这个时期的产物。事实上，这种清教徒式的自我修持是如此重要，以至于对儒者来说，"隐退和回归"的思想不仅有吸引人的一面，而且在某种程度上有着功能上的必要性。儒家学者经常引用司马迁（他未必是典型的儒家式历史学家）、王阳明和曾国藩的例子来证实他们的观点，认为清教徒式的自我修持是成功的实践主义之母，这种思想成了公认的儒家的生活态度。孟子认为，个人要承担天赋予他的伟大使命，首先必须遭受种种磨难。这种说法将磨难看作不可避免的挫折或"被迫的隐退"，并且只有经受了这种种磨难他才能承受更艰巨的任务（《孟子·告子下》，第十五章）。韦伯认为"儒学的理性主义在于根据现世而做合理的调整"[19]，这只有在认为"调整"不是对现状妥协的意义上才是正确的。与基督教的"它写了，但我告诉你们……"的思想相比，儒家学者会由于发现"礼"和"仁"之间的不一致而反对已确立的"礼"。

因此，在某种限度内，儒学中"礼"和"仁"之间的张力可以很好地由基督教中律法和福音间的张力得到说明。用哈维·考克斯（Harvey Cox）的比拟来说，"礼"是指此岸的标准，而"仁"

---

[19] 韦伯（Max Weber）：《中国的宗教：儒教与道教》（*The Religion of China, Confucianism and Taoism*），格特（Hans H. Gerth）译（Glencoe：Free Press，1951），226—249页。

却意味着对选择和责任感的召唤。"礼"说明一个人生活在社会之中这样一个事实，而"仁"却说明了人不只是社会力量的交叉点这一同样重要的事实。他感觉到被召唤去抉择、去实现潜在的自我性（selfhood）。这自我性不只是基因、生理腺体及阶级的总和。人不能没有"礼"而生活，但当"礼"变得完全具有决定性时，他就不再是一个真实的人了。[20]因此从更深层意义上说，"仁"和"礼"之间的创造性张力意味着它们的互相依赖。这样，儒家不仅消极地认识到，社会的强制性是一个既定的条件，也积极地认识到它又是一个创造性的工具。如用牟宗三的话来说，就是"仁"需要向外界展示自身的"窗户"，否则它就会窒息。在这里我们顺便用对照的方法提一下道家无差别的"浑沌"形象，它仅仅由于被凿了七窍而死去。[21]同样，如果没有"仁"，"礼"就会变成空洞的形式主义。进而言之，没有了"仁"，"礼"很容易退化成不能进行任何自觉改良的社会强制，并可能摧残人的真实情感。所谓礼教就是这样一个例子。五四期间，礼教受到了猛烈抨击，特别是像鲁迅这样的文学家所做的批判更为猛烈。一个简单的事实就足以说明这一点，明清时期有相当一部分寡妇以自杀来证实自己的贞洁。鉴于这种愚蠢的举动，鲁迅称之为"吃人"的礼教是完全正确的。

因此，维系"仁"和"礼"之间的平衡是异常重要的，并且必

---

[20] 在整段文字中，我只是简单地用"仁"取代福音，用"礼"取代律法。考克斯在他的著作《世俗都市》（Secular City）中所做的整个论证似乎可与它的儒家对手相提并论。见47页。

[21] 庄子描述道家纯意识——不言而喻、不思而虑的纯意识——所使用的意象是"浑沌"之神。"南海之帝为倏，北海之帝为忽，中央之帝为浑沌。倏与忽时相与遇于浑沌之地，浑沌待之甚善。倏与忽谋报浑沌之德，曰：'人皆有七窍以视听食息，此独无有，尝试凿之。'日凿一窍，七日而浑沌死。"见韦利（Arthur Waley）：《古代中国的三种思想方式》（Three Ways of Thought in Ancient China, London: George Allen & Unwin Ltd.,1953），97页。关于原文出处，见《庄子·应帝王》。

须在动态的过程中来寻求这种平衡。一个完全按照现存礼仪行动的善人不会必然呈现出这种均衡。具有讽刺意味的是，理想的儒家君子常常被认为正是孔子、孟子严厉谴责的所谓"乡愿"。虽然"乡愿"似乎遵从儒家的规范，但实际上根本没有自觉地从事道德实践，只不过是顺从惯例而行。孔子把这种人称为"德之贼"[22]，因为修身、使自己和"礼"一致的自觉努力这些可贵的方面在他们身上荡然无存。（《论语·阳货》，第十三章；《孟子·尽心下》，第三十七章）

五

总结这个讨论，我们认为在文章开头引用的"克己复礼为仁"这句话包含着这样的含义，即孔子消弭"仁"和"礼"之间冲突的方法在于维持这两者之间的创造性张力并且从事道德的修身。这一教诲最好的现身说法者就是孔子本人。

孔子在评论自己生活发展历程的时候敏锐地指出："七十而从心所欲，不逾矩。"（《论语·为政》，第四章）这个"矩"无疑即是由"礼"管辖的领域。换句话说，孔子承认自己 70 岁时即能根据自己的意愿去行动，而且每一行动都能符合"礼"的要求。这并不意味着孔子已成为一个"礼"的专家，相反，却意味着他能跨越那表面上似乎是不可逾越的"实然"和"应然"之间的沟壑。他热衷并通晓修身，所以在具体的社会情况下他能以一个艺术家的老练来行动。实际上，孔子曾用音乐的意象来描绘人的内心世界与其外在表现的完美与统一。

---

[22] "The thief of virtue"是"德之贼"的英译，虽用之者众，但译文本身却相当粗疏。德之贼的原意是败坏德性。

作为人性化的"礼"

一

深入考察"礼"这个概念必然要涉及儒学的宗旨这样一个广泛的问题。在前一篇文章中，我曾试图初步研究了"仁"和"礼"之间的创造性张力。虽然这一研究侧重于儒学的两个基本道德概念，但这一探讨的真实基础却在于认为儒家学说所关心的中心问题是成为圣人的过程，即完全成为一个真实的人的过程。并且，作为"仁"的外在化的"礼"，其基础就存在于自我实现这一概念之中。[1]

在本文中，我认为，自我与社会相对的问题，特指个人道德的内在意义与社会职责的外在表现之间的冲突，仅仅是抓住了儒家学说的表面现象。我认为更重要和更具深长意味的问题是真实的自我与非真实的自我之间的区别，及不完全的自我实现与完全的自我实现之间的区别。为了紧扣这一要点，我将首先对儒学宗旨中"礼"的基础做一个分析，然后尝试回答那个不可回避的问题，即为什么只有把"礼"（ritual）看作人性化的过程，我们才能充分理解它。

---

[1] 拙作《"仁"与"礼"之间的创造性张力》（"The Creative Tension between Jen and Li"），《东西哲学》（*Philosophy East and West*），卷十八，第1—2期（1968年1月—4月），29—39页。

应该在此提及，虽然本文不打算分析"礼"这一概念的历史演进及它在语义上的衍生，但可以将这两个方面作为研究的起点，这很重要。这篇文章的主旨在于从孟子的哲学观点来看"礼"这一概念的道德宗教的含义。我认为这样一种研究取向难免会有明显的片面性，但我也希望对那些不仅是为进行思想训练而研究儒家思想，也是为寻求对永恒的人类问题有较深理解而研究儒家思想的人而言，这样的取向会提出一些相关的问题。

二

在我对《"仁"与"礼"之间的创造性张力》的研究中，我力图反驳这样一种观点，即"仁"主要是一种人际关系的概念。因为我认为"仁""基本上是与人的自我更新、自我精进和自我完成的过程联系着的"[2]。进而，我主张"礼"可以被看作"仁"在具体社会环境中的外在表现，含有特殊性原则的"礼"是"仁"对自我实现的内在要求，只有在这种情况下才能肯定"礼"的含义。我认为相对于"礼"来说，"仁"是居第一位的，"礼"是不能脱离"仁"的，认识到这一点至关重要。然而，这篇文章试图超越"内在"和"外在"这种两分法，从而对"礼"这一概念做更深刻的评价，这样或许反而会有助于我们探讨"仁"这一概念的内在根源。

然而，反对把"仁"看作主要是人际关系的概念并不意味着，在实现"仁"的理想中，人的中心地位会有所降低。事实上，我们

---

[2] 拙作《"仁"与"礼"之间的创造性张力》（"The Creative Tension between Jen and Li"），《东西哲学》（*Philosophy East and West*），卷十八，第1—2期（1968年1月—4月），34页。

可以争辩,"仁"作为一个全面的道德概念,必然要赋予"礼"以意义。因此,"仁"不表现"礼",这也是不可思议的。能在社会政治领域被具体运用是"仁"的一个显著特点,这意味着"仁"必然含有对实际事务的深切关注,这些实际事务具体表现为历史上所谓的"五伦"(five human relations)或"五常"(five constancies)。因此,这五种基本的人际关系就成了更深层次真实的具体表现。这种更深层次的"真实"用卜弼得(Peter Boodberg)对"仁"的耐人寻味的译文来说叫作"人偶性"[3]。其实,《说文解字》就以"相人偶"来解释"仁"字,"相人偶"即含有"社会中的人"的意义,据此,"仁"字是由"人"和"二"组成的,这样就说明了其原始形式是与"人"相关的。[4]因此,我们就可以说,在这五种人际关系背后存在着相互性的原则。严格地说,一个人如没有感到与他人交流感情的需要,他就不能成为一个真正的人。因为个人与他人进行有意义交往的能力,像在孝顺、博爱或友谊等情感中显示出来的,正反映了一个人自我修养的程度。

因此,从儒学的观点来看,固然一个人自身不诚就不能成为一个真正的人,但是如果他在人际关系的脉络中拒绝表示自己的诚意,那么他也不能认识真实的自我。从表面看,这是一个肤浅乏味的思想,有人会说这是一个常识性的思想,但如探究它道德宗教的含义,那么对儒学人道主义的一些基本问题的反省就成为必要的了。以下的问题自然会出现:为什么与人的相关性必然要成为人自我实现的组成部分?人们也许会感到迷惑不解的是,儒

---

[3]　卜弼得:《一些儒学基本概念的语意研究》("The Semasiology of Some Primary Confucian Concepts"),《东西哲学》(Philosophy East and West),卷二,第4期(1953),317—332页。

[4]　许慎:《说文解字》(重印本,台北:艺文印书馆,1958),第八篇上第1页第4字。

学是否未能认识到人们对内在真理的探索，即使不是始终地，也可以说是经常地采取一种孤立奋斗的形式。当一个真理的追求者让自己强烈的自我超越的愿望屈服于大众习俗之下时，他的超然精神就会受到摧残，并且达到宗教领域中的高尚的境界所必需的动力也会丧失殆尽。

在许多伟大的精神传统中，人对世界的依恋显示出来的与人类的相关性被认为对人的宗教性有害，因此人在能完全体验到最终的实在——或是以与"全然的彼岸"相联结的形式出现，或是以与真实的自我合而为一的形式出现——之前，必须摒弃与他人的相关性。[5]用这种思想倾向的某种标准化的表达方式来说，论证过程是这样的：与他人的相关性必须被整个儿地抛掉，因为它引起了关于自我的虚假观念。除非在根本上改变这种由于接触人类的各种处境而产生的有害的自我观念，否则真实的精神进步是不可能的。因此，精神的自我净化成了丧失人性的同义语，人身上所有的人类相关性都被冲淡了。例如，禅宗教义中"截断众流"[6]的思想和克尔凯郭尔（Kierkegaard）从伦理阶段到宗教阶段"信仰的飞跃"的思想，尽管这两者有着本质的不同及冲突，但它们都指出超越人际关系而达到本质上与社会意识不同的自觉的境界。在这一点上，宗教不是社会的，而是相当激烈地反社会的。

确实，人们普遍认为精神的自我超越最显著的特点之一就是自由地对社会说"不"字。在许多对现代有影响的思想家著作中，

---

[5] 奥托（Rudolf Otto）：《东西神秘主义》（*Mysticism East and West*），布雷西（Bertha L. Bracey）及佩恩（Richenda C. Payne）译，（New York：Macmillan Company，1960），157—179页。

[6] 雪窦及圆悟：《碧岩录》，卷一，1页。有关此一重要的记载禅宗精神传统的总集之一般资料，请参见铃木大拙：《碧岩录论》（"On the Hekigan Roku"），《东方佛学》（*The Eastern Buddhist*），卷一，第1期（1965年9月），5—21页。

从人际关系的束缚、道德权威的胁迫下解放出来的要求,变成了一种公认的价值,以至于颂扬人的解放、谴责社会的束缚实质上变成了一体两面之事。据此,我们自然会做这样的假设,真实的自我实现是在精神和肉体上沉浸于绝对孤立之中的勇气。

然而儒学的处理方法却从本质上与此不同,它认为社会性不仅是人们向往的品质,而且是人生最高境界的显著特点。这一观点以两个相互关联的假设为基础,第一个假设是,虽然人总是由远非他能驾驭的既定社会结构所控制,但他自我实现的最终基础却存在于自身的性质之中。人具有实现自身存在的极大潜能,而且他的创造力量是自身"人性"所固有的。因此,人不只是一个被造物,而且是一个赋予"天、地及万物"以意义的创造者。第二个假设是,尽管他在本体论上是自足的,但人要完全实现其存在,他就必须时时留意学习成为圣人(真实人性的最高形式)。应当指出,学习成圣的过程并不是直线前进的,而是渐进完成的。尤其应当指出的是,人并不是凭借使自己从弥漫人际关系的世界中摆脱出来,而是凭借与他人建立和谐关系的真诚意愿,来完成他对自身存在的证实。

然而,本文并不试图用严密的分析论证来为儒家的立场辩护,而只是打算通过对"礼"的概念做初步的探讨以了解"儒家信念"的一般方向。

三

"礼"是一个充满着道德宗教含义的概念。仅就"礼"在英语中被译为"ceremony""ritual""rites""propriety""rules of propriety""good custom""decorum""good form"这一事实以及它还被解释成诸如自然法则这样一些观念,我们就可看出它的含义范围了。[7]从字源上说，"礼"这个表意文字象征着祭祀的活动，诚如陈荣捷指出的，这个字的本义是"宗教的祭祀"[8]。然而我们能够见到的最早的字典却把"礼"解释为"履"，它明确表明了"礼"是步伐或行动，借此神才得到献祭，人才获得幸福。[9]

不管我们是注意其"祭祀"的原意，还是注重其"合乎时宜"的引申义，"礼"都意味着一个客体的存在。因此，居于"礼"并不是指停留在一个孤立的状态，相反，它必然牵涉一种关系或一种建立关系的过程。因此，自身与他人发生联系就是"礼"的深层结构。当一个人没有任何东西可与其发生关系时，"礼"的问题就不会产生。在"礼"的实现中，他人具有的首要地位在"恭敬之心，礼也"的思想中得到最好的说明。[10]除了自我陶醉的极端形式外，这种"恭敬之心"是以被恭敬的某物或某人的存在为前提的，一个人不同别人往来而具有这种感情是完全不可能的。《论语》中有这样一句话，"礼之用，和为贵"[11]，可以说，这里的"和"意味着与自身的协调，这样他就能以一种平和的心境来履行"礼"。但只要"礼"是人内在感情的表现，那么不可否认，"礼"也就包含着与他人相往来的行为。

如果我们坚持客体性（Otherness）（这个客体性是外在于自我

[7] 朱熹：《近思录》，陈荣捷译（New York：Columbia University Press，1967），367页。
[8] 同上。
[9] 许慎：《说文解字》，第一篇上，第4页第3字。并见《康熙字典》（重印本，台北：艺文印书馆，1957），1920页。
[10] 《孟子·告子上》第六章。参见陈荣捷编译：《中国哲学资料书》（A Source Book in Chinese Philosophy，Princeton：Princeton University Press，1963），54页。本书以下简称"陈荣捷：《资料书》"。参见刘殿爵（D.C. Lau）译：《孟子》（Mencius，Baltimore，Md.：Penguin Classics，1970），163页。本书以下简称"刘殿爵译本"。
[11] 《论语·学而》，第十二章。在略微不同的脉络中，礼也可被理解为"调和"儒学中一些其他重要德性的方向，如"恭而无礼则劳，慎而无礼则葸，勇而无礼则乱，直而无礼则绞"。此段引文见于《论语·泰伯》第二章。参见《论语》（Confucian Analects），收于理雅各译：《中国经典》，五卷本（Oxford：Clarendon Press，1883—1895），卷一，208页。

的）是"礼"的结构中所固有的，这个思想是否必然要同孟子把
"礼"看成根于人心而非外铄的思想相抵牾呢？（《孟子·告子上》，
第六章）从表面看，这似乎会使我们想起孟子和告子关于"义"是
内在性还是外在性的著名辩论（《孟子·告子上》，第四、五章）。
注重"礼"的客体性，我们岂不是犯了把"礼"归于一系列外在原
则之下的错误吗？若是，我们论证的立场是我们的关于"礼"的解
释与告子的关于"义"的思想是相类似的。不管怎样，在此无须说
明我们的思想在本质上与孟子是相同的。我们将怎样解释这种明显
不一致的现象呢？

前面提到的两个假定也许会提供答案。根据孔子的观点，人自
我实现的最终基础存在于他自己的本性之中，然而，要获得自己人
格的真实性，他必须经历一个自我转化的过程。这样的过程所包含
的不仅是本能要求的升华。与禁欲主义大不相同，儒学认为自我转
化必须在人际关系的背景中才能得到表现。然而它并未采取社会价
值内在化的形式。从儒学的观点来看，人的真实性不是由社会规范
决定的。事实上，人如不加区别地让自己臣服于社会限制之下，那
他就不可能是真实的。应该顺便指出，在《论语》中，"乡愿"即
遵从习俗并装出一副道貌岸然样子的人，与君子代表的理想人格是
格格不入的。[12]

从更深层意义上说，儒学的自我转化不是以孤立的自我压抑及
集体的社会制裁为基础的，它的基础在这两者之间。如果我们遵循

---

[12] 有关"乡愿"，见《论语·阳货》第十三章；有关这一论题更详细的阐释见于
《孟子·尽心下》第三十七章；又见刘殿爵译本，203 页。有关君子的人格理
想，见《论语·学而》第二章、八章、十四章；《为政》第十二章、十三章；
《里仁》第五章、二十四章；《述而》第十六章；《子罕》第十三章；《子路》第
三章；《宪问》第三十章；《卫灵公》第十七章、二十章、三十一章；《季氏》第
八章、十章。

这一思想路线，那么成圣之道应是介于精神的个人主义及伦理的社会主义之间的"狭窄的山脊"[13]。然而我的意图不过是指出，儒学的方法不是削弱了社会的集体性，便是削弱了个体的自我。实际上，就这一点而言，儒学中的主要问题从未被看作"非此即彼"的问题，而认为一个真实的人对于自身的个体性及社会性都应当是真诚的。孔子本人的人格就是这样的范例。他实现内在自我的专一努力表现在他净化自我那些虚假表现的能力之中："子绝四：毋意，毋必，毋固，毋我。"（《论语·子罕》，第四章）另外，他对自我修养的关注从未阻止他经常地献身于社会，他说："鸟兽不可与同群，吾非斯人之徒与而谁与？天下有道，丘不与易也。"（《论语·微子》，第六章）

如果认为作为一个道德的乐观主义者，孔子愉悦地在前有岩礁妖魔（Scylla）的自我隔绝和后有漩涡恶波（Charybdis）的社会强制之间平稳前进，这样的看法当然是会引起误解的。确实，孔子曾明白地宣称："仁远乎哉？我欲仁，斯仁至矣。"（《论语·述而》，第二十九章）但只是在他达到 70 岁高龄的时候，才能自信地声称

[13] 例如白乐日（Etienne Balazs）曾认为中国哲学主要是一种社会哲学。而史密斯（D. Howard Smith）却强调儒家思想中有超越关系。他对孔子有如下评语："他所关切的事是把那足以促成美好生活和行为的人格的统合及和谐之基础清楚地表现出来。但他在顺从天道的思想中找到这一基础。如果我们像许多学者所说的那样，认为孔子在纯粹的人本主义中找到满意的解答之方，并且他的伦理思想最终立基于深刻的宗教睿智和个人对天的信仰，我们就是对《论语》中许多被认为出自孔子的而且是最有意思的话抱持了怀疑的态度。"（《中国宗教》（*Chinese Religions*, New York：Holt, Reinhart and Winston, 1968, 35 页）。与此相关的是我必须承认，我试图超越精神个人主义（spiritual individualism）和伦理社会主义（ethical socialism）的二分，以清楚呈现一较平衡的关于儒学精神取向的诠释，我的尝试由于以下两位著名的宗教哲学学者所做出的原创性的成果而较易完成。这两项成果是史密斯（Huston Smith）：《传统中国中的超越》（"Transcendence in Traditional China"），《宗教研究》（*Religious Studies*）卷二，185—196 页；以及芬格莱特（Herbert Fingarette）：《作为神圣仪式的人类社会：关于〈论语〉的一个解释》（"Human Community as Holy Rite: An Interpretation of Confucius' Analects"），《哈佛神学评论》（*Harvard Theological Review*）卷五十九，第 1 期（1966），53—67 页。

自己从心所欲而不逾越道德原则(《论语·为政》,第四章)。这种把天真的自发性与道德的责任感融为一体的能力是以意识到他人的存在为前提的,而这种能力是在漫长的、持续的修身过程中培养起来的。然而,从人际关系着眼,这个"他人"象征着一条具体的道路,通过这条具体的道路,真实的自我才能展现出来。在理论上说,如果能对用二分法来体察自我与社会之间关系的途径做一基本改变,那么自我隔绝和社会强制的危险就能够消除。实际上,这一变化的根源不是孤立地存在于自我或社会之中,而是只能且必须在这两者"之间"去寻找。

孟子坚决地主张"义"及"礼"的内在性,实质上他认为人的道德内在性是自我实现的必要条件,而不能化约为一套外在的力量。不管多么精巧地把社会价值强加到个人身上,如果一个人没有自己的内在决断,那么他所能得到的最好的结局也不过是一个使人联想起如同"乡愿"般的消极顺从。因此,孟子的看法并不排斥这种认识,即他人的存在,特别是在人际关系的形式中,他人的存在是人们努力取得自身人格真实性的一个不可缺少的组成部分。就此而论,"仁者,人也"这一命题实际上意味着人与他的"人偶性"的不可分性。[14]

我们可以说,强调"礼"的结构中的他性,与孟子坚持的"礼"的内在性思想并无冲突。孟子说:"辞让之心,礼之端

---

[14] 关于这个论题有一简短的讨论,见孟旦(Donald J. Munro):《古代中国的人的观念》(*The Concept of Man in Early China*, Standford: Standford University Press, 1969), 15页。又见《孟子·尽心下》,第十六章。刘殿爵有"仁意为人"的翻译。他又于翻译脚注时加上了一句话:"这不是以相同的发音而做的简单的音训,因为这两个字事实上是同源字。"

也。"[15]"端"这个词，理雅各把它解释为"端绪"（the end of a clue）。他说："端，指向在外，我们可以抓住它，它会引导我们去找到所有内在者。"[16]孟子说"礼"是人心所固有的，并非意指礼的实现所需要的只不过是内省式的修身。"礼"的问题"若火之始然，泉之始达"（《孟子·公孙丑上》，第六章），它的根源在于心灵的自然感情。但如果"礼"的理念所赖以存在的感情得不到发展，那么"礼"将最终消失殆尽。像火或泉水一样，"礼"是一种运动，是一个持续扩充的过程。或者把孟子的这一思想解释为如果人能扩充"礼"，那么他就"足以保四海"，如果不能扩充之，那么他就"不足以事父母"（《孟子·公孙丑上》，第六章）。这个教旨式的陈述所隐含的东西也许可被称为"礼"的内在动力。

四

如果动态地考察，我们可以看到"礼"指示着一条人与他人交往的具体道路。回想一下"礼"所谓"履"的含义，我们就可以了解"礼"是一个导向真实关系的动态过程。从其起源意义上说，这一关系被看作介于人与超自然的存在之间的关系。"礼"的基本含义就在于如何采取适当的步骤以便使自己遵从超越的"他"所给予的命令，或者从超越的"他"身上得到回应。然而早在孔子诞生的公元前 551 年以前，"礼"就已包含强烈的伦理道德的含义，因而人与人之间的关系逐渐成了它的主要内容。然而祭祀方面的"礼"

---

[15] 《孟子·公孙丑上》第六章。见刘殿爵译：《孟子》，83 页。这儿 germ（种子、根源）是中文"端"字的英译，理雅各则译为"principle"（原则，法则）。参见《孟子》（The Works of Mencius），收于理雅各译：《中国经典》（重印本，台北：文星书局，1966），卷二，203 页。

[16] 理雅各译：《中国经典》。

也继续在整个中国历史和儒学传统中起着重要作用。

在孟子的思想中，礼与仁、义及智都取得了内向性（《孟子·公孙丑上》，第六章）。真实关系的寻求变成了自我转化中的一个基本问题。实际上，孟子本人就明确说过："万物皆备于我矣。反身而诚，乐莫大焉。强恕而行，求仁莫近焉。"[17]他还认为，一个人如果能充分地认识自己的心，他就能知道自己的性，知道了自己的性，他就能知道天（《孟子·尽心上》，第一章）。但是如果仔细考察一下这个自我转化的实际过程，我们就会注意到，不仅察觉他人的存在是必需的，而且自身与他人相互依赖的经验也是必需的。在建立与他人真实关系的内在性问题上，孟子强调的重点并不是一种主观主义，而是在于社会的和超越的层面。

这样"礼"的含义就从特有的献祭活动演化为建立人际关系的真实途径。"礼"的后一个意义在孟子的思想中实际上包含有自我转化的意义。这样"礼"就被看作一个运动而不是一个形式，强调的重点在它的动态过程而不是静态结构。这一看法可以在语源学上得到证实，也可以在历史上得到检验。我们选择这样一个特殊的范围来进行考察，其目的并不在于否定那些公认的对"礼"的解释，相反，却是试图在形成对"礼"更全面的看法上做一个初步的探讨。

如果我们确实把"礼"看作一个动态的过程，那么我们必须用一种新的观点来理解自我和社会之间的对立。自我必须扩充到超越其肉体的存在以取得自己的真实性，因为社会性是组成真实自我的一个侧面。然而社会不能被看作某种强加在个人身上的外在东西。在本质上，这一社会就是扩充了的自我。社会价值的内化经常被批

---

[17]《孟子·尽心上》，第四章。见刘殿爵译本，182页。参见理雅各译：《中国经典》，卷二，450—451页。

评为个人对已经牢固建立起来的社会权威的顺从。但在我们的观点中，社会价值的内化可以被看作人为了自我实现而进入人际关系所采取的创造性步骤。

当孟子说"万物皆备于我"时，他所表达的是对自我的一种本体论的理解：天、地及万物都为自我所拥有。然而孟子进一步指出，在个人实现其自我的具体过程中，即在他的人性"仁"的实现过程中——"恕"的原则必须被充分运用。[18]这个"恕"的原则是以他人的存在为前提的。存有论的主张和实际思考之间的明显矛盾能够借着把自我视为一个持续的统一体而得到解决。这个自我的持续统一体是自我肉体存在的扩充（以至于扩充成为整个宇宙）的体现。这样自我和社会就不是指两个互不相容实体的静态概念，而指同一动态过程的两个相互依赖的方面。

那么什么是"礼"的运动呢？"礼"实际运动的方向又是什么呢？根据以上讨论，我想，回答这些问题最好还是回到我们已讨论过的那些观点中去。我们知道儒学的基本关切是"如何成为圣人"，这个问题似乎包含着方法（如何）、过程（蜕化）和目标（圣人）二者。既然儒家成圣的目标建立在认为人凭借自身的努力可以成为完美的人的信念之上，那么如何成圣就不是一个技术问题，而是一个修身的问题；这个过程也不是一个外在的过程，而是自我转化的过程；同样，其目的也不是一个客观目标，而是自我的实现。

然而，这个手段和目的的二分法不足以说明它的基本精神取向，因为严格说来，达致圣人境界，不应被认为人从外界去获得某种存在于人之外的东西，确切地说，它是那些组成真实人性东西的

---

[18]　理雅各译：《中国经典》，卷二，451 页。

展现。但诚如我们已屡次指出的，那种认为既然"圣性"根源于人性，从而达致圣人境界所要求的只是脱离社会的内在转化过程的看法实在是一种误解。如果我们的这一观点是正确的，那么自我转化就必须被看作自我扩充过程中手段和目的两者的结合。事实上，这一看法揭示出了作为内省修身的手段和作为与他人、宇宙普遍交往的自我完全实现的目的之间辩证的相互影响。

例如，人压抑自己的本能要求，有时甚至否认这种要求，以便能更好地与他人交往，这种思想可以被看作人为了社会团结而采取的一种自我禁欲形式。然而，这种解说仅仅看到了儒家学说宗旨的表面现象。社会性作为一种精神价值，既不能在超越的指涉上得到证成，也不能在共同目标的基础上得到证明，相反，它只能在人——作为一个具有宗教性的人——的完善性中得到证成。一个儒者确实是为了自我实现而与他人交往的。他的人格的真实性不能脱离他的社会性，如果他没有以某种有意义的方式与他人交往，那么就不仅破坏了他的社会关系，而且伤害了他的真实自我。不管他所能达到的精神境界有多高，从儒学的观点来看，除非他在与他人相关的脉络中进行修身，否则他声称的自我实现就是不真实的。

唐君毅曾指出，孔子之道就是"在和别人处于确定伦理道德关系的现实世界里，实践着对他人尽自己的义务却不要求他人去履行职责的道德，并且人人都实践这样的道德"[19]。我要在这里补充一条，即儒家学说的"己所不欲，勿施于人"这一重要原则的基本思想就是"责任感"[20]。这个责任感并不会激发出对"权利意识"的

---

[19] 《中国哲学中精神价值观念的发展》（"The Development of Ideas of Spiritual Value in Chinese Philosophy"），收于摩尔（Charles A. Moore）编：《中国人的思想》（The Chinese Mind, Honolulu: East-West Center Press, 1967），192页。

[20] 《论语·卫灵公》第二十三章，参见理雅各的英译。其中值得一提的是"reciprocity"（相互性）在这里是用来翻译表意字"恕"。见理雅各译：《中国经典》，卷一，301页。

要求。所谓"权利意识"即是要求他人酬答我的责任感、指示我应履行的职责。[21]在这种被动性的背后存在着对他人的认识，即认为他人是自我在自身寻找过程中不可化约的实体。[22]既然我不能像了解自己的处境一样去了解别人的处境，那么把我自己的责任强加给别人就是武断的。然而，在履行我自己的职责时，我也不能忽略他人的真实存在，因为他人构成了我的责任感实现过程的组成部分。

因此，当"恕"（reciprocity）在目前的语境使用时，它涉及这样一点，即社会意识是人自我实现的组成部分。儒家的"恕"（常被译作 reciprocity）的概念以"内省"作为出发点，这是正确的。但在这里，"内省"关系到与他人的相关性，曾子的日常实践就是这样一个确切的例子。据《论语》记载，曾子曾说过这样的话："吾日三省吾身：为人谋而不忠乎？与朋友交而不信乎？传不习乎？"[23]因此，一般来说，自己与整个社会相联系的能力，就成了衡量修身的重要指标。

从这样一个特殊的观点来看，只有在"恕"的精神引导下，个人才能进入人际关系之中，人的真实存在才能完全表现出来。这样，"礼"就被视为自我转化的活动，它是使人变得更富人性的辩证之途。

五

具体来说，作为人性化过程的"礼"表现为四个发展阶段，即

---

［21］ "责任意识"与"权利意识"这两个词是借自唐君毅的，见唐君毅：《中国哲学中精神价值观念的发展》，193 页。
［22］ 有关"在自身中搜寻"这一内容，见前引书。
［23］《论语·学而》，第四章。见陈荣捷：《资料书》，20 页。

修身、齐家、治国、平天下。[24] 应该强调的是，这四个发展阶段不能被看作直线式的运动。若要齐家，人们首先要修身，若要平天下，人们首先要治国等，当然这些都是正确的。但是我们或许也可以这样说，修身必然要导致齐家，因为在儒家学说的脉络内，认为修身离开人际关系而独立进行的想法是不可思议的。因为家庭关系是人际关系的基本层面，也是修身的一个必要部分。从最终发展的观点来看，修身也必然要导致平天下。事实上，除非最终导致平天下，否则就不能说修身得到了充分的表现。因此，从实际的观点来看，修身是一个延续渐进的含摄（inclusion）过程。

我们运用类推法就可以知道，齐家一方面是具有包含性的表达方式，另一方面又是治理国事的必要方面，因为齐家的任务最终必须是平天下。这样，在儒学的理想中修身导致了宇宙的和谐，反过来说，宇宙和谐的实际根基在于每一个人在生活中的修养。但作为一个具体渐进的含摄过程，修身却不能不顾齐家和治国。那种认为人们可以以某种方法超越齐家和治国而导致全宇宙和谐的想法是同儒家的思路背道而驰的。

孟子抨击墨子的普遍主义（universalism）就是这样一个例证（《孟子·滕文公下》，第九章；《孟子·尽心上》，第二十六章）。孟子认为使人的基本价值承诺普遍化并无必要，问题在于如何借具体的步骤使这种需要能够普遍表现出来。由于提倡"兼爱"[25]，墨子没有考虑到人的现实面：父子之间真挚的感情是一个我们经常遇到的事实。不顾及具体的人类处境而构建"兼爱"这样抽象的原则就是忽视人的生存脉络，而正是在这样的生存脉络中，他的理想才得以实现。因此，儒者坚信博爱的实现必须以一个具体渐进的含摄过

---

[24]《大学》，收于朱熹编：《四书集注》（重印本），（台北：世界书局，1952），1 页。
[25] 见刘殿爵译本 274 页中所载的一则简短的有关墨子的看法。

程作为起点。

这个含摄过程是以意识到既定结构，同时有办法去超越任何有限形式为其特征的。这一过程必须以个人作为出发点，但完成自我实现却蕴含着对整个宇宙的含摄。实际上，个人所处的结构必然是他的自我实现过程中不可或缺的组成部分，但是对他而言，要完全地发展自己，他就必须超越任何既定结构的狭隘观点，像自我中心主义、裙带关系、种族中心论及人类本位论等。理论上说，人所处的结构正如同宇宙也是含摄一切的。用常见的表达方式来说，就是人的真实存在是"无所不包"的。然而，对个人来说，在发展的某一特定时刻认识到他的精神和肉体的"位置"[26]是很重要的。这样，"礼"牵涉的不仅是一个既定的结构，而且是使人们超越任何有限形式的方法（动态的过程）。

从描述性的角度看，"礼"呈现出一个整合了人格、家庭、国家、天下这四者的形式。这样"礼"作为一个可理解的概念就包含了关于个人行动、社会关系、政治组织及宗教行为的种种礼仪。它实质上包含着人类文化的所有方面：心理的、社会的和宗教的方面。在儒家学说的语境内，一个人不经过"礼仪化"的过程而能成为一个真正的人，这是不可想象的。而这个礼仪化在这里即是人性化。对现存的有关"礼"的历史文献做一概观，就足以看出在儒学传统中礼仪化与人性化其实同指一事。如《周礼》《礼记》及在清朝才编辑成的《五礼通考》[27]等著作都包含有众多性质不同的"礼

[26] 在使用 locality（位置）一词时，我脑海中所想的是"分"的观念。虽然"分"作为儒家思想中的一个主要观念是在荀子哲学中获得最完满的发展的，但它在孟子思路中占有显著地位也是众人皆知的。例如，事实上孟子使用了"分定"这一观念去界定人性，见《孟子·尽心上》第二十一章。关于这一论题有一具有启发性的论述，见徐复观：《中国人性论史》（台中：东海大学出版社，1963），167 页。
[27] 有关《周礼》和《礼记》的版本问题，屈万里有过一简短的介绍。见屈万里：《古籍导读》（台北：开明书店，1964），159—183 页。清代的《五礼通考》（1880年版）事实上是一套卷帙浩繁的书。此书由一群学者在秦蕙田的主持下编辑完成。

仪",因此,理解这些礼仪范围的唯一方法就是把它们看作儒家观点中人类文化的缩影。像孔子时代所使用的夏礼、殷礼或周礼等这些术语,我们也应把它们看作指涉夏、商、周文化传统的一般概念。[28]就目前的讨论来看,《礼记》中著名的《礼运》篇被看作以"大同"理想代表人类文化的最高成果。[29]

《论语》中有一段重要对话,对"礼"的人性化做了极好的表述。颜回和孔子交谈的第一部分,我在前一篇文章中用来作为理解"仁"和"礼"关系的关键。在回答颜回什么是"仁"的问题时,孔子的答案是"克己复礼为仁"。接着孔子对"克己"的特殊问题做了进一步论述:"非礼勿视,非礼勿听,非礼勿言,非礼勿动。"(《论语·颜渊》,第一章》)如果"礼"被看作强加于个人之上而毫无个人道德认可的固定礼仪,那么孔子关于人们必须根据礼来视、听、言、动的教导的确就是无理的要求了。然而作为礼仪化过程——这里是指一般人性化的过程——的"礼"是根据"时"的原则而各有不同的。[30]处境对礼的结构相当重要,因

---

[28] 有关"夏礼"和"殷礼"之出处,见《论语·为政》第二十三章,《八佾》第九章。有关"周礼"之出处,见《中庸》第二十八章第五段,必须提出的是,在这里"周礼"一词与儒家经典《周礼》一词之意思是不同的。

[29] 对《礼记》中的《礼运》做一全盘性的分析当然是超出我们所关心的问题范围之外的。像作者的考定及思想渊源等问题实在是太复杂了,因此在研究的此环节中我们实在无法加以掌握。例如,有些学者曾经辩称:"在这篇文字中,有强烈的证据显示它包含了属于汉代诸家思想合流的倾向,这暗示大同的原始理想事实上是道家的观念,而其次的小康世界则是孔孟原来圣王理想的倒退一步。"然而这些作者又说道:"从《礼记》中引出的这段话是儒家思想中最受人瞩目的一段话。故传统上认为此篇代表了孔子心目中在社会秩序方面的最高理想,即世界公有的大同时期。"见狄培理等(Wm. Theodore de Bary)编:《中国传统的泉源》(*Sources of Chinese Traditions*, New York:Columbia University Press,1960),191页。"礼运"曾被解释为"礼的演进",意指一段动态的过程,借此过程人类的文化逐渐进化到举世和平的境地。依据我们前面所讨论过的,这绝非与儒家思想的意图不相容。在我看来,所谓详细地考察"大同观念基本上是源起于道家"这一说法,似乎可以显示这一说法绝非依本文或历史的论证,而是根据相当狭隘的哲学预设,即儒家思想基本上是种实用的社会哲学。

[30] 关于儒家"时中"的观念在孔子人格中呈现的生动描述,见《孟子·告子下》第一章,又见《论语·微子》第八章,可看到孔子对他自己精神取向的刻画。

此极端地拘泥于礼的形式就最多只显示了所谓"匹夫匹妇之为谅也"[31]的心态了。

孔子在《论语·乡党》中所显示出来的"人格"当然是一种我们不易理解的特殊形式的礼仪化。[32]但在他所处的时空中，他的宗教礼仪研究（ritualism）正是他体现人性（humanness）的特殊风格。毕竟圣人的境界作为一种人格理想，即使孔子本人也不易达到，这正是人性的真实呈现。

六

最后，我们可以在这里做一个比较分析。儒家的"礼"的概念，实际上比基督教的律法概念和印度的达摩（dharma），意为说教、规范的概念更富包容性。在《创世记》中，亚伯拉罕把自己的儿子作为祭品的行动说明了信仰不仅超越了律法，而且超越了人的理性。在儒家看来，这种意义领域的假定（这种假定经常采取一种"荒谬"的形式）完全超出了"礼"的人性化范围，所以是不可理解的。同样，从儒家的思想来看，印度木叉（moksa）这个意味着超脱生死轮回（samsara）、摆脱因果报应的业（karman）的概念（在其中规范达摩的地位如不是与其完全无关的，也是成问题的）亦是不可理解的。因为作为"仁"的充分体现的"圣"，也必须体现"礼"。尽管"仁"和"礼"之间有张力，但"仁"的实现必然要遵循"礼"所规定的途径。

---

[31]《论语·宪问》，第十七章。见理雅各译：《中国经典》，卷一，282—293页。
[32] 特别参见《论语·乡党》，第八章、十六章。

儒家的成人观

根据儒家的《礼记》一书，我们知道冠礼是在男子 20 岁生日时举行的，并在此时宣称他已成年了。但只有在他 30 岁成了家又做了父亲，他才被看作完全参与社会的一员。而他的士大夫生涯通常要到 40 岁才开始，此时他才被认为是成熟且可靠的。如果一切都很顺利，那么 50 岁时，他达到了仕宦生涯的顶点，直到过了 70 岁才会退隐。在举行冠礼之前还有一个同样精心安排的成人教育过程。"六年教之数与方名。七年，男女不同席，不共食。八年，出入门户及即席饮食，必后长者，始教之让。九年，教之数日。十年，出就外傅，居宿于外。……十有三年，学乐、诵诗、舞勺。成童、舞《象》，学射、御。"[1] 这样从孩提时起直到老年，学以成人的教育是从不中断的。

这样的成年构想与其说是一种成就的境界，毋宁说是一段变化的过程。成年的入门仪式（initiation rite）并不是儒学象征中的主要特色。那种认为个人现世的生活可以并且应该被分成各不相连的存在形态，以及个人的生活在本质上是为来世做准备的思想，似乎在儒学传统中从未出现过。相反，儒学十分重视生活过程本身。人的成熟被理解为人性在现实世界中的展现。因为如果没有经过持续

---

[1] 见《礼记·内则》（嘉庆十年版，1815 年），卷二十八，20—21 页。

的努力以实现人性的自我修养，那么生物性的成长就变得毫无意义了。这样，成年就意味着"成人"。这篇文章试图对这一思想的深层结构做一个解释性的说明。

隐喻

孔子最受人敬重的高足曾子把成长为人看作一个肩负重担而踏上漫长旅程的艰难事业。他说：

> 士不可以不弘毅，任重而道远。仁以为己任，不亦重乎？死而后已，不亦远乎？[2]

这样一个人在人生道路上不断进取的意象，在孔子评论他最得意的弟子颜回时也曾出现过，孔子说："惜乎！吾见其进也，未见其止也。"（《论语·子罕》，第二十章）颜回的早逝曾使孔子极度悲痛。《论语》中也有类似的记载，有一次孔子站在河流边若有所感地说道："逝者如斯夫！不舍昼夜。"[3]正如许多注释者曾经指出的，在这里，不断奔腾的水流象征着不断自我实现的过程，因此用这句话来描述孔子所谓真正的成人之途是十分贴切的。

对不断追求"道"的人而言，"道"是不能分开的，然而，"道"也从未被设想为一个外在的途径，相反，它被认为存在于人性之

---

[2] 《论语·泰伯》，第七章。见韦利译：《论语》(*The Analects of Confucius*, London: Allen and Unwin, 1938)，134页。又见陈荣捷：《资料书》，33页；及理雅各译：《论语》(*Confucian Analects*)，收于《中国经典》，卷一，210—211页。关于《论语》之道有一颇能激励心志的讨论，见芬格莱特（Herbert Fingarette）：《孔子：即凡而圣》(*Confucius: the Secular as Sacred*, New York: Harper and Row, 1972)，18—36页。

[3] 《论语·子罕》，第十六章。见韦利译本，142页。像韦利所指出的，《孟子》中对水的意象所做的广泛的讨论（《孟子·离娄下》第十八章）正表达了同样的看法。

中。正如《中庸》所明确指出的那样，"道"是不能须臾离开人性的（《中庸》，第一章第一节）。按照这种理解，依循道既不是抛弃人性也不是违背人性，而是意味着人性的臻于完善。因此，严格说来，一个人不能把"道"作为达到日的的手段而依循"道"，也不能为了实现自身一个可指明的命运而模仿"道"，这种思考模式对成就功业的观念而言是完全不适用的。实际上，孔子本人曾坚决主张"非道弘人"，乃"人能弘道"[4]。因此儒家文献中几乎不曾出现过那种"目睹""道"的意象，便可以理解了。我们能够聆听（或许"道"是一个内在的声音）、获得和体现"道"，然而我们在关注外在世界时却找不到它。

"道"的内在性作为一个能被经验到的存在，正说明了许多儒者修身时具有道德奋斗的理由。因为"道"不是一个建立固定行为模式的准则，所以人们不能用接近外在理想的程度这一标准来衡量自身行为的得失。"道"经常在人的周围，而求"道"的旅程却必须时时地在此时此地重新开始。《大学》中有一段经常被引用的教旨："苟日新，日日新，又日新。"意思是人不仅要做自己应做的事，而且"君子无所不用其极"[5]。除此之外，当遇到困难的时候，要做到"不怨天，不尤人"[6]。这正如射箭技术，"失诸正鹄，反求诸其身"[7]。可见，"道"没有提供一个理想准则或一套命令让人去遵循。相反，它是作为指导思想（原则）和取向之点而起作用的。

儒家学者相信，理想上，只有那些沿着"中道"（middle course）

［4］《论语·卫灵公》，第二十八章。见陈荣捷：《资料书》，102页。
［5］《大学》，第二章。见陈荣捷：《资料书》，87页。
［6］《论语·宪问》，第三十七章。又见《中庸》，第十四章第三节。见陈荣捷：《资料书》，101页。
［7］《中庸》，第十四章第五节。见陈荣捷：《资料书》，102页。

前进的人才能完全实现自身并体现那无所不包的完满之"道"。不过他们也同样意识到，虽然中庸之道是完美的，但是很少有人能始终一贯地遵循它，哪怕只有一个月。从表面上来看，似乎是平常而直接的自我修养之"道"，但实际上要坚持下去是异常困难的，孔子曾说过："天下国家可均也，爵禄可辞也，白刃可蹈也，中庸不可能也。"[8] 他说出这样的话恐怕不是为了有引人注目的效果吧！因此遵循中道，甚至比力量、荣誉或勇敢的绝顶表现更为困难、更为重要。这可能会给人这样一个印象：只有那些总能一贯地追求既定中庸的人才是"真正的护道之士"。但是认识到中庸的性质确实难以实现后，孔子就特别关注"狂"与"狷"的存在，因为"狂者进取，狷者有所不为也"（《论语·子路》，第二十一章）。

因此，"道"是特别为那些富有内在力量且能"得一善，则拳拳服膺而弗失之矣"的人展示的，并且也是为那些能选择适当的时机去遵循"道"的人展示的。[9] 但"道"也或多或少在普通人的生活和行为中有所表现，甚至那些平庸之辈也能在一定程度上体现"道"（《中庸》，第十二章），只有所谓的"乡愿"才没有机会去表现"道"。孔子厌恶"乡愿"，因此把他们称为"德之贼"（《论语·阳货》，第十三章）。为什么孔子如此厌恶"乡愿"呢？孟子对此有过详尽的说明：

> 非之无举也，刺之无刺也，同乎流俗，合乎污世，居之似忠信，行之似廉洁，众皆悦之，自以为是，而不可与入尧、舜之道，故曰"德之贼"也。[10]

---

[8]《中庸》，第九章。见陈荣捷：《资料书》，99页。
[9]《中庸》，第八章。见陈荣捷：《资料书》，99页。
[10]《孟子·尽心下》，第三十七章。见刘殿爵译本，203页。

乍看之下，似乎孟子对"乡愿"的态度极其严厉。人们会疑惑不解："乡愿"到底做了什么坏事？难道仅仅是因为他们奉行"生斯世也，为斯世也"[11]这样的原则吗？儒学所要关心的终极问题之一不也就是给这个世界带来和平与和谐吗？孟子再次详尽地阐述了孔子对这一质疑的可能回答：

> 孔子曰："恶似而非者：恶莠，恐其乱苗也；恶佞，恐其乱义也；恶利口，恐其乱信也……恶乡原，恐其乱德也。"[12]

可见，"乡愿"的真正问题在于他们心中完全缺乏履行"道"的承诺。尽管表面上他们的行为与既定的社会规范相符合，但他们却丝毫没有自我进取的"雄心"。结果，他们的自满自得只不过是空洞虚假人格的反映。

相反，体"道"之士却始终如一地"志于道"，也从不松懈地"据于德"。事实上，他总是努力做到"依于仁，游于艺"（《论语·述而》，第六章）。这样他就能用"文"来充实自身，以"礼"来美化自己（《论语·子罕》，第十章）。他的雄心在于成为"己欲立而立人，己欲达而达人"的"仁人"[13]。他的学习是"为己"（《论语·宪问》，第二十五章），并且他不把自己看作"器"，因为他的生存模式是使自己成为一个目的，而不是成为任何外在目标的工具（《论语·为政》，第二章）。当然，这绝不意味着他自身成了那种仅仅为了爱好而"做自己分内之事"的不成熟理想的例证。一如前述，他的内心受到一种责任感的驱策，正如同他被一种自我完美的

---

[11] 同上。
[12] 同上。刘氏把"乡愿"翻译为"乡间老实人"（Village honest man）。
[13] 《论语·雍也》，第二十八章。见陈荣捷：《资料书》，31 页。

需要所驱使一般。[14]

事实上，不管他怎样努力工作，也不管他已获得多大的进步，对一个真正的人来说，他总是行"在道中"的。正如前面已经提到的，曾子极其认真地说过"死而后已"这样的话，甚至他在临终前感到解脱时说了"而今而后，吾知免夫"的话。在此之前他还引了《诗经》中的一句诗：

> 战战兢兢，如临深渊，如履薄冰。[15]

方法

"道"作为一个根本的隐喻或类比对于理解儒家"人"的概念十分重要，这种理解对于正确领会儒家的成年观是必要的。既然成熟的过程被看作一个朝着自我实现的方向持续不断努力的过程，那么一个人创造性的发展不仅要依赖于他已具备的关于既定社会规范的知识，也要依赖于他的内在方向感。对一个想要体现自己人性的人而言，仅仅模仿适当的生活方式和社会认可的行为是不够的，他还必须学会借助经验来控制自己的发展过程，并且用自己的具体行动来充实这一过程。因为"道"不能事先被完全认定，为了与"道"保持一致，他就必须带着探索意识去经历那自我转化的动态

---

[14] "责任感"是与"权利感"相对照的。后者强调个人合法的要求，而前者却关切道德的命令。这是一种献身，完全不受外界的影响。

[15] 《论语·泰伯》，第三章。见韦利译本，133页。关于这首诗另有一不同的翻译，见理雅各译：《诗经》，收于《中国经典》，卷四，第二部，335页。

过程。[16]这样，"道"就成了一个"成"的途径。

所以儒家关于成年的术语是"成人"，就完全可以理解了。成人这个词的字面意思是已经"变成"了一个人。"成"这个字像其他许多字一样，既可作为名词，亦可作为动词，前者是指一个完成的状态，而后者却意味着一段发展的过程。据此，将"成人"基本上理解为一个人在完全发展的人性方面已经取得了相当的成功，大概不能算作牵强附会吧！这样，"成人"这一概念所蕴含着的就不只是人生的一个阶段，而是人对于必然的成长过程创造性适应的多方面表现，它是经过验证并使人更成熟的能力，也是成熟本身的明显标志。这个假定是，"有道"之人不仅具有关于"道"的经验性知识，而且具有通向"道"的智慧和力量。

严格来说，如果成年是指成为人的过程，并且成人不仅指一个成熟的人，而且也指一个有能力使自己变得更成熟的人，那么在这种情形下，成年这一概念如仅仅代表青年期发展的顶点就难以想象了。认为青年期是一个成长者的阶段——可以假定是一个从生理发育到成熟的阶段——的思想同儒家关于人的生命发展的思想是格格不入的。成熟永远不会在人突然呈现出一种新的尚未理解的生存状态的意义上实现。因为成长的过程从诞生时就开始了，所以把人类生活发展过程中的一个特殊阶段看作"成长"的阶段就毫无意义了。强调人在青年时期特别具有身体成熟的模式是一回事，而以 9 到 11 年的人生之旅为所谓转变时期来划定成长为人的过程则是另一回事。

然而，这绝不是认为儒家的思想中没有对青年和成年的区分，

---

[16] 有关这一论题在方法学上的讨论，见柯雄文（A.S.Cua）：《儒家对世界的看法及经验》（"Confucian Vision and Experience of the World"），《东西哲学》（*Philosophy East and West*），卷二十五，第 3 期（1975 年 7 月），327—328 页。

只不过它的关注点并不在此。这一时期的特点是精神和情绪上的不稳定性，以及与生命的早期阶段相关的其他吸引人的属性。因为在儒家思想中，成熟主要以修身为其内容，作为一个整体的过程，人的成长就是实现人性的本真，并且这种成长在孩提时代业已开始，在人的垂暮之年也并未终结。所以，尽管青春期在成熟的"本质"和"艺术"两方面都具有关键地位，但总的说来它与生命史的其他主要时期同等重要。就含义上来说，虽然老年应当被看作极其脆弱的时期，并且有时还是个相当棘手的问题，但就其本质来说，老年是人自我实现过程的总结阶段，因此自有其价值。

根据以上讨论，《论语》中的"少""壮""老"应被看作人的生命历程中三个同样重要的时期，并且是成人的三个组成部分（用前面的观点再说一次，成人，意味着一种在充分实现自我之途上的良好状态）。孔子告诫体"道"之士应当杜绝的三件事，可被看作有关成人的完整教训：

少之时，血气未定，戒之在色；及其壮也，血气方刚，戒之在斗；及其老也，血气既衰，戒之在得。[17]

青年人应警戒过分沉湎女色，这样做与其说是对性行为本身的反感，不如说是因为这样的举动会给人的身心发展带来害处。支持这一思想的生理学理论在当前的中国仍然颇为盛行。这种生理学理论认为，在成熟过程中的这一阶段，注意保存体内的"血气"，是人健康成长的前提条件。像农作物的生长一样，人格的发展也不是一蹴而就的。《孟子》一书提到宋国一个农夫揠苗助长的

[17]《论语·季氏》，第七章。见韦利译本，205—206页。

故事，生动说明了蓄意勉强的要求会对人的自然成长过程造成多么大的阻碍（《孟子·公孙丑上》，第二章）。正如助长的行为会使庄稼枯萎一样，贪欲不是对人身心有益的慰藉，而是"暖阳之后的暴风雨"。

同样，争斗也有害于真实的人性，因为有助于个人发展和公众事业的精力被滥用了。诚然，孔子鼓励道德上的努力，他之所以特别乐于教导那些"狂者"（ardent），正是因为后者有勇猛精进的强烈意志（《论语·子路》，第二十一章）。但是竞争力，即"争斗"在这里的含义清楚说明了人们追寻如何做人的目的不是为自我实现，而是"为人"（《论语·宪问》，第二十五章）。只要人的自我形象主要依赖于他人的外在反映，那么他的内在方向就会丧失殆尽。结果他能长久"处约"或"处乐"的能力也将被削弱。[18]一个"血气方刚"的人，不一定达到了真正意义上的"刚"。在儒家看来，"刚"是指人在决定自身如何追求和表现"道"时不受外界影响的能力（《论语·公冶长》，第十章）。

如果说争斗反映了一种深刻的内在不确定性，最后会变成一种易冲动的进攻性，那么老年人的"得"似乎意指一种对自己已经获得的东西的防御性依恋。在这里，汉字"得"也有"占有"（possessiveness）的意思。广泛流行的"患得患失"这句成语或许就来源于《论语》的这一段评论。一个极富占有欲的老人可能对社会无多大危害，但从自我实现的观点来看，如果一个人在晚年为占有欲所压倒，那么在人生漫长旅程中的最后阶段出现稳健而高尚情感的可能性就会减少。否则，晚年真可以是人经由自我努力而学以成人的收获时期。如此说来，就像少年的沉湎于色与壮年的勇于

---

[18]《论语·里仁》，第二章。见韦利译本，102页。

"斗"一样，"得"的真正危险在于它对实现完整人性的永恒过程所产生的有害影响。从更深一层的意思看，因为人最持久的依恋之一即是自己的生命，所以死亡的艺术无疑是老年人面临的主要挑战。除非一个人能心平气和地接受自己生命的结束是件必然要发生的事实，否则他就多多少少没有获得一个完满的结局。这或许正是许多儒家士大夫在他们的传记中详细记载自己生命最后时刻的原因吧。

　　一般认为，在儒家思想的影响下，中国文化有对老年人特别尊重的一面，这点需加以说明。尽管在中国历史上存在着老人统治的趋势，但年老本身却很少受到敬仰。对老年人的尊敬实际是以这样的假设为基础的，这个假设就是在自我修养漫长而又不可避免的旅途中，一个老年人应当是在充实自己生命方面以令人激赏的成果遥遥领先的。因此，理论上说，年事高是智慧和机智的象征，是经验和坚毅的标志。但这绝不意味着实际的资历就自然而然具有无可非议的价值。仅仅是"老而未死"本身并不会对人有太多助益。在《论语》中我们看到，孔子对待一个老者的举止在表面上似乎极不像一个儒者，然而这却与他的中心思想是完全一致的。孔子说：

　　　　原壤（与孔子相识的举止粗野的老者）夷俟。子曰："幼而不孙弟，长而无述焉，老而不死，是为贼。"以杖叩其胫。[19]

孔子对待原壤的直率态度曾使许多注释者如阿瑟·韦利感到

---

[19]《论语·宪问》，第四十三章。见韦利译本，192页。

十分困惑^[20]，但孔子认为具有更成熟表现的老年本身仍然是"在修身之道上迈进的"。由此来看，孔子的态度就完全可以理解了。也可能正是在这种意义上，孔子教导他的弟子去尊敬青年人，他说："焉知来者之不如今也？"而且由于重点是放在实际的践履和道德成长的许诺上的，因此孔子继续说道："四十、五十而无闻焉，斯亦不足畏也已。"^[21]然而，如做这样的假设，即认为人的道德成长能够很明显地超越一个人的身体上的成熟，那么就是一种误解。不经过恰当的修养而想很快地有所成就的企图，仅是僭用了成熟的形式而非它的内容。为孔子传话的那个童子就是一个有力的例证，一个朋友认为他似乎取得了很大的进步，孔子却说道："吾见其居于位也，见其与先生并行也。非求益者也，欲速成者也。"^[22]

在这里应该指出，在儒家传统中所谓的"学"，不仅应包括理智和道德的成长，也应包括身体的成长。实际上，身体的成长是儒家学习理想的一个有机组成部分，以至于宋明理学家把孔孟之道称为"身心之教"（the learning of the body and mind）。事实上，作为儒家教育核心的六艺，其中的每一项都要求人整个身体的参与。虽然只有射、御是对人的身体的操练，然而礼和乐两者也要求身体活动的协调与和谐。甚至在书、算中，练习的重要性也总是被特别强调，为的是使人对基本技巧有经验性的理解。我们甚至可以说，正是在这样的意义上，宋明理学家才经常教导他们的学生去"体道"（embody the way）。因此，想在"学"中取得进步的人必须有勇气

[20] 韦利不相信孔子曾经会对一个老人这样不礼貌，因此他毫无根据地断定原壤事实上是个小孩，虽然他全然知道他的看法事实上与所有的传统注疏相违背。见韦利译本：192页，注三。理雅各倒是接受了原壤是老人的说法，但他也觉得孔子坦率的批评是很不寻常的。有关他辩解式的诠释，见理雅各译：《论语》，292—293页，n.46。

[21] 《论语·子罕》，第二十二章。见韦利译本，143页。

[22] 《论语·宪问》，第四十七章。见理雅各译本，293页。

和耐心去等待"成熟"。毕竟,"岁寒,然后知松柏之后凋也"[23]。同样,人的自我实现极大程度上也基于所谓的持久力。

认为少、壮、老是成人三个不可分割层面的思想,与孔子所谓的一个完全发展的人,首先应"兴于诗",然后"立于礼",最终"成于乐"的思想是合节的(《论语·泰伯》,第八章)。把成人的变化过程看作一段从"诗"到"乐"的接连不断的"礼仪化"过程,这或许不是太牵强的吧!

可以这么说,诗意的境界象征着已发展了内在方向感的青年人所具有的热切和激动,用专门的术语来表示这种承诺就叫作"立志"。"立志"按其字面意思就是"建立自己的志向",不仅是作为开端而且也是作为持续不断实践的保证,必须有一个存在的决断,这看法在儒家的文献中被认为是理所当然的。因而,孔子坚决主张"不愤不启,不悱不发"(《论语·述而》,第九章)。严格来说,除非一个青年人自觉地去"履道",否则就没有一个教师能强迫他去追求"道"。由于完全意识到特别是在青年人中"未见好德如好色者也"[24],孔子建议以学《诗》来引导他们协调自己的基本感情。他认为古典传统中的《诗》除了其他一些作用外,还"可以兴,可以观,可以群,可以怨"。孔子进一步指出,如果仔细研读《诗》,不仅可以学会"迩之事父,远之事君",而且还能学到有关自然现象诸如鸟兽草木等知识。[25]反之,若不学《诗》就会"其犹正墙面而立也"[26]。这样他就几乎不能向修身实现的方向迈出一步。学《诗》标志着"履道"的第一步,而且是关键性的一步。

[23]《论语·子罕》,第二十七章。见韦利译本,144页。艾里克森(Joan Erikson)提示我应注意儒家教育中这十分重要的层面,对此我非常感激。
[24]《论语·子罕》,第十七章。见韦利译本,142页。
[25]《论语·阳货》,第十九章。见理雅各译本,323页。
[26]《论语·阳货》,第十章。见韦利译本,212页。

同样地，象征成年时期的"礼"既是结构，也是一个活动，正是基于这个结构和活动，一个成熟之人的品质才得以建立起来。像《诗》的传统一样，"礼"也有一套高度整合的礼仪规则，为了成为一个真正的社会参与者，青年人必须学习所有准则。如同《诗》一样，"礼"调和及引导人们的感情，使这些感情的表达符合社会认可的模式。因为从儒家的观点来看，一个人总是处于关系的中心，而非自身圆足并可与他人分离的个体，在此，他在与人发生关系的脉络中借以表达自身的结构和活动，成了界定其人性的特征。这样的礼仪绝非消除人性的工具，相反，它是学习成为人类一分子的必要途径。然而，孔子指定的先后次序，清楚地显示"礼"本身也必须以人的感情为基础，"人而不仁，如礼何？"(《论语·八佾》，第三章)。理论上说，礼仪化是完全与人性化保持一致的，并且"礼"不应被看作社会强加于人性的东西，而应被看作根据清晰表达之文化价值所创造出来的人性精华。或许正是在这个意义上，孔子强调只有借着"礼"，那些呈现基本德性的人类感情才能适当地表达出来：

> 恭而无礼则劳，慎而无礼则葸，勇而无礼则乱，直而无礼则绞。[27]

也正是基于此，孔子认为他终能与子夏讨论《诗》的真实含义，因为子夏已经认识到，正如"绘事后素"的道理一样，礼亦是后起于《诗》的(《论语·八佾》，第八章)。

---

[27]《论语·泰伯》，第二章。见理雅各译本，208页。理雅各将"礼"翻译为"正当行为的规则"(rules of propriety)。

例证

把成人看作从诗到礼持续不断发展的观点，是一种把依据中道而成长的过程加以概念化的理想方法。与这种成熟方式最类似的就是孔子本人。虽然在这方面《论语》确实提供了很好的例子，然而它在儒家传统中从未被认为是一个规范。因为自我实现的过程主要依赖于一个人的具体环境，所以将一种具体的经验作为唯一的典型就毫无意义了。严格说来，儒家之道并不等同于孔子之道。精确地说，甚至"孔子之道"这个名词的运用亦不贴切，因为儒家的信奉者并不视孔子的生活和举止为启示的真理，也不相信孔子确已达到了人生的至境。这样，儒者的最终目的不是成为儒者，而是成为一个真正的人，一个圣人。诚然，孔子作为一个象征，两千多年来都被尊奉为完全的圣人，但作为一个人，他并不是仁道的唯一诠释者。事实上，孔子本人从未宣称自己已达到了圣人的境界，因此孔子之道主要应被看作启示的标准。孔子说：

> 吾十有五而志于学，三十而立，四十而不惑，五十而知天命，六十而耳顺，七十而从心所欲，不逾矩。(《论语·为政》，第四章)

对孔子来说，"学"不只是获得经验知识，也不只是一种使社会中适当的行为方式内化的方法，而是他作为一个自觉的人所做的事。所谓学就是指个人关注于"如何成为人"所获致日渐深刻的知识。借着这样的学，他把自己的生命转化为一个有意义的存在。"学"即成了一个十分珍贵的思想，以致孔子从不轻易授人以"好学"的雅号，他说："十室之邑，必有忠信如丘者焉，不如丘之好学也。"[28]并且他承认在他最得意的弟子去世后，他的学生中就再没有"好学"的了（《论语·雍也》，第二章；《论语·先进》，第六章）。孔子极认真地看待自己作为一个专心致志的学者的形象。有一次一个学生说，他不知该如何向叶公描述孔子，孔子说："女奚不曰，其为人也，发愤忘食，乐以忘忧，不知老之将至云尔。"[29]

若说孔子15岁而志于学标志着一个智力和道德不断成长的新起点，那么他30岁依礼而立，则进一步说明了其人性的成熟有了更完满的表现。因为礼包含着人际关系的网络，所谓的"自立"，着重强调在最基本的关系中人应承担的责任。至于主要的对应关系，孔子曾表示他未能完成其中的任何一个。孔子说：

> 所求乎子，以事父未能也；所求乎臣，以事君未能也；所求乎弟，以事兄未能也；所求乎朋友，先施之未能也。[30]

孔子的自我批评绝非只是一个为了启发后进而设计的教学法，而是说明了人在承担普通责任时必然存在着改进的余地。忠、孝、悌、友是普通的德性，但人们借以完全实现这些德性的礼仪化过程却是漫长而又微妙的。这样，成熟就同时意味着人恰如其分地展现这类品德的能力，以及人必须永无止境地践行"立于礼"的意识。

---

[28]《论语·公冶长》，第二十七章。见韦利译本，114页。

[29]《论语·述而》，第十八章。见陈荣捷：《资料书》，32页。这段话中的"发愤"似乎应该是指"求学"而言。

[30]《中庸》，第十三章第四节。见陈荣捷：《资料书》，101页。这段话似乎和孔子的另一段自述之辞相互矛盾，"出则事公卿，入则事父兄，丧事不敢不勉，不为酒困，何有于我哉？"（《论语·子罕》，第十五章；韦利译本，144页）但如果我们把这整件事看作牵涉不同层次的修身，那么这两种看法表面上的矛盾可以很容易地解决。

因此，成熟的人是"诚而信"（《中庸》，第十三章）的，因为他知道实现真实的人性是任重而道远的。

这种责任感是以儒家的"己所不欲，勿施于人"（《论语·卫灵公》，第二十三章；《中庸》，第十三章）这条重要原则为根据的。这条重要原则通常是从消极方面加以陈述的，因为它强调的是修身。我们既然肯定人们追寻个人知识的重要性，因此把个人认可的事物强加在别人身上是根本不必要的，也是违背人意的。这样，在这重要的原则背后存在着"忠恕违道不远"（《中庸》，第十三章）这样的前提，对人性自我真实的内在要求与关切他人的社会需要这两者是不能分离的，而且为自我实现而学习也就是为调和人际关系而学习。危害人性自我真正展现的并不是社会，而是人自身的私欲。这样，"恕"就不是"忠"的结果，而是它的不可分割的补充。儒家学说这种积极进取的特性蕴含在这样的主张之中，即认为"道"之追寻不在于坚持它抽象的普遍性，而在于确定对个体的人性自我——与他人形成一个社群的自我——最有益的事物。

从"兴于诗"的境界中"有志于学"，以迄于在"立于礼"的状态中承担社会责任，这样的转化象征着青年孔子的成熟，那么"不惑"则代表着孔子中年时的气质。"不惑"首先意味着心灵的独立。这时他的意志已相当坚定地执着于"道"，因此富贵对他来说犹如过眼"浮云"[31]，不会在他的心灵上留下丝毫痕迹。然而这种对外物无所偏私的态度绝非意味着从社会中退缩。这种态度是自制的一种形式，它显示着人内在的力量和宁静："默而识之，学而

---

[31]《论语·述而》，第十五节。这整段话是："饭疏食饮水，曲肱而枕之，乐亦在其中矣。不义而富且贵，于我如浮云。"见韦利译本，126页。

不厌，诲人不倦，何有于我哉？"[32]这种不为外界所动的心灵，用孟子的话说，就是"义行"（《孟子·公孙丑上》，第二章）的结果。这是一种智慧，即尽管积极参与社会，但他仍能清晰地洞察整个处境，因此只有"知者不惑"（《论语·子罕》，第二十八章）。

然而，不惑的成人不仅在理智上是警觉的，在感情上也是稳健的。他心灵的自立不仅象征着智慧，也象征着道德的勇气。当子路问什么是"成人"时，孔子答道：

> 若臧武仲之知，公绰之不欲，卞庄子之勇，冉求之艺，文之以礼乐，亦可以为成人矣。

当他认识到他所描述的对他的学生而言是难以模仿的理想时，他便对以道德勇气而闻名的子路说道：

> 今之成人者何必然？见利思义，见危授命，久要不忘平生之言，亦可以为成人矣。[33]

如果"不惑"代表成人的智慧和勇气，那么"知天命"则指涉一个更老练的心灵架构。在此架构之中，老年的到来被看作必然的成熟过程和更和谐融洽的承诺。事实上，在这里"天命"含有双重的意义，它暗示了人自身命运的有限性，也说明了对一个"超越"的命令的履行。在50岁时，孔子颇遭坎坷，其中特别使他感

---

[32]《论语·述而》，第二章。见韦利译本，123页，此处所引译文曾稍做修改。
[33]《论语·宪问》，第十三章。第一部分，见韦利译本，183页；第二部分见理雅各译本，279—280页。必须注意的是"成人"一词，韦利译作"完美的人"（a perfect man），也可用来指成年的人、成熟的人（adult or adulthood）。

到痛苦的，是他的几个最得意弟子的相继去世，以及他力图恢复世界秩序的希望的破灭等。这时孔子已经敏锐地意识到人类试图对残酷的生活现实产生持久影响的努力，有着不可避免的限制。在当时的社会冲突以及激烈竞争的政治领域之中，存在着强烈灭除人性的势力。毫无人性的势力、孔子本人与这些势力的遭遇，使他企图回到周朝太平盛世的梦想全成泡影。当他的意见和抗议一再受到冷落时，他感到自己与这个世界有着一种完全的疏离感，于是叹息道："知我者其天乎？"（《论语·宪问》，第三十七章）但是他终究是一个坚定的人文主义者，所以拒绝抛弃这个世界而与鸟兽同居，他说："吾非斯人之徒与而谁与？天下有道，丘不与易也。"[34] 临近晚年时，他强烈地意识到，在人的深刻的有限感和人性可以尽善尽美的同样深刻的信念之间存在着张力。然而他非常明确地选择了行动。尽管认识到企图建立世界秩序所能做的事极为有限，但他却不能不尽力而为。

由此我们就可以把"知天命"看作孔子精神危机的表现，它的一个显著特点就是体验到强烈的使命感。尽管自己命运困顿，但他却对这个人类世界更加关心。诚然，有一次他对子贡说他不想再说话了，当子贡问他，老师如果不说话，那么"道"如何表现出来呢？孔子答道："天何言哉？四时行焉，百物生焉，天何言哉？"[35] 然而孔子对天命的理解并不是一种被动的表现，而是一种全然的献身，一种完成终生任务的艰难尝试。事实上，孔子清楚地表示"天命"不是思虑的对象，而是使人畏惧和敬仰的对象（《论语·季氏》，第八章），因此"知天命"并不只是一种理解能力上的成就。孔子 59 岁时，他的生命在宋国受到司马桓魋的严重威胁，

[34]《论语·微子》，第六章。见韦利译本，220 页。
[35]《论语·阳货》，第十九章。见韦利译本，214 页。

《论语》记载孔子当时曾说:"天生德于予,桓魋其如予何?"[36] 这种被挑选来完成超越的使命的感觉在另一件小事上有进一步的说明。这件事发生于孔子在宋国的前三年:

> 子畏于匡。曰:"文王既没,文不在兹乎? 天之将丧斯文也,后死者不得与于斯文也;天之未丧斯文也,匡人其如予何?"[37]

依此背景,孔子认为自己是传述者而不是创作者(《论语·述而》,第一章)的自我界定很少被研究中国思想的学者们理解和重视。一个传述者只有当他为了寻求知识而从不间断地以古为鉴时,才可以说自己受到了传统的限制。对他来说,历史的价值不仅以其实用性及与当前的相关性来加以判断,而且以其不断证实人性在此世有真实实现的可能性而得到肯定。他没有承担创作者的责任,不是因为他没有认识到创造的力量,而是出于一种有意识的选择,他不愿将自己从人性化的过程——对他的成熟一直具有决定性贡献的人性化过程——中分离出来。实际上,作为一个传述者,他通过深入钻研他所选择的遗产来源不断更新自己。他对古人的敬仰并没有导致他颂扬过去,相反,他竭力把古代圣人的人性展现于当今世界。这样,他的使命就是借助个人的知识而使文化得以代代相传。从更深层的意义上说,孔子完全献身于传述世纪以来人们称之为圣人之道的使命感与他敏锐意识到的人自身的限制并无冲突。因此,包含智慧及勇气的心灵独立就得到了进一步的提升。认识到自己的有限并不会抑制人进取的决心,相反却提升了人对采取行动的承

---

[36]《论语·述而》,第二十二章。见陈荣捷:《资料书》,32 页。
[37]《论语·子罕》,第五章。见陈荣捷:《资料书》,35 页。

诺。并且人的使命感绝不意味着傲慢骄横，而是以对人自身的限制和内在力量的实际估量为基础的。晚年的到来似乎让孔子的成年进入了一个不同的层面。

"六十而耳顺"意味着能接纳别人意见的境界。倾听的艺术，特别是将其与观看的艺术对照时，是有其特色的。它既不具有进取性，也不具有占有性，相反，它是在超然的心境中对世界的肯定。因为它展现出母亲般关怀、宽恕和容忍的品德，同时它又并未表现出对所爱对象的无理依恋。似乎到这时孔子改变世界的内在要求已转变成对这个世界的静赏。用 12 世纪的注释者朱熹的话来说，就是"声入心通，无所违逆，知之之至，不思而得也"[38]。心灵的这种敏锐透彻的感应性确是漫长而又艰难的自我反省的结果。无疑，正如他的学生对他的描述一样，孔子已克服了心灵的四个缺点：意、必、固、我。(《论语·子罕》，第四章) 然而有一点是特别要注意的，孔子 60 岁时精神上"悠然自得"的状态既不代表避世主义也不代表禁欲主义，而是象征着因为具备了与世界各方面保持和谐关系的男性经验而达成的自我实现。孔子确实这样说过："朝闻道，夕死可矣！"[39] 但假如离开了这个世界，我们就永远不能闻"道"了。事实上，这是积极入世而非消极避世，这使心灵获得真正的宁静，并且只有那些真正生活在这个世界的人才能倾心于"道"，才有机会闻"道"。

"七十而从心所欲，不逾矩"是指一种和谐融洽的心灵境界。这是孔子成人的最后一个阶段，这个阶段似乎象征着漫长成熟过程的终点。15 岁有志于学，30 岁据礼而立，40 岁达到不惑之境，50

[38] 见《论语》之朱子注，收于《四书集注》(台北：世界书局，1952，重印本)，7 页。
[39]《论语·里仁》，第八章。见韦利译本，103 页。

岁而知天命，60岁敏悟地静赏这个世界，所有这些都汇聚在一起进入一个崭新的自我实现的阶段。如孟子所说的"大人者，不失其赤子之心者也"（《孟子·离娄下》，第十二章），步入70岁的孔子所具有的无拘无束的自由欢乐，似乎是一种以艺术家的匠心培育而成的自然心境，是晚年出现的第二个童真时代。"诗"和"礼"都不再适合于用来描述这样的心境。由一个人的"实然"与他的"应然"两者间的融合而显示出的整合程度，可在鲁地演奏的音乐的象征之中获得较好的理解："始作，翕如也；从之，纯如也，皦如也，绎如也，以成。"（《论语·八佾》，第二十三章）以"玉管"为终，其所发出的深沉、悦耳的声音，用孟子的话来说，象征着"圣之事也"[40]。只有在这时我们才能说闻了"道"，并且即便死，也可坦然无憾了。

然而，正如前面所提到的，孔子成人的例子并不是一条绝对的准则，而是儒家传统中一个感发人心的标准。实际上，孔子本人也从未教导他的学生要以他为模范去追求"道"。相反，孔子激励他们通过在自身中实现人性，或是说通过"成人"去追求"道"。作为一个模范老师，他真正的力量源于他循循善诱的能力，用一个孔子崇拜者的话来说，这种能力像春天的和煦微风一样清新，令人感到惬意。英年早逝的颜回（30岁左右）未曾达到他老师所确信他能达到的成人境界，但他对孔子之道的描述值得引述。他说：

> 仰之弥高，钻之弥坚；瞻之在前，忽焉在后。夫子循循然善诱人，博我以文，约我以礼。欲罢不能，既竭吾才，如有所

---

[40]《孟子·万章下》，第一章。见刘殿爵译本，150页。

立卓尔。虽欲从之，末由也已。[41]

　　即使在孔子最亲近的弟子中，自我实现的途径也是有所差异的，在早逝的颜回和高寿的曾子之间，实现成年的方式是多种多样的。孔子本人的方式只不过是其中的一种罢了。因此，可以想象一个人在 80 或 90 岁时，在履道的进程上可能比 70 岁的孔子走得更远。当然同样也可想象，处在新环境中的人们可能以一种与传统所认可的正统儒家模式极不同的模式来遍寻和认识"道"。毕竟，从儒家的观点来看，成圣的途径有很多，正如有很多圣人一样。这也就意味着，成年能够被认识，但却永远不能被界定。

---

[41]《论语·子罕》，第十章，见韦利译本，140 页。

论孟子的道德自我发展观念

孟子主张人性善，这是研究古典儒学思想的学者们所熟知的。大家理所当然地认为，孟子这一简单论点的基础是讲求直觉。除了坚持认为"四端"这样的道德倾向是人性所固有的之外，孟子没有提出其他清晰明确的论证。其结果就是孟子不加怀疑地坚信所有的人内在都具有恻隐之心、羞恶之心、辞让之心、是非之心。他曾经企图用某种经验来证实他的论点，他只提出一个例证，而这例证看起来也只不过是一种常识性的观察：

> 所以谓"人皆有不忍人之心"者，今人乍见孺子将入于井，皆有怵惕恻隐之心。非所以内交于孺子之父母也，非所以要誉于乡党朋友也，非恶其声而然也。由是观之，无恻隐之心，非人也。（《孟子·公孙丑上》，第六章）

可以理解的是，即使是对孟子这一看法深表赞同的诠释者，如顾立雅（H. G. Creel）等，也经常不由自主地注意到孟子"对人性和动物性的区别、人对物质和性的需要可能会凌驾于其合乎人性的判断之上，及社会环境对人性的影响等问题都给予了精微细致的探讨"。因此，所谓孟子对人性善的"论证"就不应被看作证明孟子思想简单的证据。

在本文中，我试图说明，孟子的这一论点并不是一个未经验证的武断主张，而是他对哲学人类学中的人格主义所一贯进行辩解的主要部分。事实上，我坚信孟子对人类生活的所有复杂面有明敏的赏识，同时如果我们对这些赏识做仔细的研究，那么就会发现他的人性观可能就是对这一论题最有说服力的阐述。当然，在这里我主要关心的，不是对孟子的"内在道德品质"是人性善的基础这一经过深思后得出的看法做出全面综合的呈现，而是想借探究他的性善课题以理解孟子的所谓道德自我发展观念。

表面上来看，确定孟子思想中自我这一概念的含义，最好的办法是研究《孟子》一书中与这一概念相关联的其他词语，对这些相关连的词语做语义上的分析即可给我们提供一条确定孟子思想体系中何为自我价值的途径。但是，这样的程序虽然有益，却既不能说明孟子对某些具体问题发表自己看法的对话背景，也不能说明孟子形成自我这一概念的最初原因。实际上，这个对话环境和最初的原因已经成了自我这一概念的内部结构中必不可少的层面。此外，虽然这一程序能明显地使自己的研究避开有意识的谬误（intentional fallacy）之过失，但它完全忽视了孟子作为一个活生生的、体验生活和进行创造的思想家在精神上的导向作用。不用说，作为一个穷源溯流的历史学家，我不能忽视作为研究起点的基础语言学工作。但对我来说，当我们研究孟子时，不仅要求我们以开放的心灵来迎接他的挑战，也要求他的思想对我们有实质意义时，我们的诠释工作就已开始了。

许多学者认为，孟子的人性命题蕴含着他对人具有可完善性的坚定信念。但是，有的学者提出，人的完善性这一理念并没有决定在完美化的过程中，究竟是环境的干预起着主要作用，还是天赋才能起着主要作用。其实，孟子和对孟子进行过详尽深入批判的荀子都有过这种思考，但他们两人的论据却不大相同。荀子认为人完美化的过程包含着心灵认识功能和社会强制功能两者之间复杂的相互作用。人的完美的层次可由人性适应那经由人类智力所领悟、理解到的社会共同价值和标准的能力而得到界定。这样，人有意参与完善化的过程就取决于自己内在的修身与对社会理想的依顺。但以牢固建立起来的礼仪形式为准则的观念，即"可塑性"这一概念无疑是荀子教育与奋斗的核心。

孟子对环境的影响也相当敏感。我们不难看出他认识到经济状况、政治环境和社会关系对人的道德生活有着深远的影响，除此之外，他坚持在实际的道德教育方案实施前，环境的各个重要方面必须有一个相当的改进。以下是《孟子》书中提及的几个具体的例子，如在不理想的语言环境里学习语言（《孟子·滕文公下》，第六章），向臣下灌输忠君思想而君主却对臣下不仁，无"恒产"而发展"恒心"等（《孟子·梁惠王上》，第七章；《孟子·滕文公上》，第三章），这些都充分地显示了孟子已敏锐意识到环境对人的信念、动机及态度等的塑造作用。然而孟子认为，从最终的意义来看，每个人身上都有些永远不会受外界控制和约束的东西，这些东西既不是靠学习得到的，也不是从外界获取的，它们是一个既定的真实，是天所赋予的作为人的一个特征。

正如葛瑞汉（A. C. Graham）曾指出的，在公元前4世纪，与孟子同时期的许多哲学家似乎都极为赞同这样的观点，即人性是指人与生俱来的东西。在古汉语的惯用法中，"生"和"性"词义同源这一事实使得一些现代学者认为上述观点在古代即是一种诠释共识。从历史观点来说，我们没有理由怀疑这一分析的精确性。因此，绝大部分反对孟子的人实际上都倡导人性的自然主义立场，这种说法似乎言之有理。例如，认为人性是人与生俱来的观点曾导致了食欲、性欲是人的本性这种普遍观察。在这样的背景下，孟子的观点可以看作对这种诠释共识的批判。孟子在这个问题上表述自己看法的策略在他与告子的辩论中表现得最充分。他们大多数的交谈都不过几句话，但每一次交谈都很巧妙地表现了孟子全面的看法，这是理解孟子在人性问题方面基本假设的线索。现在让我们仔细考察其中一段：

> 告子曰："生之谓性。"孟子曰："生之谓性也，犹白之谓白与？"曰："然。""白羽之白也，犹白雪之白；白雪之白，犹白玉之白与？"曰："然。""然则犬之性，犹牛之性；牛之性，犹人之性与？"（《孟子·告子上》，第三章）

从表面上看，正因为"生之谓性"，所以牛生而具有的就是牛之性，而人生而具有的即谓人之性，这样告子是可以坚持自己的观点而不致陷于"牛之性，犹人之性"这种似乎为谬误的境地之中的。但是因为采取了用基本的本能要求来解释人性的自然主义立场，所以告子不敢肯定是否会或是否能把人之性如同牛之性一般加以区分。

对孟子来说，这种自然主义的主张在事实上并无错误，但要企图达到对人的特殊性的全面理解，这一主张就是不完备和片面的。在这里用《孟子》书中后边的话来评论告子的观点似乎也很恰当。孟子认为告子理论的片面性正像一个人"养其一指而失其肩背，而不知也"（《孟子·告子上》，第十四章）。然而孟子又继续说："饮食之人无有失也，则口腹岂适为尺寸之肤哉？"孟子这话的要点在于，既然正确理解人类的身体存在就必须理解人类心理的"完型"，那么一种基本需要的满足就不可以通过牺牲整个躯体的健康来实现。因此，正如不能简单地把人的身体需要化为尺寸之肤一样，仅仅把人性局限于食色也是不完备和片面的。

很明显，孟子认为，人性是人生而具有的主张不能完全解释我们之中任何一个人内在固有的、能够界定我们是人类的某些东西。人所独具的性质是不能用似乎是人和牛狗之属共有的动物性本能来说明的。这样，人性是生而具有的主张就太笼统而不能正确反映人的特殊性质。诚然，孟子可以赞同那种认为本能的要求不是通过学习得到的，也不是从外界获得的观点，并且赞同本能的要求在一定意义上是天命所赋予的这一既定事实。他或许也会接受这样的主张，即食色之欲对于人的生活来说是基本的，因此它们应被认为绝对基本的需要。然而，我们每个人身上的某些东西——从最终的观点来看，它们永远不会受外在控制的约束——清楚地指示着一个不同的方向。

仔细体会"牛山"这个著名的寓言故事有助于我们以一种崭新的视角来理解上述问题。孟子说：

> 牛山之木尝美矣，以其郊于大国也，斧斤伐之，可以为美乎？是其日夜之所息，雨露之所润，非无萌蘖之生焉，牛羊又从而牧之，是以若彼濯濯也。人见其濯濯也，以为未尝有材焉，此岂山之性也哉？虽存乎人者，岂无仁义之心哉？其所以放其良心者，亦犹斧斤之于木也，旦旦而伐之，可以为美乎？
> （《孟子·告子上》，第八章）

　　如果心灵不能保持它的美，那么我们就可以明显看出环境的影响是如此巨大，以至于人的本性会受到不可弥补的侵扰和摧残。孟子的进一步论述似乎证实了这种怀疑，他说："梏之反覆，则其夜气不足以存（心灵固有的善）；夜气不足以存，则其违禽兽不远矣。人见其禽兽也，而以为未尝有才焉者，是岂人之情也哉？"（《孟子·告子上》，第八章）从最终的观点来看，在什么意义上我们仍能坚持认为我们每人身上都有这种东西，而这种东西又永远不会屈从于外在的控制呢？

　　这个问题似乎曾使孟子感到为难。在上述寓言的结尾部分，他拒绝承认人们所表现和呈现的必然就是他们真实的自身。当然，孟子承认"故苟得其养，无物不长；苟失其养，无物不消"。如果以为孟子实际上意在暗示人们一旦变得与禽兽相去不远，那他们就没有太多机会再度获得他们的人性，那将是一种误解。相反，孟子反复强调意志本身要求自我实现的力量，他认为这种力量虽然可能会永久地潜伏，但永远不会完全丧失。这或许就是孟子为什么在寓言的末尾引用孔子的话，即"操则存，舍则亡；出入无时，莫知其乡"，并断言孔子这句话所指的就是人心修养问题罢！

　　事实上，不管人的心灵遭到如何侵扰和摧残，它内在的更新力量都不会完全受到遏制。我想，正是在这个意义上，孟子坚信人能通过自我努力而达到完美的境界。对他而言，这种意志的确立正是保存本性所需要的全部。因此，"操则存"是指自我转化的内在决定，是一种内在治疗和培育的方法，治疗、培育两者对心灵的修养都是充分而必要的。相比之下，"日夜之所息"和"平旦之气"仅是促成自我正常发展的良好条件。事实上，孟子甚至暗示在某些情况下，个人的艰苦磨炼说不定是祸中之福。他说：

> 故天将降大任于是人也，必先苦其心志，劳其筋骨，饿其
> 体肤，空乏其身，行拂乱其所为，所以动心忍性，增益其所不
> 能。(《孟子·告子下》，第十五章）

然而，我们不应把孟子这段文字解释成他赞同某一种特别的挑战和反应的理论。因为他也能接受一般人的看法，认为"富岁，子弟多赖，凶岁，子弟多暴，非天之降才尔殊也，其所以陷溺其心者然也"(《孟子·告子上》，第七章）。

孟子对人性可凭借自我努力而达到完美境地的看法持绝对认真的态度，这是无可非议的，但是他阐述其立场时所采用的类比推论却需要进一步的分析。首先，我们现在应该能明显看出所谓我们每个人都拥有的、永不屈从于外在控制的某种东西实际上指的就是"心"。然而，对心的实际评估——认为心的性质与功能易受外界影响的这种看法却与那种认为只要人们主观上愿意就能"存心"的观点并不冲突，对"放"心的不懈关注和对保存心的天赋能力的坚定信念，在孟子的思想体系里是共同起作用的因素。虽然孟子承认我们每个人都多多少少失掉了自己的心，只有圣人一直保持着他们的心，但是如同"口之于味也，有同耆焉；耳之于声也，有同听焉；目之于色也，有同美焉"，他坚决主张在所有人的心中也存在着某种共同的东西。而所谓的圣人就是指那些已经获得——已经完全呈现——"我心之所同然"(《孟子·告子上》，第七章）的人。

《孟子》中种麦的寓言强调的正是人心的共同性，而不是由于环境影响而形成的人心的差异。他说：

今夫麰麦，播种而耰之，其地同，树之时又同，浡然而生，至于日至之时，皆熟矣。虽有不同，则地有肥硗，雨露之养，人事之不齐也。故凡同类者，举相似也，何独至于人而疑之？圣人与我同类者。（《孟子·告子上》，第七章）

在这里，共同性首先意味着圣人和我们一样也是禀有同样本性的人类。因而孟子引用古代贤者龙子的话"不知足而为屦，我知其不为蒉也"（《孟子·告子上》，第七章）时，就是在暗示所有人都有着基本的共同性。但很明显孟子并不是在倡导一种把圣人等同于常人的平等思想，相反，他的意图是在说明我们本性所固有的是一种实体，而此实体与使得普通人能够变成圣人的实体正是相同之物。

针对"心之所同然者何也"这一问题，孟子特别指出，"谓理也，义也（理、义都是道德原则）"（《孟子·告子上》，第七章）。这似乎是说心中的道德感既不是经由学习得来的，也不是从外界求得的，而是与生俱来的，并且随时都能"放"失掉，但只要愿意去"保存"它，"放心"总是可以求回来的。实际上，孟子明确宣称："非独贤者有是心也，人皆有之，贤者能勿丧耳。"（《孟子·告子上》，第十章）我们可以补充一句，正是在这样的脉络里，孟子把学问之道说成是求放心之道。这意味着只要不丧失心，我们就将重新获得道德感，并且重新走上为人之道。

在此刻似乎孟子所提出的"道德感"基本上是诉诸"直觉"的。让我们回忆一下《孟子》中看到小孩将要掉到井里去的例子，这个例子说明，这种对直觉的诉求似乎指的是对道德生理基础的一种探索。这就促使我们仔细考察孟子关于"四端"的思想。孟子说：

> 无恻隐之心，非人也；无羞恶之心，非人也；无辞让之
> 心，非人也；无是非之心，非人也。恻隐之心，仁之端也；羞
> 恶之心，义之端也；辞让之心，礼之端也；是非之心，智之端
> 也。人之有是四端也，犹其有四体也。有是四端而自谓不能
> 者，自贼者也……凡有四端于我者，知皆扩而充之矣，若火之
> 始然，泉之始达。(《孟子·公孙丑上》，第六章)

当然，我们可以假定当孟子说人如果没有恻隐之心、辞让之
心、羞恶之心、是非之心就不是人时，他可能只是在表达一种语义
学上的观点，即他拒绝称呼那些不能或不愿表现这些感情的人为
人。确实，正名的原则在这里是适用的，这一原则已被广泛用于阐
述像"君王"这类的重要概念。但孟子言论的力量似乎不在于此。

的确，孟子清楚地宣称："仁义礼智，非由外铄我也，我固有
之也，弗思耳矣。"(《孟子·告子上》，第六章)但极有可能他真正
要表达的不只是语义学上的问题，也涉及人的道德感的不可削弱
性。其中的区别虽然细微，却十分重要。如果没有这些感情就不能
称之为人，因为一个人不可能没有这些感情。这并不是说我们可以
并且应该根据自己的判断去谴责那些没有表现这些感情的人是无人
性的。事实上，如果一个人还能行使他的意志，却不能扩充包含着
基本感情"萌芽"的心，那是不可思议的。无疑，一个人不可削弱
的道德感（植根于他的本性）并不能保证自我实现的自然完成，孟
子实际上意识到了这一点，他说：

故曰："求则得之，舍则失之。"（人们在发展自己的天赋才能方面有所不同）或相倍蓰而无算者，不能尽其才者也。（《孟子·告子上》，第六章）

主张"四端"随时可为道德的自我发展效劳的论点，似乎与认为必须经常去寻求、培养心的思想，及心从未能发展到最充分的程度（就某一实际的意义而言）的思想是明显冲突的。解决这个冲突的一个方法是提出一个双重的诠释，即把心既解释为本体论的实在又解释为存在的过程。只是证实这种解释的方法及这种解释可能包含的深远意义不是本文要探讨的内容，然而，根据我们迄今所考察的有关孟子的文献材料，我们这样解释心似乎是极有意义的。一方面，把心看作本体论的实在，然后用此"心"来诠释"四端"，我们就可以把"四端"视为心真实本质的最初表现，因此可以说它们是不能被削弱的；另一方面，把心看作存在的过程，那么同样地，寻找、培养和发展就能被看作心的自我修养的努力，因此它们必然是持续不断的。

这当然与孟子的立场是一致的，即坚持生理需要与道德感情在概念上有所差异，同时又坚持生理需要——不仅是人性结构中的合法构成因素，也是人们寻求道德自我发展的必要部分——的重要性。这样，实际的考虑不是去压抑本能的要求，如食欲、性欲之类，而是为了使它们具有人性意味而以一种整体的方式适当地加以表现。因此，我想人性的"大体"和"小体"的区别也正是依此来确定的（《孟子·告子上》，第十五章）。小体尽管在动物界具有普遍性，却容易为了当下的满足而沉溺于外物，其结果是可能为相当狭隘的人事领域所限制，并自限于一个封闭的自我成长过程。相对

70

来说，大体是个体认同和真诚沟通的基础，并且尽管大体是我们日常生活中很罕见的、不可捉摸的东西，但人道的特性却因大体而得到说明。

从下面一段话中，我们可以看见孟子关于大体和小体在自我发展中的差异的思想。

> 公都子问曰："钧是人也，或为大人，或为小人，何也？"孟子曰："从其大体为大人，从其小体为小人。"曰："钧是人也，或从其大体，或从其小体，何也？"曰："耳目之官不思，而蔽于物，物交物，则引之而已矣。心之官则思，思则得之（道德感），不思则不得也。此天之所与我者，先立乎其大者，则其小者弗能夺也。此为大人而已矣。"（《孟子·告子上》，第十五章）

"思"这一概念的中心地位可能会给我们这样的印象，即孟子似乎赞同一种理性主义的立场。随着想象力的充分发挥，我们可能也会假定"思则得之"是指一个先验的过程，借此过程，作为思考机能的心，可以说已先验地决定了道德感的形式。依此途径探讨孟子的思维模式可能会得出丰硕的成果，但这却不是我们在这里所要讨论的。认为孟子试图运用"思"的概念提出某种缺乏任何内容形式的论点似乎是站不住脚的，因为孟子用类比的术语评论道：

> 仁，人心也；义，人路也。舍其路而弗由，放其心而不知求，哀哉！人有鸡犬放，则知求之；有放心，而不知求。学问之道无他，求其放心而已矣。（《孟子·告子上》，第十一章）

根据这种诠释性的思路，我们可知成为人的任务，不仅包含可普遍化的理性在道德处境中的运用，同时也包含对道德自我发展事先的承诺和实际行动。而整个设计的悖论之处在于寻找、培养和发展心的共同努力是以一个信念为依据的，这个信念就是心作为人性的界定特征，其本身就是这种努力的基础。这个信念既没有诉诸心灵的不朽，也没有求助于上帝的存在。总之，心灵的自发性是我们实践道德充分且必要的条件。

在这样的背景下，我们可以假定，孟子在道德自我发展的过程中，不仅觉察到了追寻自我发展的多种途径，而且更重要的是，他看到了不同的有待完善阶段的相交点。因此，虽然孟子认识到有许多不同的成圣途径，但他强调，正如五谷之为用在于它们的成熟，"夫仁亦在乎熟之而已矣"（《孟子·告子上》，第十九章）。事实上，至少有一次孟子甚至试图用诗的语言来描述一些完善的阶段，他说：

> 可欲之谓善，有诸己之谓信。充实之谓美，充实而有光辉之谓大，大而化之之谓圣，圣而不可知之之谓神。（《孟子·尽心下》，第二十五章）

从"善"到"神"之间无疑有无数精炼的层次，如此理解的道德自我发展的过程便是不断实现人性化的过程。[1]

---

[1] 有关本论文中所引《孟子》之英译，见陈荣捷：《资料书》（Princeton：Princeton University Press，1973），55—83 页。我曾做了一些小修改。又参见刘殿爵译：《孟子》（London：Penguin Classics，1970）；理雅各译（James Legge）：《中国经典》，第二卷（Oxford：Clarendon Press，1985）。

第二部分　宋明儒学的思考模式

宋明儒学的"人"的概念

一

才华横溢的汉学家白乐日（Etienne Balazs）曾经表示所有中国哲学的特点是以社会哲学为主："即使当它企图脱离这个现实世界，并且获得某种纯粹先验的形而上学形式时，如果不知道它（迟早会回归）的出发点，我们就不可能理解它"[1]。根据这个观点，儒家学说是社会哲学的典范例证。但只有当社会哲学采取广义的解释，包含个人对基本人道价值的承诺时，白乐日的说法才能被我们接受。严格地说，儒家学说的出发点是修身而不是承担社会责任。当然，儒家的修身必然会导向社会责任，而且更进一步说，在儒者看来，修身的过程应在社会环境中体现出来。此外我们仍可以强调，儒家学说真正关心的是日新又新的自我，而不是他所身处的社会。

《大学》明确指出，从天子到庶人都应把修身作为根本。[2]在这一论述后面蕴含着一个信念，即人借着自我努力可以塑造自己，

---

[1] 参考白乐日（Etienne Balazs）："La Crise Sociale et La Philosophie Politique à La Fin des Han,"《通报》（*Tóung Pao*）29 期（1949），83—131 页。这篇文章的英译，见《汉末的政治哲学和社会危机》，收于白乐日：《中国文明和官僚制度：一个主题的各种变形》，此书由赖特（H. M. Wright）翻译，芮沃寿（Arthur F. Wright）编，（New Heaven：Yale University Press, 1964），195 页。

[2] 《大学》，第一章第六节。参考理雅各译：《中国经典》，五卷本，卷一，359 页。

并且能使自己达到完美的境界。因此，人能凭借自我努力而达到尽善尽美的境界，这一信念就成了儒家人文主义的界定特点，这也是儒家有关人的概念在宋明理学中能得到发展的真正力量之所在。

然而我们说人能臻于完善并不意味着人可以任意创造自己的人性，而是意味着，人自身的力量而不是某种作为中介的超自然力量，才是实现人无穷潜力的根源。它也提示了人生的意义是从人自身之内被创造和体验出来的，因为人被"设计"（designed）去完成生活中的一个伟大任务——自我实现，而自我实现最充分的发展不仅会实现天下太平，而且会实现对天的完全认同。人是在道德无上命令的指示下去完成这样的"设计"的。人在尘世中的既有状况如他的本能要求、他的社会政治地位及他的自然环境等，是这种所谓人的设计中的合法组成部分。因此，对人的最大挑战不是去面对那超越人类可能性的东西，如希腊悲剧中生动叙述的那样，而是去完成人的日常存在之中的启示。

二

在《太极图说》中，周敦颐（字茂叔，世称濂溪先生，1017—1073）把人放在形而上学体系中的中心地位。人在太极的创造过程中获得了最高的品质，但其本身并不只是一个"创造物"，他也是一个创造的动因，参与了本体宇宙论的形成过程，使太极得到了完全的发展。人之所以能发挥这样的功能不是因为某些超人的指引，而是因为他本身正应成为那样的人。事实上，"立人极"的圣人并没有超越人的结构，相反，他正是这一结构的体现。[3] 换言之，

---

[3] 周敦颐：《太极图说》，收于《周子全书》，卷一，2 页。欲寻标准的英文翻译，见陈荣捷：《资料书》，463 页。

圣人是最可信、最真实的人。根据周敦颐引用的《周易》的话，这样的人是"与天地合其德，与日月合其明，与四时合其序，与鬼神合其吉凶"的。[4]

一个凡人怎么能取得这样一种宇宙地位呢？事实上，这种人的概念如何与主观主义（subjectivism）或人类本位主义（anthropocentrism）中人的概念区别开呢？这些问题的答案存在于儒家接触人性问题所具有的独特性之中。在《中庸》中我们可以看到对这种进路古典式的系统表述。这一表述似乎是触发周敦颐写作另一部重要著作《通书》的灵感泉源。《中庸》指出：

> 唯天下至诚，为能尽其性；能尽其性，则能尽人之性；能尽人之性，则能尽物之性；能尽物之性，则可以赞天地之化育；可以赞天地之化育，则可以与天地参矣。[5]

这段引文中的关键性概念是"诚"。经由"诚"，人不仅能实现自己的真实本性，而且也能实现同胞的"性"及整个现象世界的"性"。与这一思想一致，周敦颐指出，"诚者圣人之本""圣，诚而已矣"[6]。

正如我们早已指出的那样，宋明理学家口中的圣人是最可信、最真实的人。现在我们可以补充说，圣人也是最真诚的人，这是说圣人对他的人性是最诚实的。当然，真正的人性不只局限于个体自

---

[4] 陈荣捷：《资料书》，463—464 页。

[5] 《中庸》，第二十二章。关于英译文，见冯友兰：《中国哲学简史》（*A Short History of Chinese Philosophy*），卜德（Derk Bodde）编（New York：Macmillan Co., 1948），176 页。

[6] 周敦颐：《通书》，第一章第一部分；第二章第二部分。见陈荣捷：《资料书》，465、461 页。

身。事实上，除非人能克服如自私自利一类的主观主义倾向，否则他就不能对自我的本质抱有真诚的态度。然而，只有经由具体的自我实现，即人与生俱来的最可靠、最真实、最真诚的人性的完全表现，人才能成为真正意义上的人。这样，我们就可以理解为什么仁或人性会被定义为"人"（"仁者，人也"）了。这使我们想起张载（字子厚，世称横渠先生，1020—1077）有名的《西铭》一文。《西铭》是这样开头的：

> 乾称父，坤称母，予兹藐焉，乃混然中处。故天地之塞，吾其体；天地之帅，吾其性。民，吾同胞；物，吾与也。[7]

这当然不只是一个描述性的陈述，而更是个人承诺的突出体现。对张载来说，人是宇宙之孝子，肩负着照顾世上万物这样的伟大使命。他不是通过压抑自己的本性，而是用驾驭自己的方式去完成这一使命，因为人的真性是理解及实现万物真性的最好（有人会说是唯一）媒介。但要成为一个人，或更确切地说成为一个他应成为的人，就意味着漫长的自我修养过程。事实上，"仁人孝子所以事天诚身，不过不已于仁孝而已"[8]。

张载认为人是天之孝子，他为了自身的实践，以不间断的精神伺候天地。张载这一关于人的理想在他的表侄程颢这里（字伯淳，世称明道先生，1032—1085）有了进一步的发展。在《识仁篇》中，程颢提出了现在为人熟知的"仁者，浑然与物同体"[9]的论点。蕴含在这一简单系统陈述之后的是程颢对人具有"感受性"的深沉

---

[7]　张载：《西铭》，原为《张子全书》第十七篇《正蒙》之一部分，卷一，1页。见陈荣捷：《资料书》，497页。
[8]　张载：《正蒙》，第六篇。见陈荣捷：《资料书》，523页。
[9]　程颢：《二程遗书》，卷二上，3页。见陈荣捷：《资料书》，523页。

关注。人是最具有感觉能力的存在，一直拥有探索宇宙奥妙与期望在精神上和自然相沟通的内在冲动。人身上的同情和移情的力量如此巨大，以至于理论上我们可以说，没有一物不在人的感性范围之内。当然，实际上人们经常不能使自己的人性扩展到最大限度。中医把手足痿痹称作"不仁"。程颢引用了这句话，并接着说道：

> 仁者，以天地万物为一体，莫非己也。认得为己，何所不至？若不有诸己，自不与己相干。如手足不仁，气已不贯，皆不属己。[10]

所以，把所有的事物包容在人的感受性之内不仅是可能的，而且也必然是人性的表现，这是因为以感性为特征的人性范围是无限的。如果一个人没有扩展自己的感性去包容世上的一切事物，这不是因为他的人性有内在的缺点，确切地说，是因为一个人的人性在某些方面已瘫痪，所以他就不能把它扩展至最大的限度。这样设想的人性问题有深远的意义。例如，对他人的不幸或自然的破坏感觉迟钝，远比缺乏社会责任感或对生态环境的漠视更为有害，这种感觉迟钝应被看作毫无人性的表现。

对程颢来说，"万物一体"不只是一个思想上的见解，它基本上是一个经验的实证。实际上，从一般宋明理学家的观点来看，如果一个思想上的见解没有经验实证的支持，它就常常会沦为空谈。程颢、张载或周敦颐都很有可能达到"某种纯粹的、先验的形而上学的形式"，但如果我们没有清楚认识到这种形式的出发点是修身的各个层面的话，那么我们便没有认识到其哲学思想的真

---

[10] 程颢：《二程遗书》，卷二上，2页。见陈荣捷：《资料书》，530页。

实含义。

程颢的弟弟程颐（字正叔，世称伊川先生，1033—1107）曾说过这样一条最合乎中道的名言而为人所颂扬："涵养须用敬，进学则在致知。"[11]根据《大学》所谓的八条目，他提出："莫先于正心诚意。诚意在致知，'致知在格物'。"[12]他进一步指出所谓格物就是格每一物之中固有的理。人们应该每次只格一物之理，这样"积习既多，然后脱然自有贯通处"[13]。对程颐而言，自我完善（self-perfection）是一个渐进的含摄过程。这一过程从自我的诸问题开始，然后扩展到家庭和国家的问题，最后包容整个宇宙的问题。虽然程颐经常告诫他的弟子切莫"扩展过度"，但他自己仍坚持着程颢关于人的高度理想化的洞察（vision）。

这是不难理解的。程颐主张每一物都有自身的理，人的任务是经由自身的经验去理解每一事物固有的理。只有当人彻底懂得了这个道理，他才能说与万物为一体。要达此境界，人就必须具有决心、勇气和精力，尽其所能去经历事物。程颐的学说绝不仅是经验主义的，而是以一个信念为中心，即人如果严于律己，那么以读书、评论史事或处理日常事务的形式和外物频繁接触，就会逐渐走向公正无私的境地，而这个境地是与宇宙真正合为一体的基础。[14]用他自己的话来说就是"公则一，私则万殊。至当归一，精义无二。人心不同如面，只是私心"[15]。在另一场合，他又明确地说："仁者，天下之公，善之本也。"[16]

---

[11] 程颢：《二程遗书》，卷十八，5页。见陈荣捷：《资料书》，530页。
[12] 同上。见陈荣捷：《资料书》，560—561页。
[13] 同上。
[14] 程颢：《二程遗书》，卷十八，5页下。见陈荣捷：《资料书》，560—561页。
[15] 同上，卷十五，1页下。见陈荣捷：《资料书》，553页。
[16] 程颐：《外书》，卷二，34页上。见陈荣捷：《资料书》，571页。

三

在朱熹（字元晦，1130—1200）的道德形而上学中，人的观念发展到了新的复杂的思想高度。人是真的可以臻于完善的，他是宇宙之孝子，是能够与万物为一体的。但是，这种理想真正的哲学基础是什么？它如何在具体的形式中得以实现？朱熹30多岁时从《中庸》中得出的"中和"的个人体验，促使他实实在在地反省那些所有流传下来的宋明理学问题。

根据他的解释，每一个事物都包含太极，整个宇宙也包含同样的太极。宇宙的太极作为理只是一个，而它的表现却是多种多样的。然而这表现出来的理既不是对太极的歪曲反映，也不是太极的部分实现，确切地说，它是太极的完全具体的体现，正如月亮照在河中，河水中的月亮是天空中月亮的完整体现。但是这个具体体现的过程不仅包含着理，也同样包含着气。每一事物的真实性存在于理与气的相互依赖之中。

人作为一个个体物同样也是由理和气组成的。理寓于人性之中，气却构成他的躯体。然而，人并不是一个平常的物体，他拥有一个叫作心的精巧的实质东西。虽然人心不能离开气，但作为创造力和感受力的代理者，它具有"总摄贯通，无所不备"[17]的潜力。因此，心能把气（如本能的要求）转变为道德的力量，以便在日常生活中充分显示人自身的理。只有当心借着自我修养的辛苦努力而获得完全净化时，以上过程才有可能实现。在评论张载的"大其心则能体天下之物"时，朱熹说：

---

[17] 朱熹：《仁说》，收于《朱子文集》，卷六十七，20页。见陈荣捷：《资料书》，593页。

> 体犹仁体事而无不在，言心理流行，脉络贯通，无有不
> 到。苟一物有未体，则便有不到处，包括不尽，是心为有外。
> 盖私意间隔，而物我对立，则虽至亲，且未必能无外矣。[18]

朱熹进一步指出只有当心包容所有的事物并渗透到它们之中时，仁才能得到完全的表现。在这里仁既是内在的也是超越的，因为仁是"爱之理，心之德也"[19]。作为"心之德"，仁能经由内在的自我转化，如极力对己以诚信，而得到实现；作为"爱之理"，仁只能经由学习而获得实现。并且因为"爱之理"为人性所固有，为学的最终目的就是使人心与人性中的理融会贯通。一旦完成这种融会贯通，太极就会得到完全充分的呈现。这样人也就成了他应该成为的那种人。

朱熹企图借对心和理的概念做更精致、系统的阐述，而使自我实现这一棘手的问题有所解决。他的非凡尝试给我们带来一些颇令人困惑的问题，其中许多问题仍在当代研究儒家学说的学者中热烈地讨论和辩论着，对这些问题的看法至今还有很大的分歧，我们只要举出一个例子就能说明这一点。理和心之间真正的关系是什么？朱熹认为理是人性所固有的，但实现人之真性（理）的自觉努力需要借助于心的作用。然而心又必须经历艰辛的自我净化过程才能被确立为自我完善的真正动力，因为心是一个精致的东西，它不是由理而是由气构成的。如果心有意愿要实现人性之中的太极，它就必须把自身从只是心理、生理的实体转化为道德和本体论的存在。这样的转化不仅要依赖于内在的自我修养，而且也要依赖于既有道德价值的内化，而此内化过程又须不断经由累积性的学习而完成。这

---

[18]　朱熹：《朱子全书》，卷四十四，12页下。见陈荣捷：《资料书》，629页。
[19]　朱熹：《论语集注》，第一章，《论语·学而》第二章之注。

样，我们面对的是一个静态的理和一个动态的心，前者是人之真性，而后者只有当它借助自我努力而得到净化时才能成为真正具有人性的东西。当然我们还是可以认为朱熹最终借助了人在精心设计的学习中所成就的修身而将心与理连为了一体。但从本体论的角度来讲，不可否认的是，朱熹把人自我实现的最终基础和他实际的能力来源割裂开来，这使他多少背离了前儒之道。

陆象山（名九渊，1139—1193）反对朱熹把心和理分裂为二的二元论倾向，提出了"心，一心也；理，一理也。至当归一，精义无二"[20]的论点。他进一步指出理是心固有的，人心是整个宇宙的缩影。因此他说，"宇宙内事乃己分内事，己分内事乃宇宙内事"[21]。孟子认为心不仅是人的道德可臻于完善的基础，也是人在精神上与宇宙合为一体的基础。依循孟子的这一学说，陆象山认为："只是一个心，某之心，吾友之心，上而千百载圣贤之心，下而千百载复有一圣贤，其心亦只如此。心之体甚大，若能尽我之心，便与天同。"[22]

遗憾的是，陆象山从未把自己经验性的洞见发展成一个较均衡的哲学主张。事实上他对哲学争辩本身并无兴趣。这样我们就可以完全理解为什么有历史意义的"鹅湖之争"并未使朱熹和陆九渊建立一种持久的友谊关系。此外，由于背后有禅宗这一情绪化的论题牵涉在内，两位思想家之间从未产生富有成效的对话，否则12世纪中国哲学的总体方向可能就会由此改变。

尽管宋明理学传统中存在着这些张力和冲突，但在所有宋明理学家中最终似乎还是存在着某种共识，即人是一个道德的存在，他

---

[20]　陆象山：《象山全集》，卷一，3页下。见陈荣捷：《资料书》，574页。
[21]　同上，卷二十二，5页上。见陈荣捷：《资料书》，580页。
[22]　同上，卷三十五，10页上。见陈荣捷：《资料书》，585页。

经由自我努力把自己的人类感性伸展到宇宙所有的存在物上，从而在世界之中实现其自身并成为这个世界的一个组成部分，也就是说他的自我完善必然体现整个宇宙的完善。如果我们以这种观点来看朱、陆之间的争论，那么他们之间的张力和冲突，实际上反映了宋明理学在人的概念这一问题上充满着内在的动力。这种动力，依我的浅见，在王阳明（名守仁，1472—1529）的著作中得到了最充分的表现。

研究中国传统思想的学者普遍认为，陆象山的理想主义预示着王阳明理想主义的出现。虽然陆象山关于人的思想对王阳明有很大的启发，但是从渊源上说，王阳明是从研究朱熹思想中的问题开始的，并且他从未自觉地背离过朱子的哲学。我们也应该指出，从朱熹、陆象山的时代开始到王阳明以宋明理学发言人的姿态出现，宋明理学已有三百年的发展历史。虽然我们很难在元朝和明朝初期，指认出在思想的独创性上堪与上述宋代大儒相比的理学家，但在宋明理学这一时期，我们还是相当容易能看到相继出现一些高风亮节的儒者。这些儒者身为各自时代的精神领袖，都积极从事于对自己伦理生活的培养。他们以毕生的追求与努力，证明了儒家的理想：人借自我努力可臻于完善。我认为，没有这些大师坚持不懈的努力奋斗，宋明理学传统在王阳明"能动的理想主义"中的复兴简直是不可想象的。这些大师中较为著名的有元朝的许衡（1209—1281）、吴澄（1249—1333），明朝的薛瑄（1389—1464）、吴与弼（1391—1469）、胡居仁（1434—1484）、陈献章（1428—1500）等。

四

总结我关于宋明理学中"人"的观念的研究，最好的办法莫过于援引王阳明自己的话。根据前面的讨论，我们或许能认为王阳明在说下面这番话时，不仅是以自己内在经验所具有的心理实在（psychological reality）为根据，也是以一个漫长而持续不断的文化遗产所具有的"历史真实性"（historical actuality）为依据的。他说：

> 大人者，以天地万物为一体者也。其视天下犹一家，中国犹一人焉……大人之能以天地万物为一体也，非意之也，其心之仁本若是，其与天地万物而为一也。岂惟大人，虽小人之心亦莫不然，彼顾自小之耳。是故见孺子之入井而必有怵惕恻隐之心焉，是其仁之与孺子而为一体也。孺子犹同类者也。见鸟兽之哀鸣觳觫，而必有不忍之心焉，是其仁之与鸟兽而为一体也。鸟兽犹有知觉者也。见草木之摧折而必有悯恤之心焉，是其仁之与草木而为一体也。草木犹有生意者也。见瓦石之毁坏而必有顾惜之心焉，是其仁之与瓦石而为一体也。……[23]

在这里，王阳明的"大人"可以被理解为最可信、最真实、最真诚的人。这样的人既不被命定为不同凡俗的人，也不被赋予某些超人的特质，在本质上他也是一个平常的人，以海德格尔"此在"（being there）的意义生活在日常的世界之中。但他是借着持续不断地体验和肯定自身真实的人性，而能对自己基本的"设计"持有忠实的立场。通过这样做他就把自己转化成一个精巧的人的实在，并且成为宇宙中最有感性的生物。用孟子的话说，他的特性在于他最先获得了我们人心之所同，因为他毕竟是人类中的一员。事实上，"大人之能以天地万物为一体也，非意之也，其心之仁本若是"。在

---

[23] 王阳明：《大学问》，收于《王文成公全书》，卷二十六，1页下。见陈荣捷：《资料书》，659—660页。

这里我之所以强调"意"这个字，是要指出王阳明对两种活动之间的差异有所暗示。这两种活动一种是有意识、有目的的，为了一个不可实现的人类理想而做的努力，另一种是人类结构之中本有的自然及自发的感情。这样，"大人"的出现就不只是历史上的一个事件和社会中的一出戏剧，它基本上是对人性默认的行动。

从宋明儒学的观点看"知行合一"

一

哲学作为心的自然功能，是人类行动中独立且自主自足、不能减损的领域，它制定自己的法则，发展自己的方法，选择自己的课题。[1] 然而，哲学作为对存有深层结构的根本探讨，必须触及人类经验的全部实在，因为哲学的功能在于通过创造新的、钻研旧的，并对人类意识所有层面的洞察来增进人的智慧。这样设想的哲学就不只是批判性的调查，而是借助沉思和逻辑的推导，对真理做精神性的探索。

这样的探索就不只牵涉个人的认识官能，也牵涉他的全部存有。事实上，在东方思想的主流中一直存在着这样的认识，即认为哲学活动本身即是一种宗教性的活动，它必然导致整合了的人格、增强了的社会良心、深化了的道德承诺等这些价值的创立。因此，哲学化的活动就是精神自我修养的一种形式。进行哲学思考不仅要考察个人存有的基础，同时也要强化人的精神。

---

[1] 见韩浦夏（Stuart Hampshire）：《心灵之自由》（"Freedom of Mind"），收于其著《心灵之自由及其他论文》（*Freedom of Mind and Other Essays*，Princeton：Princeton University Press，1971），3—20 页。

实际上，在柏拉图的神秘元素中，在圣·奥古斯丁、斯多葛学派（The Stoics）、中世纪圣徒、帕斯卡（Pascal）、克尔凯郭尔的著作中，在现代哲学家如马丁·布伯（Martin Buber）、加布里埃尔·马塞尔（Gabriel Marcel）和马丁·海德格尔的著作中，我们都能看到同样的取向。根据东方的经验，不论它是印度教、佛教、道教或儒教的，上述思想家似乎象征着全世界都在探索一种哲学智慧的倾向。这种智慧用马塞尔的话来说，"只有在下述的情况中可以被发现：人试着不在一个中心的周围打转，来组织他的生活；相反地，他通过努力关照那些与他自己存在密切相关的所有事物，来组织自己的生活；其他的一切，他都认为是外围的、次要的"[2]。

当然，这并不是哲学思考的唯一方法。事实上，在英国和美国，大多数从事哲学研究的学术中心，这种独特的方法即便还未完全被哲学系弃之不顾，也已经被贬抑到从属地位好多年了。[3]这样，我们在此提出这个问题或许是适宜的，这问题就是行动哲学最可靠的方法是什么？除非现代哲学家们有意识地要对人类历史上伟大的精神传统保持一种漠不关心的态度，那么把人类悠久的文化遗产作为创造性思想的基础，而不只是作为批判分析的材料，再强调这种看法的重要性就是有意义的了。

如果我们承认伟大的精神传统在今天的世界上，在现代哲学"思想着的思想"[4]中（pensée pensante，这是借用布劳德[Broad]所独创的词语）有重要的角色扮演，那么不仅是为了批判地赏识历史上的智慧，也是为了批判地赏识我们自己从事哲学活动

---

[2] 马塞尔:《探索》（Searchings, New York: Newman Press, 1967），39 页。

[3] 当然，我们可以说以分析日常语言的形式从事哲学工作，或许也会有深刻的宗教意义。然而，可以设想的是许多哲学家忙于语言分析的工作，其意图如果不是作为精神自我转化的一种形式，就是作为心智训练的一种形式。

[4] 引自马塞尔书，31 页。

的方法，我们来研究这些传统中的创造性思想就是绝对必需的了。因为这种哲学思考的方式包含着一种宗教上的承诺，为了把它与宗教的哲学研究区别开来，我们将它称作"宗教性哲学"（religiophilosophy）。关于这个术语，我们暂且对它下这样的定义：它通过训练有素的反思来探寻人类的洞识，从而达成精神的自我转化。这样界定的宗教性哲学，描述了东方历史传统中主要哲学活动的性质及功能，此外，它也真实呈现了犹太教、基督教和伊斯兰教的神学思想。我们甚至也可以做这样的暗示：宗教性哲学，作为从事哲学活动的一种方法，是现代欧洲一些主要思想家们所正在散布的新预言。[5]

二

儒教作为宗教性哲学，追求的是"立人极"[6]。它的主要关切是研究人的独特性从而去理解他的道德性、社会性和宗教性。虽然这样的研究必然牵涉对心、性这类问题的批判性理解，但它的主要任务是探究怎样成为最真实的人或成为圣人的问题。从儒家的观点看来，如果一个人在真诚地研究如何成为最真实的人时，他本人只是扮演一个纯粹超然的调查者角色，不牵涉任何个人承诺的话，这就是不可思议的事了。因为儒家的成圣之道是以一个信念为基础的，这个信念就是人经由自己的努力，是可以臻于完善的。这样，作为

[5] 如果我们采取广义的宗教性哲学含义，它也可包括梅洛－庞蒂（Merleau-Ponty）和萨特的哲学。因为他们的哲学所拟想的那种社会政治总体化，总体而言就是一种最大程度的精神转化。

[6] 参考这个概念在《易经·乾卦》传注中最早的呈现及其在理学中的发展，这点体现于周敦颐的《太极图说》（《周子全书》，第一、二章，4—32页）。有关这个论题的概述，见拙作《宋明儒学的"人"的概念》，收于《东西哲学》（*Philosophy East and West*），卷二十一，第1期（1971年1月），80页、81页。

修身形式的自我认识，也就同时被认作一个内在自我转化的活动。事实上，自我认识、自我转化不仅密切相连，而且也是结合成一体的。我试图依据宋明理学的观点来对这一洞识做一探讨。

从历史上来说，宋明理学是中国在 11 世纪到 17 世纪之间的一个精神传统[7]。它可以被看作表面上是针对禅宗和道教的挑战，而其本质上是在儒家价值取向的社会中所发展出来的思想上的回应。宋明理学家在儒学衰落的几个世纪之后，经历了一个漫长艰辛地寻找新精神认同的过程，在此过程中他们汲取了许多佛教和道教的价值。详细论述宋明理学家们思想吸收的性质不是本文的目的，但我有必要指出一点：尽管宋明理学曾努力从别的精神体系中汲取灵感，但宋明理学仍是一个对古典儒学思想的创造性改造，而不是"三教"合一的思想高峰。

宋明理学的大师们宣称他们所遵循的仍是儒学思想的主流，可是研究中国思想的学者们对这一说法的准确性提出了许多质疑。许多论题仍在激烈的争论中，其中包括：周敦颐受到道教宇宙发生论的影响有多深？张载的全体主义（universalism）中有多少成分是源自大乘佛教的悲悯思想？程颢的清静无为、打坐与道教及禅宗又有多密切的关系？陆九渊和禅宗，王守仁和佛教、道教的关系又如何呢？甚至在程颐和朱熹的例子中，二人研究儒家思想的进路经常被认为背离而非实现了古典儒学思想中的古代智慧。

我的主要目标不是根据古典儒家学说中的精神取向来评判宋明

---

[7]　自从一些现代中国哲人，像熊十力（1885—1968）、梁漱溟（1893—1988）以及冯友兰（1895—1990）等复兴宋明儒学思想以来，一直有股持续的努力要以儒家的精神来重建中国哲学。唐君毅、牟宗三以及徐复观等人的作品是这样努力的典型例证。不幸的是，他们的作品在中国香港及台湾地区之外鲜为人知。陈荣捷在他的著作《现代中国的宗教趋势》（*Religious Trends in Modern China*，New York：Columbia University Press，1953，以下简称《宗教趋势》）中对这个学派的初期发展有导论式的介绍。

理学的真实性（authenticity），而是要探索宋明理学思想本身的内在价值。因为真实性的问题与我将要探讨的问题中的一般性理解是有联系的，那么我先表明一下自己在这个问题上的立场似乎是有益的。让我们先对古典儒学的基本问题做一简短的讨论。

从哲学及历史上说，儒学体现了一个非常复杂的精神现象，它所牵涉的范围很难予以简单的归类。甚至含义广泛的术语像"宗教"、"社会哲学"和"伦理体系"等，都显得过分狭窄而不足以包含儒学所关切问题的多样性。特别是在限制性的意义上来使用这些术语时，问题显得更为突出。例如，如果把儒家学说看作一种宗教，而宗教意指一种刻意要超脱这个俗世的精神主义（spiritualism），那么儒家学说中整个社会性的层面就会被遗漏。如果把儒家学说说成是一种社会哲学，那么它的主要关切，即自我与最具概括性层次的普遍性或天的联系就会被忽略。如果我们仅着重强调儒学修身的精神方面，那么它的必然也容纳整个身体领域得到完全自我实现的意图就将会被误解。另一方面，如果把儒学中的坚持人是一个社会政治的存在这种倾向过度夸大，那么它以与天地为一体的形式所呈现出来的自我超越的理想就会变得不可理解了。

因此，掌握儒学意图的深层结构是至关重要的。毋庸置疑，儒者的主要关切就是成为圣人，并且正如上面已经提到的，儒家的圣人代表的是最可信、最真实、最真诚的人。从儒家的观点来看，成圣的最终基础和实际力量存在于人的本性之中，而人性是为天所赋予而非为天所创造的。因此成圣的道路，就是一个以此时此地的人之存在状态为出发点的持续不断的自我转化过程。这个过程是一个逐渐含摄的过程，是寻求自我结构与人的结构，与自然的结构，最终与宇宙的结构合为一体的过程。从更深层的意义上说，这个整合的过程自然也就是一个证验的过程。当自我最终与宇宙或大我达到合一状态的时候，自我就更忠于自身的原初结构。

如果把这个过程仅看作人意识的扩展或精神性自我的发展过程，那就是一种误解。根据孟子的说法，"践形"的过程是一个整体性的过程，它牵涉大体和小体这两者。大体是指使人成为人的内在固有的道德感情，小体是指使人成为动物界一员的那些基本的本能要求。"大"这个字是用来描写"大体"的，因为虽然内在固有的道德感情"萌芽般"的开端是微弱的，然而当获得充分的培养时，它就会变成人的无所不包的感受性。"小"这个字是用来描写"小体"的，虽然那基本的本能要求如"洪水般"的力量十分强大，但如果加以适当引导，它们就可以构成个体自我不可减损的实在。因此，自我转化并不否认或轻视精神性，也不否认或轻视肉体性，作为践形的整体性过程，它帮助人们在活生生的具体性中成为一个整体性的人。归根到底，它就是一个人性化的过程。[8]

儒家学说认为，人的真实意义应在人类学的结构之外去寻找。孟子对这个主张做了经典系统的陈述。孟子说："尽其心者，知其性也。知其性，则知天矣。"[9] 在这里，"知"这个字并不仅仅暗指认识上的知，它同时也意味着感情上的认同或经验上的"体认"。孟子这段话中包含了用一个"具体普遍"的方法去理解人的本体的思想。确切地说，获得自我知识的具体途径被看作最真实的与宇宙达成普遍性合一的方法。用孟子的比喻来说，这就像一个人掘井，

---

[8] 参见《孟子·告子上》第十五章。英译见刘殿爵译本，168页。刘殿爵的导论对孟子的精神取向做了精彩的介绍。

[9]《孟子·尽心上》第一章。英译见刘殿爵译本，182页。

他对自身的基础认识越深刻，他就越接近共同人性和宇宙创造性的泉源。这一思想在后来得到了进一步的发展。[10]事实上，除非人超越了以自我为中心的结构和自己的人类学结构，否则他永远不能完全理解人性本体论的意义。

如果这被看作古典儒学的基本问题论（problematik），那么理学家的哲学任务便可以被解释为对儒学经典"内在层面"的系统反思。它主要运用的方法不是逻辑推理或分析论证，而是一系列与基本文献的经验性接触，以便理解这些文献的本义。在这里，哲学创造性的呈现不在于能够以数量有限的前提来构建概念，相反，而是在于能够把广大悉备的本体论的洞察和眼前日常的事务相联结，以便以一种动态的方式，将个人此时此地的具体存在和对整个宇宙最具概括性的领悟整合成一体。当然，这种诠释隐含着这样一个假设，即认为《孟子》《中庸》《易经》等书中的神秘成分都是古典儒学思想中的可靠部分。我很清楚，这种假设并不是无可辩驳的，但就现存有关这个问题的学术性研究而论，似乎还没有什么充分的根据来证明其他看法。因此，为了回答关于宋明理学大师们自称是遵循儒家思想主流的说法是否真实的问题，我建议通过与宋明时期的主要哲学家进行"对话"，来加深对古典儒学思想中一些关键问题的理解，并扩展对这些问题的认识。如果我们必须对他们思想的"真实性"做出判断，我们就不能误解他们的思想意图。[11]

---

[10] 这种立场的古典陈述可在《中庸》第二十三章中看到。英译见冯友兰：《中国哲学简史》（*A Short History of Chinese Philosophy*），卜德译（New York：Macmillan Co.，1948），176页。

[11] 在过去的几十年中，许多学者都有心从事严肃的有关古典儒家思想"真精神"的研究。他们之中有的用了文本分析的方法去发掘孔、孟语话的原意。然而，他们有心的努力——企图对萌芽期的中国思想有一客观的理解，一直受到清代学术精神和欧洲汉学究式精神的影响。如果我们必须对宋明儒者有关古代儒学的诠释做出判断并考察这些诠释的可靠性，最要紧的是我们在思想上能达到一较高层次的复杂性。只有这样，我们才能批判地分析新儒学学者的哲学预设。

为了根据宋明理学的思想来反省儒家学说中这种特殊的洞察力，我将着手处理三个基本问题：立志的结构、知行合一的思想、诚的概念。我希望这样的讨论会让我们清楚地认识儒学思想的内在层面，而对此内在层面的澄清又是研究宗教性哲学复杂现象的可行途径。

三

立志的结构类似于克尔凯郭尔所谓存在的决断之结构，它是一个要求终极责任的基本抉择，是一种影响个人存有中所有层面的质的变化，是一段要求经常"重新肯定"的持续过程。但是，因为儒家的成圣之道与基督教的得救之方在基本的取向上是有区别的，所以这样的类比必须适可而止。

对儒者而言，这个基本的选择是指向人的内在本性的。如果人不只是外在化、生理、心理、社会等状态的集合体，那么为了建立他精神上的特质，一个有意识的抉择就有了必要。这就是为什么孟子主张每一个人要先立其大者，这也是宋明理学家（特别是周敦颐和陆象山）坚持"立人极"的中心地位的原因。

儒家思想的质变不同于基督教的质变，它不是非此即彼的信仰飞跃，而是两者兼而有之的自我回归。当孔子在《论语》中说"吾十有五而志于学"（《论语·为政》，第四章）时，他是在描述他早年对自我转化的责任。求学的决定，按其古代的意义是指从事于自觉（自我转化）的活动，象征着个人生活方向上质的变化。[12] 正如

---

[12] 新儒家的诠释似乎受到了佛教的影响，但许慎在《说文解字》中对"学"的解释就是"觉"。这可能只说明这两个字在语音及语源上有相似之处，同时也有强烈的迹象显示这两字有语义上的关联。

荀子（公元前 313—前 238）戏剧性地指出的那样："学至乎没而后止也。故学数有终，若其义则不可须臾舍也。为之人也，舍之禽兽也。"（《荀子·劝学篇》）这样的学习是一种有意识的尝试，试图将自己从单纯的心理、生理成长状态转变为伦理宗教的存在。这样的变化是一个质的变化，因为它试图从片面的人或"小体"的自然成长转变为完全整合了的全人或"大体"的有意义的存在。在这里有必要重申一下前面提出的论点，即儒学认为道德宗教的存在必然包含个人生理、心理成长的实现，因为它是向真实自我的回归，而这个真实的自我，既包含着"大体"，又包含着"小体"。

自相矛盾的是，不论是基本的抉择还是质的变化，其在人的生命的历史上都不只是一个孤立的瞬间。因为儒学不是一种启示的宗教，所以"立志"与其说是对超越对象的神秘感受，不如说是对内在自我启蒙的体验。因此，它所包含的永不终止的过程并不采取与"完全的他者"进行对话的形式，而采取自我辩证发展的形式。《大学》所引用的商汤之铭说："苟日新，日日新，又日新。"（《大学》，第三章）因此，立志既是一个单独的行动，又是一个持续不断的过程。作为一个单独的行动，它动摇了个人世俗存在的基础，以至于个人能够达到自觉的更深层次。作为一个持续不断的过程，它在持续自我实现的努力中重新肯定了个人存有的基础。

此外，立志的结构还涉及所谓的时空维度，它以难以言喻的儒家概念"时间"为象征。儒家认为，立志并不是使个人"脱离"所处的具体境遇，相反，它是不断更新的努力，使个人和活生生的具体事物发生有意义的联系。社会政治条件如家庭事务、社群责任或社会义务等，都是个人此时此地真实存在的合理因素，因为只有在基本的人际关系脉络中，从经验的角度来说，一个人才能决定从事自我实现的人性化任务。个人并没有脱离人类处境，相反，个人从人类处境出发，最终又回归到了这个人类处境。

作为人性化任务的一个组成部分，立志表示一个实现自我的未来行动，这个行动依赖于过去并且是个人现在拥有的力量所能完成的。立志的未来情势不是不明确或不可明确的计划，它主要是由未知物甚或不可知物决定的。立志不是一个自我否定的过程，而是一个自我实现的过程，它不是对人的真实的异化，而是与人的真实的协调。同样地，在立志的结构中，过去——所谓不可减损的人类情况——并不必然会把一系列无意义的限制强加于个人的行动。相反，它提供了方法，使个人得以在现有的能力之上具体地整合并且实现人类的价值。结果，立志便是一个现在的行动，这一行动把过去"已经验过的必然性"及未来创造的自由联系在一起。

四

正如孟子所指出的，"夫志，气之帅也"[13]。心指向哪里，气就跟到哪里。的确，孟子告诫我们因为心的方向也许会受到身心气质的影响，所以我们就得培养我们的气，使之隶属于心。然而，志和气的互动实际上意味着心的统帅有其内在力量。所以，如果当心指示一定的方向，而人的整个躯体结构却并未受其影响，那便是不可思议的。因此立志同时牵涉认识的和感情的两个层面。这样就把我们引导到了知行合一的思想上。

从语源学上说，"知"是指认识的能力，"行"是指行动的功能，而"合一"则意味着两者或是统一或是同一的。虽然"知行合

[13]《孟子·公孙丑上》第二章。刘殿爵译本，76—78页。

一"是由王阳明在 1509 年才赋予其明确含义的，是他切实地实行朱熹格物学说的结果[14]，但这一思想可以被看作整个儒家学说的中心思想。根据朱熹的看法，成圣之道牵涉对潜藏在所有事物（包括思想上的观念、自然现象、人类事务等）底层之理的觉察。[15] 从理论上说，如果心得以完全净化，个人就能充分地理解自己性中的固有之理。然而实际上，在他的心能够对作为所有事物"存在基础"（ground of being）的理豁然贯通之前，每一个人都必须经历一段渐进的、艰辛的、持久的精神获取过程。王阳明赞同朱熹的思想，即自我转化需要学习，但他却怀疑心和理的可分性。如果人心对人之理的理解不采取一种统觉（apperception）的形式，那么人的自我认识就不得不走弯路，以便在外界寻求客观真理。然而，王阳明问道，我们果真能从格物之理中得到行动的指导原则吗？我们必须在自然现象中去寻找内在的自我特质吗？总之，人的结构在某种程度上对自我的知识无能为力，而为了弥补这一点，我们是否必须把外在的成分内化呢？

经过长期而辛苦地对这些问题进行思索——王阳明称这段思考过程为"百死千难"（《阳明全书》，卷三十三）——他终于认识到成圣（最可信、最真实、最诚实的人）的决定本身就是圣人品格的根本，从根本上说它是成为圣人的必要和充分的条件。事实上，如果人被认作是自我转化和自我实现的动源，那么成为圣人的决定恰恰就是每个人在开始任何形式的学习之前就应当具备的。这一思想在本质上是与孟子的"先立乎其大者"的主张可相比拟的。以寻求

---

[14] 参照《阳明全书》，卷三十二，7—8 页中之年谱（四部备要本）。

[15] 有关这一概念的一般性讨论，见陈荣捷：《宋明儒学理的概念的演进》（"The Evolution of the Neo-Confucian Concept Li as Principle"）收于《清华学报》（*Tsing-hua Journal of Chinese Studies*），卷四，第 2 期（1964 年 2 月），123—142 页。

大者为学习的先决条件，这绝不是在否定或贬低考据性研究的重要性。然而，这样做确是在强调成圣之途径是从内在的决定开始的。若无内在的决定，学习就会与自我实现的任务毫不相干。

我已经指出，作为内在决定的立志既包含有认识的层面也包含有感情的层面。当然，正是"知"把人在未来应处的境遇投入理想状态中的。但"知"并不只是认识的"知"，作为一个内省的形式，它也同时把人当下的存在，转变为投向未来理想的存在状态。事实上，这个决定是"知"，正因为它是一种转化性的自我反省。同样，这个决定也就是"行"，这个"行"记录着人存在的处境并影响着人生的所有层面。然而，作为反省思考的实现，"行"并不是任意的行为。正因为它是一种有意识的自我肯定，所以这个决定是"行"。没有太多经验性意义的纯思辨思想，或者没有太多思想价值的瞬间行动，永远不能成为内在决定的组成部分。这样，促成个人存在产生重要变化的"知"，和为个人的知觉带来新的深度的"行"，在内在决定的结构中形成了一个统一体。

这样构思的知行合一既不是一个成就的状态，也不是一个向往的理想。正如王阳明所说的，这个合一是人在做内在的决定并转化及改善自身的过程之中，知行两者的"本性"。用阳明自己的话说，就是"知是行之始，行是知之成"[16]。事实上，"知是行的主意，行是知的工夫"[17]。这样，知、行的不可分割不只是一个折中的权衡之计，而是对知行的真实本质的描述。如果我们考察一下知行的"本体"（本来结构），我们就一定会清楚地认识到："不知不足谓之

---

[16]　参见《阳明全书》，卷一百，3 页。有关王阳明《传习录》的英译，见陈荣捷：《王阳明〈传习录〉及其他新儒学作品》（*Instructions for Practical Living and Other Neo-Confucian Writings by Wang Yang-ming*，New York：Columbia University Press，1963），11 页、30 页。

[17]　参见陈荣捷：《资料书》，11 页。

行，不行不足谓之知"[18]。在这里，知的真正本质，可在它对人的行为所产生的实际转化作用中发现。同样，行的真正本质在于它对人的自我认识的实际深化作用。因此，要认识人性，不仅是去获得一些关于它的客观知识，还必须相应地去实行这些知识。这样，行就不仅改变外在的世界，而且也深化和扩充自我的知识。

"知行合一"并不意味着一个封闭的系统。内在决定既是行动也是过程，它总是动态地与个人亲身面临的生活处境互相联系着。如果个人脱离了他在其中意识到真实自我的道德社会的脉络，那么自我知识就永远不能得到证验。儒者进一步主张，除非在人际关系的网络之中，否则真实的自我就永远不能充分完全地获得实现。正如《大学》所主张的那样，修身必然要导向共同的价值，诸如齐家、治国、平天下等（《大学》，第一章）。王阳明的下述论断就暗示了这种方式，他说："大人者，以天地万物为一体者也。"（《阳明全书》，卷二十六）"大人"能做到这一点，不是由于他任何刻意的努力，而是他的本性使然。如果一个人达不到这一点，那么他就应该向伟大射手学习，"失诸正鹄，反求诸其身"（《中庸》）。虽然这并不是说一个人注定要去孤独地走这自我实现的具体道路，但它至少意味着承担这一旅程的重任在于个人。曾子是孔子最忠实的弟子之一，他非常关心自己的重任，以至于把自己的生命旅途形容为"如临深渊，如履薄冰"[19]。这个旅程上的每一步都需要内在的决定，而此内在的决定，既是知也是行，是接近人的本体论的唯一通道。

于是，我们就遇到了沟通（communication）这一关键性问题。

[18] 参见陈荣捷：《资料书》，11 页。
[19] 《论语·泰伯》，第三章。事实上，曾子引用了《诗经》来说明他的论点："战战兢兢，如临深渊，如履薄冰。"英译参见韦利译：《论语》（*The Analects of Confucius*，London：Allen and Unwin，1938），133 页。

五

在第二部分中，我把"践形"描述为一个整体的过程，它既牵涉"大体"，也牵涉"小体"。我还指出，在这里，自我转化既不否定或忽视精神性，也不否定或忽视肉体性。孟子说："饮食之人无有失也，则口腹岂适为尺寸之肤哉？"[20]如果"小体"包含了整个身体结构，那么"大体"所包含的特质必定更是如此。孟子又指出，心的培养必然"睟然见于面，盎于背，施于四体，四体不言而喻"[21]。正是在这个意义上，孟子提出了进一步的建议："形色，天性也，惟圣人然后可以践形。"[22]

然而，在这里应该指出，践形作为个人身体的完全实现不应只局限于人类学的结构。吊诡的是，人只有超越了人类学的限制，他才能完全充分地实现自己的人性。这就使我们想起了孟子"万物皆备于我矣。反身而诚，乐莫大焉"[23]的观点。这一观点在后来引起了很大的争论。为了说明这一点，我将对宋明理学家如周敦颐和刘宗周（号念台，1578—1645）关于《中庸》中"诚"的概念的论述做一番探讨。

首先，应该指出英语的 sincerity 一词不能充分表达出汉字"诚"的内涵。从语源学上讲，"诚"也含有完成、实现或完善的意思。英文 sincerity 一词如诚实、真实及真理的含义也包括在"诚"之中。然而，因为"诚"只含有褒义，所以不能在贬义上使用它，如建立于个人观点之有效性上的坚定信念（比如说："他是个毫不

---

[20]《孟子·告子上》，第十四章。刘殿爵译本，168 页。
[21]《孟子·尽心上》，第二十一章。刘殿爵译本，186 页。
[22]《孟子·尽心上》，第三十八章。刘殿爵译本，191 页。我相信，如果我们不把天误解为具有神人同形的意义，则它很能传达汉字"天"的意思。
[23]《孟子·尽心上》第四章。刘殿爵译本，182 页。我把 true 改为 sincere。

掩饰而又残忍的暴君")。但方便起见，我将在这特别的语境中使用（有时是误用）sincerity 一词来叙述儒家的观点。

因为儒家学者坚信成圣的终极基础和实际力量都存在于人性之中，所以最终来说立志的行动就是一种内在的自我转化。因而人的一个决定性特征，就是他拥有把自己从一个普通人的存在转变为一个圣人存在的需要和力量。进一步说，因为内在的自我转化实际上是一个自我净化和自我证实的过程，用张载的话说，只要他在实现仁义的道路上永不停止，那么他就可以履行作为人的最高义务（《正蒙》，第六章）。同样地，一旦自我转化的过程停顿，人就逐渐不成其为人了。用程颢的类比说，这就像四肢的瘫痪。当要求进一步自我实现的敏感性变得麻木不仁，那么他的人性的范围和深度都必然要受到限制（《二程遗书》），这个限制的极端形式，用中国成语说就是"行尸走肉"。这种看起来很天真的主张，是以对人性在存有论上的洞察为基础的。

按照《中庸》所言，人的诚之本性是天所赋予的，遵循人性的真实就是真实的道，培养这个道就是教之本义（《中庸》，第一章）。因此与天人接触的基本途径就应在人自身的结构中去寻找。完全外在于人之结构的超越实在既是不可思议的，也是与人的终极关怀毫不相干的。吊诡的是，人只有经由这个"人性化"（humanization）的过程才能够超越自身，而在此特别的脉络中，这个人性化的过程即是指复归于人的诚之本性。当然，这里人们也许会提出异议，为什么人首先应该超越自身？答案就在儒学的基本问题论中：如果人不超越自己人类学的结构，那么从人的最诚实的意义上说，他就不能完成作为人的计划。事实上，"诚者，天之道也；诚之者，人之道也"（《中庸》，第二十章）。圣人，作为最诚实的人，是"从容中道"(《中庸》，第二十章）的，因为他已经与天合而为一了。当一个人还未完全与天合一时，他就必须通过努力"择善而固执之"（《中庸》，第二十章）以做到诚，从而完全地发展自己的人性。

《中庸》进一步指出，"诚"必然导致"明"，而"教"的基本任务则是注意使"明"最终导致"诚"的产生（《中庸》，第二十一章）。明，基本上是认知的一种，它应在"诚"的转化功能中找到一个落脚点。而转化功能存在于"诚"之中，这一点可在《中庸》的下列论述中看到：

> 唯天下至诚，为能尽其性；能尽其性，则能尽人之性；能尽人之性，则能尽物之性；能尽物之性，则可以赞天地之化育，可以赞天地之化育，则可以与天地参矣。(《中庸》第二十二章）

这段引文包含着这样的主张：绝对诚实的人，就是那经由内在的自我转化而完全实现自身的人。这样的人被认为具有把自我实现的任务扩展到宇宙中去的力量，因为绝对的诚实（可信、真实、诚实）需要具有实现、完成和改善人的真实本性的能力，而从存有论上说，这里所指的真实本性意味人的性、事物的性及宇宙的性。

在这段话的语境中有一点值得注意：自我转化的行动和诚的状态被认为是不可以分离的。做到诚实就是经由自我转化而实现自身，使自己从事自我转化活动本身就是诚的必然表现。因为自我转化是一个蜕变（becoming）的过程，而诚通常被看作一个存在的状态，这意味着蜕变和存有之间的一般区分在这里就不再适用了，把人界定为一个自我转化和自我实现的动源，就是用他的蜕变过程来描述他的特征。

只有在一种非常特殊的意义上，儒家的这一立场才能说是人文主义者的立场。仁者，作为最真诚地表现了人性的人，必须也能够实现万物的性，并能有助于天地之化育功能的实现。如果一个人不能够超越他的人类学结构，当然更不用说去超越他的自我主义者的结构，那么他的自我转化将仍停留在初级阶段。除非个人能实现万物的性从而达到与天地相参，否则他的自我实现就永远不可能完成。从这个意义上说，人性意味着对自然界福祉——事实上是对宇宙福祉——的深切关怀和承诺。

根据前面的讨论，我们似乎可以说"诚"拥有自己的动态性。它试图用一种促成自身实现的方法来重新安排外在的世界。这样构思的"诚"象征着创造性本身的神秘工作。《中庸》说道：

> 诚则形，形则著，著则明，明则动，动则变，变则化，唯天下至诚为能化。(《中庸》，第二十三章)

当然，这或许很可以被解释为至诚的圣人的神秘经验，然而《中庸》接着又指出，"诚者自成也，而道自道也。诚者物之终始，不诚无物"(《中庸》，第二十五章)。这样的"诚"既是使事物的存在成为可能的创造性过程，也是使万物真相最终有所依托的存有基础。

实际上，圣人的神秘经验本身就是"诚"的表现。因为"诚"作为一个超越的实在就是"天之道"，"天之道"可以经由人有意识地努力来实现，即经由"人之道"而实现。圣人因为已完全地与天达到了统一或同一，所以他就能超越人类学结构的限制而体现出最真实的人性，并参与伟大宇宙的变化。用《中庸》的话说就是：

> 唯天下至诚，为能经纶天下之大经，立天下之大本，知天地之化育。夫焉有所倚？肫肫其仁！渊渊其渊！浩浩其天！苟不固聪明圣知达天德者，其孰能知之？（《中庸》，第三十二章）

圣人能够执行这样的任务，不是因为他具有某种超人的天赋，而是因为他对自己人性的完全信任。虽然诚是一个超越的实在，但它的创造力从未在人性内在层面停止发挥作用。由于人性是天赋予的，所以诚的创造力量是人的结构本身所固有的。总之，学习如何做到真诚就是尝试最终成为真实的人。因为人性从最终的意义上来说就是诚的最完全表现。所以，圣人只是以他所具有的人性参与宇宙的创造。由于具备至诚，因此圣人本着宇宙创造的精神而富有人性。人性之能承担这样一种创造性层面的工作，其根源仍在于诚本身的特性：

> 故至诚无息，不息则久，久则征，征则悠远，悠远则博厚，博厚则高明。博厚，所以载物也；高明，所以覆物也；悠久，所以成物也。博厚配地，高明配天，悠久无疆。如此者，不见而章，不动而变，无为而成。（《中庸》，第二十六章）

儒学中的这种"具体—普遍"的进路或许能概述如下：如果一个人有意要成为一个真实的人，那他就必须立志成为一个完人，这意味着人的肉体性和精神性的共同完成。作为内在决定的立志既是知也是行。我们只有在知行合一中才能发现内在决定的真正性质，因为自我实现的根基正是人类结构所本有的。然而，自我实现并不是个体化的过程，它主要是一个普遍沟通的过程。一个人越是能深入他本体的深处，他就越能超越他的人类学结构限制。这种反论成立的根源在于儒者的一个信念，即人真正的性质和宇宙真实的创造性都是以"诚"为基础的。当一个人经由修身成为至诚时，他就是一个最真实的人，同时他也就参与了宇宙转化的过程。他这样做是要充分地发展自身的人性。

内在经验：宋明儒学思想中的创造性基础

加布里埃尔·马塞尔在《创造的诚信》一书中指出：

> 现在的问题与其说是一个建设性的问题，不如说是一个发掘性的问题，哲学活动现在被看作深入钻研的活动而不是建构的活动。我对我的经验及"我的""经验"这两个词的隐含意义考察地越深，我就越不能接受这样一种想法，即我的思想体系是一种特殊的思想体系。认为宇宙能被包含在一套（严格说来多少是关联着的）公式中的假设似乎是荒谬可笑的。[1]

当然，马塞尔之所以反对把建构那种以漠然的态度论辩而成的观念系统看作哲学探讨的合法形式，必须从他自认为"新苏格拉底派"哲人的角度，以宗教存在主义的背景（环境）加以理解。[2]他强调内在经验的赤诚努力是对西方哲学主流的一个挑战，但这对我

---

[1] 见《创造的诚信》(*Creative Fidelity*)，罗思尔 (Robert Rosthal) 译，(New York: Farrar, Strauss and Co., 1964)，14 页。

[2] 虽然马塞尔在美国主要是以一个基督教存在主义哲学家著称，但他本人却一再反对这样的名称，他比较喜欢别人称他是一个"新苏格拉底派"哲人。然而，就广义而言，马塞尔以及蒂利希 (Paul Tillich) 和马丁·布伯可以被称为 20 世纪宗教存在主义的主要缔造者。

们试图理解宋明理学的思考模式却具有深远的意义。事实上，他询问的方向，特别是他关于"哲学是蜕变成思想的经验"之宣言，将有助于我们更充分地了解宋明理学传统中的"中心论据"。我们目前的讨论并不在提出比较哲学中的一个问题，我提及这位才华横溢的基督教哲学家的观点，只是作为提出我目前研究课题的途径而已。

宋明理学家主要关心的是自我实现，在寻求自我实现的过程中，他未曾有过专门为形而上学或伦理学本身建立一般理论的需要。或是出于自觉的选择，或是出于疏忽，他没有从客体的角度提出有关什么是人、人为什么是如此的这类理论上的问题。他既不寻求也不建立逻辑的体系来论证他的生活哲学。他抗拒这样的引诱，即从他的精神觉醒中抽象出一套封闭的公式系统，他也拒绝使自己的道德感情隶属于外在化思想论证的模式。相反，他却着重培养既是自觉的途径又是与他人真实沟通的方法的这种内在的经验。

这里使用的"内在经验"一词是要用来表示一组宋明儒学的观念。方便起见，我将把这部分讨论限定在一个相关的关键性概念，即"体"这个概念中。"体"的直接意思是"体现"。因为"体"作为一个名词既是指人的身体的形式也是指它的实体，所以当被用作动词或形容词时，它经常表达牵涉整个人的意思。应该指出的是，"体"在其引申的意义上也可以意味着实在的结构和本质。但是本文上下文中的"体"，和中国哲学中的体用二分这个引起争论的问题并无多大关系，它倒是可以和其他的一些字如察、味、认、会、证和验等组成复合词。有时它只当作动词用，与语尾助词"之"相联结。[3]

这些不同的复合词蕴含着全面的承诺这个共同主旨，所谓全面的承诺即是指整个"身心"的介入。这样，"体察"在其本义上是指对个人存有的深入考察，而不是对某个外在事物的彻底研究。同样地，"体味"严格说来是不适用于任何一时感觉的，它仅限于那种经由长期艰苦的自我修养过程才能培养出来的"味道"或"滋味"。"体认"当然需要心灵的认识活动，但它所牵涉的不只是对某些外在事物的理解。由于在这特别语境中的理解活动要求一个持续不断的内化过程，因此认为一个人可以真正地去体认，而他的生活方式却没有经过有意义的转化，这是不可思议的。

因此，"体会"是指体验式地理解，好似个人亲自面临或遇到那些将被理解的东西。只是偶然地去认识一项客观真理，而没有使个人的自觉性变得更深刻，这当然不是用体会的方式去理解。所以"体证"不是指用一套被经验证实了的标准来证明一项原理的正确性。相反，它是指一种"证实"，即一个思想的真理性在其中不能用逻辑的论证加以证明，而是必须用具体的经验在生活中实践。然而，虽然只有那些已经调整了自己身心并足以尝试这种经验的人才能立刻承认它的意义，但这样的经验既不是神秘的，也不是主观的。同样，"体验"是指个人整个存有都献身于一个理想或真理的意愿。事实上，这个词蕴含着一种深沉而长久的承诺，以致它只限用于"伟大的观念"，如生活、爱和美等。结果是，当宋明儒学的大师提示他的学生去掌握其学说某一方面的唯一方法就是"体之"时，他在态度上是非常认真的。所以，在这些事件上，缺乏清楚表

---

[3] 事实上，所有用于本文语境中的词都曾在宋明儒学著作中出现过。这种"体"的特别用法也可以在《中庸》中找到。陈荣捷曾有意把"体群臣"译成"把自己和全体官吏的福祉看作一体"。见《资料书》，105 页。关于原文，见《中庸》，理雅各译（Oxford: Clarendon Press, 1893），第二十章。

达立场的原因，并不是老师有意识地保持沉默以之为一种教学的方法，而是他真诚地决心要保持这样一种传授性质之真实。

在宋明理学思想家的意识中，他们的主要任务既不是构造一个伦理学的体系，也不是分析一个形而上学的理论。他们认为，教育是显示个人通过修身学到知识的一个途径，而学习是体现个人身教内容的方法，因此，"教学相长"以及"身教"（相对于"言教"）被看作学习的更好的途径。最后，宋明儒学的思想家们就把他们的学问称为"身心之学"，而"身心之学"的意思也就是成为真实的人的途径。

把重点放在"如何"（how）的问题上，而不是放在"什么"（what）和"为什么"（why）这类认识性问题之上，这个决定当然是有许多深远含义的。然而，其基本的关切是避免把具有深刻人类意义的问题变为只是抽象思辨的对象。可以理解，宋明儒学的大部分著作既不是阐述观念的说明，也不是研究纯粹思辨问题的论文。确切地说，这些著作是关于精神探索和事件的记录，采取的主要是对话、警句、反省、逸事、信函和诗的形式。即使在一些以仁为主题的极其复杂的论文中，其所强调的仍然是经验性的理解，而非论证的技巧。这种隐藏在表达方式背后的对个性的强调，促使宋明儒学家不仅用自己的头脑，而且用自己的整个"身心"去思考问题。

用人的整个身心去思考，并不是去思考某些外在的真理。它是一种对个人生活性质进行察、味、认、会、证、验的方法。隐藏在这种反省之下的是一个挖掘和钻研的过程，而此过程必然导致人们对自我有一觉察——自我不是一个精神的建筑，而是一个被经验到的实在。王阳明指出，当他的观念脱离了具体经验的基础（使这些观念得以有意义地组织成体系的基础）时，它们就变成了一堆空话。他说：

> 某于此良知之说从百死千难中得来。不得已，与人一口说尽。只恐学者得之，容易把作一种光景玩弄，不实落用功，负此知耳。[4]

诚然，王阳明的"能动性的理想主义"并不是宋学主流的代表。它也不必然与明初思想家的哲学取向相一致，那些明初的思想家可以合法地被看作程颐（1033—1107）、朱熹（1130—1200）学派的追随者。但是，在这里阳明所关心的问题似乎一直就是宋明儒学传统中所有主要思想家关心的问题。事实上，这一时期许多不甚出名的学者似乎也已经把身教这方面内在化了。薛瑄（1389—1464）是明初的思想家，他把自己接触知识的方法描述为"实"[5]。因为作为一个自我实现的过程而不是经验材料的累积，已获得的知识必须牢牢地与人的整个存在联系在一起。这种强调经验的学习与程颐把儒家学说整个传统都看作实学的看法是一致的。[6]确实，曹端（1376—1434）关于养心的看法[7]，吴与弼（1391—1469）坚持主张自律的观点[8]，及胡居仁（1434—1484）献身于"敬"的实践[9]，都显示了这样一个主要的关切，即内在经验是掌握他们学说

---

[4] 见《王阳明年谱》，五十岁的第一月栏内，收于《阳明全书》（四部备要本），卷三十三，16页下。
[5] 这个概念在薛瑄的著作中经常出现。可参见他的《读书录》（1751年版），卷二，8页，卷四，7页。
[6] 程颐的话为朱子所引，见于《四书集注·中庸章句导言》。
[7] 有关曹端对"心"的强调的例证，见下列陈述："事事都于心上做工夫，是入孔门底大路。"黄宗羲：《明儒学案》（四部备要本），卷四十四，诸儒学案上二。
[8] 他对自律的坚持在他的著作中有生动的说明，见《康斋先生集》第一卷。
[9] 参见王士祯著：《居易录》（正谊堂本），卷八，4—5页。

意义的必备条件。他们都非常赞赏陆象山对他学生的要求：在他门下学习之前，他们先要做出一个关于存在的决定。[10]

我们可以暂且把这种哲学思考的方法定义为"具体—普遍"的方法。[11]一般都认为只有超越了特殊，才能把握那普遍的法则。要获取高层次的通则，思想就必须与具体的事物分离。要建构一个能具有某些普遍主张的定理，那么抽象的过程就是必要的。然而在这里，具体个人的内在经历却是概括论述的真正基础。并且只有完全沉浸到人自身的存有之中，人们才能接触到普遍性的渊源。因此，孟子"尽其心者，知其性也。知其性，则知天矣"（《孟子·尽心上》，第一章）的论断就是这种思想取向的经典表述。陆象山在评论孟子的这个论断时提出了他的唯一主张："只是一个心，某之心，吾友之心，上而千百载圣贤之心，下而千百载复有一圣贤，其心亦只如此。心之体甚大，若能尽我之心，便与天同。为学只是理会此。"[12]

陆象山的这一论述，包含着这样一个信念，即认为个人的"内在经验"是交往的真正依据。它不仅是人际关系的最终基础，同时也是《中庸》所谓"赞天地之化育"（《中庸》，第二十二章）的凭借。至此，我们一直在讨论的这个"内在经验"，既不是一种直觉主义，也不是唯我论的状态，它甚至也不是灵感的体现。事实上，这种很明显地对"主体性"的强调，与"克己复礼为仁"（《论语·颜渊》，第一章）的思想毫无冲突。人必须超越自我，而且为

---

[10] 虽然陆象山一直被当作"立志"这一观念的提倡者，但朱熹也相当强调立志成圣的重要性，认为这是儒者追求学问的先决条件。参见钱穆：《朱子新学案》（台北：三民书局，1971），卷二，364—378页。

[11] 依我之见，迄今这种研究取向分析最好的著作是牟宗三的《心体与性体》（台北：三民书局，1968），卷一，1—10页。

[12] 《象山全集》（四部备要本），卷三十五，10页上。关于这段文字的英译，见陈荣捷：《资料书》，585页。

了实现真正的自我，人有时甚至需要否认自己。因为自我控制、克服自己是获得内在经验的真实道路。这条道路普遍向每个人开放，但每个人都应该具体地经过这条道路。

内在经验的培养，结果就是对自我认同的追寻。但是在宋明儒学的思想中，这个探索自身的过程一点也没有使人背离社会，实际上它促使人参与到可以称之为"志趣相投的社群"甚或"自我人格的社群"中。在这样的社群中，个人不仅与同时代的人为友，同时也与古人建立起亲密的关系。王蘋是宋朝颇有名气的思想家，他在下述论断中就颇能捕捉住这种精神。他说：

> 尧舜禹汤文武之道相传若合符节，非传圣人之道，传其心也。非传圣人之心，传己之心也。已之心无异圣人之心，万善皆备。故欲传尧舜以来之道，扩充是心焉耳。[13]

鉴赏圣人之道不仅要研究它的外在表现，如体现于经典中的东西，而且也要理解它的言外之意。实际上，如把圣人之意仅仅看作外在的现象，那么我们就永远不能掌握它。我们必须在自己的心中品味圣人之意。事实上，只有在培养心的内在经验过程中，我们才能完全地领会圣人之道。当一个人与古人建立"神会"的关系时，那他就成了他们的代言人和代表。在执行一个活生生的传承者的创造行动中，人消除了精神上的同侪以及暂时的同僚间的隔阂。

---

[13] 这段话见于王蘋给高宗的奏书，而此奏书收于《宋元学案》（四部备要本）震泽学案（卷二十九，1页下）中。自从黄宗羲在《宋元学案》中把这句话错当作程颢给神宗奏书中的话后（《宋元学案》卷十三，15页），这段话就一直错误地被当作著名的宋朝思想家程颢所说，几部重要的宋明儒者语录选集也把这段话归于程颢说的。关于这个问题的一般讨论，见钱穆：《朱子新学案》，卷三，300—301页、540—542页。

人们应当试图传承古人的思想（"心"）而非他们的形式或内容。如果只是模仿古人的形式，那我们就会像王艮（1483—1541）那样，他竭力把自己打扮成一个古代圣人的模样，结果只落得个"古怪"的名声（《明儒学案》，卷三十二）。只有经过持续不断、积极主动的"内在化"的过程——这一过程等同于自我实现——一个人才能传递古人思想的意旨。就较深层的意义而言，古人思想的意图实际上就是一个人体验到的内在真实自我。在古人的挑战下，一个人更能完全地"证验"到内在自我的微妙意义。

由于古人的思想永远不能再现，那么就其真实的意义而言，传承的活动就意味着一种创造性的活动。这种活动当然不是无中生有，而是要深化个人的自我觉醒，使其性质达到可与古人的思想性质相比拟的程度。就此而论，每一次传承本身即成为一个独特的事件，可以在特殊时空顺序中找出其位置。就是这些事件的累积才构成了所谓的大传统。要成为这个传统的一个构成部分，需要创造性的适应和精神上的变化。这种创造性的适应和精神上的变化用宋明儒学的话说，就是一般所谓的"变化气质"[14]。

当"内在经验"被看作创造性的基础时，那种从虚无之中建构某种哲学体系的手法，不管它如何"巧"，都不可能被认为是具有深刻意义的。当一些人类永恒的关切获得深刻而清晰的呈现，而此呈现又不是通过对抽象原则的反省，而是通过对具体的人类处境有洞识性的掌握所完成时，这才是思想上的伟大时刻。思想上的深刻既然是针对个人洞察具有体认传统真相的能力而言的，那么这必然

---

[14] "气质"是个很难翻译的词。在宋明儒学文献中，气质常与义理连用。例如，义理之性指的是人的道德性质，而气质之性指的是他的肉体性质。根据朱熹、张载的说法，程氏兄弟的伯叔辈因为强调理解人的气质之性的重要而对儒学有了重要贡献。

牵涉一种强烈的历史感。

然而，具有历史意识绝非意味着使自己像不变的实体一样受制于过去，而是要去发展创造的能力。这种能力不是在孤立状态之中发展的，而是借着与伟大历史人物的对话得以发展的。并且正是借助于这些伟大的历史人物，个人的作品才获得有意义的评定和适当的赏识。对宋明理学思想家而言，现在此处所发生的一切不仅是个人智慧的表现，更是一项历史使命的完成，并历代相沿而成传统的复兴。创造性活动的成功，并不意味着告别，而是希望以一种新的实现方式来转述古人思想中的夙愿。这样，追寻古代就意味着发掘和钻研那象征人类过去成就中最具有影响的"历史性"。个人的才智并不因为要使自己成为传统的组成部分而经历个性消除的过程，因为他用以体现古人思想精髓的基础，及产生他自己创造渊源的基础，就是他的真实自我。

心与人性 *

　　儒家人文主义最关心的基本问题之一就是如何经由自我努力而成为圣人。由于它所强调的是在经验上如何成为圣人的问题，而不是在认知上为何要成为圣人的问题，因此成圣之道基本上就是一个精神探求的问题，而不只是一个思想论证的课题。然而，从孟子的时代起，心、性的问题就已变得非常突出，因为成圣（最可信、最真实、最诚实的人）的理想的实现，有赖于对真实人性本体论的理解。这种理解不仅把人当作一个社会的实在，而且也把人当作一个道德宗教的体现者，以此来探讨他的存有状态。

　　确实，人不只是基因、心理能量及社会力量的总和，他也是个富有创造力的人，乃至成为宇宙生化过程的参与者。并且，根据儒家哲学，正是这个过程蕴含着人类存在的终极意义。因此，儒家象征中的枢纽观念之一就是"立人极"。这一观念的成立必须有一先决条件：对人的形而上学地位的赞赏。根据牟宗三教授的看法，这一观念首先在古典儒家的著作如《孟子》《中庸》《易经》中得到陈述。牟教授进一步主张，这三部经典加上《论语》构成了儒家哲学最真实的体现。

　　在这样的哲学中，人性被认为是善的，因为人的自我完善的最

---

* 这是本人就牟宗三先生《心体与性体》一书所撰写的书评。

终基础就存在于人的结构之中。事实上，人能够成为他应该成为的人，不是由于任何先验的实体或"完全的他在"的干预，而是由于自我转化的过程。这个过程是一个持续的"精神获取"过程。从任何意义上说，这并不是在为人类中心主义（anthropocentrism）做辩护。因为这个精神的吸收过程必然牵涉与人的本体论合而为一的天、地的创造过程。人就是这样的一种本体，他经由自我转化的内在的启蒙，不仅实现了其本性所固有的善，而且实现了那包容着天地万物之宇宙的创造力。

牟宗三教授认为儒学中这种关于人之概念的哲学陈述，起因于对既是本体论的存在也是宇宙论的活动之心的最原初的洞察。因为心是使人成其为人的根源，那么用孟子的话来说，心就是"大体"或真实的人性。同样，儒学中十分重要的概念如"道""仁""诚""中"都是指向既是本体论的又是宇宙论的人类实在。牟教授认为古典儒学中的哲学遗产已经指向了建构一种"道德的形上学"（moral metaphysics）的途径。而道德的形上学这个思想上的伟业在康德的"道德底形上学"（metaphysics of morals）中并没有得到发展。牟教授在他的绪论中只是简单地讨论了这一看法，而在他的《智的直觉与中国哲学》（此书由台北商务印书馆于1971年出版）一书中，这一看法却成了主要的研究课题。

根据上面所述，牟教授把宋明儒学的发展描写为既是儒学中孟子思想传统首先构思的原始智慧的自然成果，也是对这同一精神取向的有独创性的背离。前者是指可以称之为宋明儒家哲学的"真传"（authentic line），这一系又可进一步分为两个互补的思想趋势：一是周敦颐—张载—程颢—胡宏—刘宗周（又称蕺山，1578—1645）；二是陆象山—王阳明。后者主要是指由程颐和朱熹组成的可以称之为宋明儒家哲学的"实传"（actual line）。与传统的把宋明儒学传统分为程朱学派（理学派）和陆王学派（心学派）的两分法不同，在这里宋明理学被分成可以清楚区分的三个趋势。

这种解释的性质是什么？并且这种观点有什么根据呢？当然，其他一些学者也已注意到把宋明理学的传统二分为程朱学派和陆王学派是不恰当的。如陈荣捷教授在他的《中国哲学资料书》中运用了切合思想内容本身的概念来有意识地超越这样的分类模式。唐君毅教授在他一系列有关朱熹、陆象山、王阳明的论文中，也企图摒弃这种把宋明理学分为程朱学派和陆王学派的传统分法。[1] 除此之外，正如葛瑞汉在他对二程所使用的主要概念的批评研究中所表明的，程颢、程颐的哲学取向是截然不同的。[2] 葛瑞汉的这个见解或许可以被用来证实这样一种流行的观点，即程颐是程朱学派的开山祖师，而他的哥哥程颢在精神上却接近于陆王学派。那么，牟宗三教授看法的独创性表现在什么地方呢？

牟氏认为，虽然陆王学派确实传承了古典儒学的原始智慧，程朱学派背离了孟子传统的初衷却对儒学思想做出了原创性的贡献，但宋明儒学时期最显著、最重要的发展路线是从周敦颐经张载、程颢、胡宏而到刘宗周这一系。牟教授在他给本书评作者的信中指出，10多年艰苦的哲学探索和学术研究促使他不得不采取了这个容易引起争论的立场。他有10年之久的思想探索，主要关注和理解朱熹和其思想的哲学含义，而并不只是其思想的起源及发展。只有在确信自己已真正理解了朱熹哲学体系的层次架构后，他才感到有信心来重新确定朱熹的地位，并且重新安排宋明儒学整个传统

---

[1]　参阅他在《新亚学报》九卷（1969 年一期）发表的关于这个问题的文章。
[2]　见葛瑞汉的《两个中国哲学家》（*Two Chinese Philosophers*，London：Lund Humphries，1958）。

的秩序。

人们普遍认为，尽管朱熹有意识地努力去理解孟子，但由于他自己的形而上学预设，他未能理解孟子道德哲学中一些最关键的问题。并且众所周知的是，尽管陆象山在与朱子的"鹅湖之争"（1175 年）中有类似禅宗的论证，他却抓住了孟子思想的基本义图，而他把孟子看作他的灵感的主要来源。我们或许能补充，其实也是人所共知的事，尽管程氏兄弟在哲学基本取向上有抵牾与冲突，朱熹却把程颐看作他哥哥思想的合法诠释者。牟教授很认真地研究了这些看法，并且仔细分析了原典来论证这些论断的哲学意义。

陈荣捷教授曾指出："除了孔子、孟子、老子和庄子外，没有一个人像朱熹那样对中国思想造成如此巨大的影响。他赋予儒学以新的意义，并且几百年来，他的思想不仅支配着中国的思想界，而且也统治着韩国和日本的思想界。"（《中国哲学资料书》）要证明朱熹不是正统的儒家学者是会招致非难的，或至少是会激起争论的。牟教授似乎充分认识到他这一立场的严重后果。实际上，我们可以很有理由地说，牟宗三的三卷本《心体与性体》研究的核心是要对朱熹做一番批判，以便恰如其分地对自己所认为的真正的儒学观点进行考察。如果牟教授是为了驳斥朱熹哲学，那么我们甚至可以说，他的著作是对朱熹哲学真实面貌的研究。朱熹有了什么问题？或更确切地说，什么是牟教授的真正问题之所在？

从中国思想史的角度来看，是朱熹选择了《论语》《孟子》《大学》《中庸》（后两本书是《礼记》的两章）这四本书并把它们编纂在一起，这就是现在为人熟知的"四书"。也正是朱熹首先建立了从孔子经孟子到周敦颐、张载、程颢和程颐的儒学传承的"正统"

路线。朱熹是中国过去一千年中最伟大的哲学集大成者，就为道统概念提供了一个哲学的架构而言，他是有贡献的。然而，不可否认，他不仅没能正确认识孟子的思想，还把《易经》贬作是一本占筮之书。他的这一主张是和他的思想前辈们大相径庭的。他的思想前辈们都认为他们的大部分哲学灵感源自《易经》。朱熹一心一意地献身于《大学》之研究，这又使他进一步背离了他的思想前辈，当然程颐是个例外。朱子认为他的许多主要论点的最初陈述应归功于程颐。因此，牟教授把朱熹描写成一个思想天才，他凭借自己的哲学力量不仅在宋明儒学中创立了一个新的传统，而且也承担了整个宋明儒学传统的实际领导职务，这是可以理解的。

不过，从"观念的类型学"角度来看，朱熹的哲学进路并不能够真正容纳宋初大儒们的意图。相反，他对他的思想前驱的许多重要论题的巧妙吸收，主要是对他自己体系的博大精深有所助益。他的体系与其说是上述原始智慧的完成，不如说是对它的背离。牟教授措辞有力地说明朱熹如何从根本上改变了本体与活动之心的结构的本体论洞识。诚然，朱熹同样主张性善，但他认为人性所以为善是因为性本身就是理。因为作为存在最终基础的理是存有而不是活动，于是宇宙活动的能力就被交付给了气的概念。当理和气被看作互相作用但又互相分离的两个不同的实体时，存在的最终基础（存有）就不再与实现之原则（活动）相一致。结果是，尽管心有使自身与理一致的潜能，但它从根本上说是一种精美的质料——气。

朱熹在形上学的层面上采取静态的存在和动态的活动相分离的二元论倾向，必然要导致种种二性结构诸如理气、心理、心性、性情等的产生。其结果是内在自我转变的动态过程就被弱化了，一套新的以程颐的"涵养须用敬，进学则在致知"为中心的道德戒律成了儒学自我认同的必要条件，这样《大学》中的"格物"概念在朱熹哲学中占有关键地位就变得理所当然了。当然，朱熹主要关心的仍是如何经由自我努力而成为圣人，因为他的"格物"概念不是经验性科学的概念，而是道德宗教的概念。然而，认为朱熹的成圣之道不仅不同于孟子，而且也不同于宋初大儒们的看法似乎是言之成理的。

为了具体证明自己的这一看法，牟教授把他著作的第三卷全部用来研究朱熹。根据清朝学者王懋竑所作朱熹思想传记（《朱子年谱》）中的可靠叙述，牟教授依年代顺序研究了朱熹哲学的发展。特别令人注目的是牟教授的一些深入分析，其中包括：朱熹在他老师李侗（又称延平，1093—1163）的指导下思想趋于成熟的情形，他在30岁后期以一系列书信与张栻（号南轩，1133—1180）及其交游从事哲学争论的概况，于40岁初期参研"中和"问题（《中庸》"中"的主要概念）的过程，在他著名的《仁说》一文中所显现出的独创性见解，朱熹把心、性、情加以三分所表现出的宇宙论思想，他以系统论述理、气的二重结构而完成的形上学，及朱熹晚年对学问的看法、他所达到的精神境界及其方法学上的观点等。

虽然按顺序说，这本关于朱熹的研究是牟教授三本著作的最后一册，然而从发生学的意义上说这个研究似乎一直是他首要关心的对象。事实上，十几年前他就发表文章阐述了对朱熹中和问题的看法。[3]也只有在朱熹与张栻争论的背景中，我们才能正确地赏识牟教授的坚决主张：胡宏——张栻在思想上的导师——是宋明儒学传承中的关键人物，并具有重要地位。事实上，第二卷的特点之一就

---

[3] 见1961年他发表在《新亚书院学术年刊》上的《朱子苦参中和的经过》一文。

是对胡宏《知言》一书部分章节的详尽分析。因胡宏历来较不知名，所以这一著作多为人们所忽视。据牟教授言，宋明理学中胡宏学派的衰落是由于张栻及他的湖南籍为主的交游无力直接对抗朱熹的挑战。胡宏学派是由胡安国（谥号文定，1073—1138）创立，而他的儿子胡宏阐述了这派的理论。然而就哲学取向本身来说，胡派的立场十分符合宋初大儒们的思想。因此我们在胡宏的著作中不难发现他企图消化周敦颐、张载和程颢主要思想的事实。特别值得注意的是，他把孟子心的概念和程颢仁的概念通过内在体验纳入自己的哲学之中。正是在这个意义上，牟教授把胡宏的方法描述为"内在的逆觉体证"（见第二卷，430页），这令人想起孟子儒学思想中的原初智慧。

这样，牟教授以一种系统的方式向我们展示了他一系列具有高度原创性的对宋明儒学的哲学探讨。虽然他的研究范围相当广泛，但他的分析质量仍然保持在很高的知识水平上。他之所以能够在分析上获致广度和深度的平衡，主要原因在于他从大量未经标点的典籍中，相当有见地地选择了那些可以说是将会揭示宋代思想大师们"真实面目"的关键性材料。对宋明儒学中那些无可争辩地具有里程碑性质的著作他都严加审阅，有时是一行一行地进行的。这样阅读的著作在第一卷中有周敦颐的《太极图说》《通书》，张载的《西铭》《正蒙》；第二卷有程颢的《识仁篇》《答张横渠定性书》，程颐的有关性情、理气、中和诸问题的语录，胡宏的《知言》；第三卷中有朱熹的《仁说》。

然而，从较深层的意义上说，牟教授的著作只代表了他持续不断地对中国哲学进行整体反省的一个重要阶段。身为最有才华的现代中国思想家之一，他的研究不只是一个思想的训练，它象征着与那些历史上的大师们的一系列体验性的"对话"，这种对话使得他自己的思考方式具有独特的意义。然而，应该指出的是，在目前的研究中，牟教授完成了他对朱熹的探讨。从陆象山到王阳明的思想发展一直只是在宋朝哲学家的背景中才能得到一定的重视[4]，因此我们期待着关于明代（1368—1644）的哲学发展变化的第四卷问世。我们也同样想知道牟教授是如何设法使他自己的进路——对思想、类型、著作各自独立的哲学体系的组成部分进行批判分析——与唐君毅的方法关联起来的。唐君毅一直以严肃的态度从事于探索隶属于似乎各不相关的哲学体系中的思想之互相贯通和互相补充之工作。

最后我们可以有信心地说，通观这三卷著作，我们为牟教授敏锐的洞察力而感到兴奋，也为这部著作所提供的崭新和至关重要的讯息而感到自愧不如。这部著作所成就的不仅是一个富有创造性的学者对一个伟大文化现象激励人心的诠释，而且也是一个创造性的心灵真诚追寻、深刻理解人类实在的记录。

---

[4] 要了解他早期关于王阳明的观点，可参看他的《王阳明致良知教》，台北："中央"文物供应社，1954年。

重建儒学传统 *

陈荣捷在他的《中国哲学资料书》一书中指出，朱熹对中国思想的影响几乎可以和孔子对中国思想的影响相提并论。[1]在过去的八百年间，朱熹是儒学传统最权威的诠释者，并且其思想启示的影响在整个东亚仍持续不断。事实上，我们可以这样说，在受到西方的思想文化冲击之前，东亚社会和政治上占主宰地位的价值取向是朱熹传统的儒学。中国明清两朝政府、日本德川幕府及朝鲜李氏王朝不仅在思想上都采用了朱熹的观念，而且在客观上实行着朱熹的思想。我们可以毫不夸张地说，朱熹的世界观是在近代以前东亚社会中占统治地位的意识形态。

遗憾的是，自从1922年杰·皮·布鲁士（J. P. Bruce）关于朱熹论人的自由的诠释本问世以来，至今还没有扎实的朱熹文集的英译本出现。[2]布鲁士的另一本书描述性地介绍了朱熹和他老师的生平。这本书的内容虽很不完备，但半个多世纪以来它一直是在英语

---

* 这是本人对钱穆先生《朱子新学案》所写的书评。
[1] 陈荣捷：《资料书》，588页。
[2] 布鲁士（J. P. Bruce）译：《朱熹的人性哲学》(*The Philosophy of Human Nature by Chu Hsi*, London：Probsthain，1922)。

世界中研究朱熹思想的"范本"[3]。然而，这几十年中国香港和台湾对宋代思想家的现代研究始终在稳步发展着。过去十年间，随着范寿康、唐君毅、牟宗三所写的一系列有关朱熹哲学思想的具原创性反思的著作相继问世[4]，中国学者对宋明儒学这个专题的研究已达到了前所未有的复杂高度。钱穆全面描述朱熹思想和学术的著作，为这个已令人印象深刻的思想遗产添加了一个新的面相。

钱穆从事宋明理学的系统性的研究，大约是从1920年开始的。1930年他发表的有关王阳明思想概观之书极获好评[5]，这本书中有一章是专门讨论宋代学术的一些关键问题的。在这些领域中，朱熹修身的方法显得特别突出，因而成了界定宋明儒学思想的特点。不过，一般说来，钱穆是因他的文化史著作而非观念史著作引人注目的。在1940年发表的为纪念北京大学成立40周年的一篇讲稿中，他对宋、元、明时期的思想趋势做了一个通盘的审视，其重点是宋明儒学兴起在社会和文化上的意义。在他非常有影响力的《国史大纲》中，这方面的兴趣也占据主要地位。[6]甚至在他的较专业化的研究

---

[3] 布鲁士（J. P. Bruce），《朱熹和他的老师》（*Chu Hsi and His Masters*，London：Probsthain，1923）。贺凯说这本书"是本标准的关于末代新儒学发展及其于朱熹集大成之中达到高峰的参考书"，见贺氏编《中国：评论性书目》（*China：A Critical Bibliography*，Tucson：University of Arizona Press，1962）。据我所知，仅有的另一部具有实质内容的有关朱子的英文专著，则是谢康伦（Conrad M. Schirokauer）未公开发表的博士论文，其内容是关于朱子的政治思想及行为（Stanford University，1960），见谢氏著：《朱子的政治生涯》，收于《儒家性格》，芮沃寿（Arthur Wright）及杜希德（Denis Twitchett）编（Stanford：Standford University Press，1962），162—188页。

[4] 范寿康：《朱子及其哲学》（台北：开明书局，1964）。唐君毅：《中国哲学原论》，二卷（香港：人生出版社，1965—1968）。牟宗三：《心体与性体》，三卷（台北：正中书局，1968）。

[5] 钱穆：《阳明学述要》（重印本）（台北：正中书局，1954）。

[6] 《国史大纲》1940年由上海商务印书馆出版。

如《宋明理学概述》[7]和《中国近三百年学术史》[8]中，他关注的中心仍是观念的社会功能。在他的《先秦诸子系年》[9]和《刘向、歆父子年谱》[10]的纯学术性的分析中，我们可以更进一步地看到他的这种偏好。因此，他决定对朱熹思想和学术做全面的研究似乎是一个新的探索，这标志着他告别了长达40年之久的文化历史学家的生涯而步入一新的意义之旅。

在该书的序言中，钱穆指出，他是在1964年夏天开始撰写全面研究朱熹的著作的。其时，他已辞去了香港新亚学院院长的职务。他从阅读《朱子文集》开始他的研究，经过10个月深入细致的研究，他完成了对该书的研读。接着他又仔细地研读了140卷的《朱子语类》。为了便于研究，他做了大量的笔记，最终形成了三千多条"要旨"的分类。在研究原始资料的基础上，他确定了主要的范畴之后，又查阅了大量的第二手资料及解释性文献。手稿的大部分是在1969年11月完成的。次年他写了一篇较长的导言，试图总结他的包括58章逾百万字的研究成果。

钱穆研究朱熹的五卷本著作，分为两个主要部分，即研究朱熹思想的部分和研究朱熹学术的部分。研究朱熹思想的部分（第一卷，第二卷）又分为理气和心性两个部分，研究朱熹学术的部分（第四卷，第五卷）分为经、史、集三部分。在经书部分有专门章节研究《易经》、《诗经》、《尚书》、《春秋》、《礼记》和"四书"（"四书"包括《论语》《孟子》《大学》《中庸》）。

除此之外，钱穆专门有一章讨论朱子之校勘、辨伪和考据方面的学问。研究的最后一章是专门评论朱熹对卜筮、医药、音乐、

［7］ 由台北中华文物出版公司于1957年出版。
［8］ 由上海商务印书馆于1937年出版。
［9］ 由上海商务印书馆于1935年出版。
［10］《燕京学报》1930年第7期。

书法、绘画和自然科学等方面的看法。除了研究朱熹思想和学术的章节外，整个第三卷专门研究朱熹思想的发展，它是由有关朱熹思想成熟的模式、朱熹对宋初大儒哲学见解的吸收、朱熹对同时期的思想家特别是陆象山的批评及他对禅宗的抨击等一系列专题研究组成的。[11]

具有启发意义的是，钱穆把自己的研究成果称为"学案"。"学案"一词在英语中大致可解释成旨在描述思想家的思想经历和哲学观念的学术性记录。这种学术记录的典范就是黄宗羲（1610—1695）的《明儒学案》，这部著作被公认为"中国历史上第一次有系统地、批判性地撰写思想史的著名尝试"[12]。这种研究的一个突出点是它宣称的具有描述性的意图。学案通常包括思想家的生平传记及其著作和言论。作者对传主的赞扬或批评往往间接地通过简洁的传记语言和选择原始材料的方法表现出来。就其涵盖范围之广泛及安排材料之精细而言，钱穆处理朱熹的方法与学案的风格有很大的区别；但他坚持从原始材料中挑出许多直接的、有时是冗长的引文，和在描述性的说明中融进自己评断的主张，与学案的传统是一致的。

钱穆在他的著作一开始就指出，朱熹不仅是宋明儒学复兴中的一切主要思想趋势的集大成者，而且也是自 13 世纪以来儒学思想所展示的体系结构之主要建构者。因此，把朱熹主要视为南宋的哲学家而加以研究是不够的。钱穆论证道，正如古典儒学的出现是由于周朝封建制度的衰落和灭亡而产生的有意识反应，曾促使人们勇猛地与春秋时期各种物化势力相抗争，宋明儒学的兴起也应被看作

---

[11] 钱穆：《朱子新学案》（台北：三民书局，1971，五卷本）。
[12] 狄百瑞（Wm. T. de Bary）编：《中国传统史料》（*Sources of Chinese Tradition*, New York：Columbia University Press, 1960），585—586 页。

中国知识分子在遭遇"中华帝国"解体和佛学挑战时的觉醒。这样我们就可以理解为什么宋明儒学的知识分子如此关心国家的事务，并全心全意去保存他们所坚信的真实的古典和历史的传统了。因而范仲淹（989—1052）和王安石（1021—1086）的改革运动，胡瑗（993—1059）、孙复（992—1057）和李觏（1009—1059）的经典研究，欧阳修（1007—1072）和司马光（1019—1086）的史学，及以上所有人的文学作品构成了历史遗产的一部分。朱熹正是在这部分遗产中实现了他自己的社会责任和功能。

然而，如果把朱熹主要看作一个政治哲学家或一个文人学者，也将是一种误解。尽管朱熹可说是在形成中国后期帝国官方意识形态的总方针上有着深远的影响，但他从未全力地从事政治活动。诚然，他花了很多时间来研究经学和历史，而且他被称为所处时代的主要经学家和历史学家是当之无愧的。然而不管其范围有多广，学术却不是朱熹主要关心的对象。确切地说，作为李侗（1093—1163，李侗又是程颐的学生）的学生，朱熹致力于传承和诠释宋明儒学之道。应该指出，在他当时的认识中，宋明儒学之道绝不是宋代学者的创造物，而是孔孟学说的真实表现。既是思想传统又是精神启示的孔孟学说，在他看来已被人曲解了一千多年，只有在周敦颐、张载、程颢和程颐的志业中才开始得到正确的理解。因此，朱熹自认为孔孟之道的"传承者"和"诠释者"，他的身份作为南宋道德宗教思想家而得到了界定。因为朱熹在系统地陈述传承模式和诠释方法上极具贡献，所以在某种意义上可以说他是他自己传统的创造者。

从哲学的角度来看，在建立从北宋的周敦颐、张载、程颢和程颐以来儒学传承的"正统"路线方面，朱熹起了很大的作用。然而，他融合这四位大儒思想的意图给儒学传统开辟了新的局面，这一局面如纯粹从北宋儒学的复兴来考虑似乎是难以理解的。这当然并不意味着朱熹完全背离了他的前辈们的学说。事实上，他的原创性在于他能将特殊的洞见综合成包罗万象的结构，因而扼要地叙述了宋明儒学直至他那时为止的所有主要概念。并且，这工作并不是依赖宋初思想家现有观念构建的抽象体系，而是通过深深掘入他们的问题领域，分享他们的痛苦，经历他们所遭遇到的陷阱才完成的。朱熹在思想上的努力并不是对其他人的洞见做无关痛痒的吸收，而是持续不断地追寻从经验上去理解他所选择的传统上最伟大的心灵。在他与学生几乎达30年之久的一系列对话中，这一点表现得尤为明显。钱穆正确地指出，如要以严肃的态度来研究朱熹这个活生生的哲学家，那么我们就必须查阅这些"语类"。所以在分析朱熹的思想时，他大量地引用了这些"对话"。

该书研究朱熹思想的部分，主要由根据题材编次的原始资料汇集而成。作者采用一种传统学术著作的写作形式，把评语夹在直接引语之间。他的研究是以一些主题观念为核心而组织起来的。从表面看，这些主题思想似乎只是一些标准，在它们之下相关论题为之集中。初读此书，给人这样一种印象：似乎那些标题只是为了便于互相区别而设立的。仔细阅读目录，似乎会证实这样的疑问：书中从一章节发展到另一章节经常是任意的，并且一般说来，章节排列的顺序也不是清楚明白的。人们于是会首先提出这样的问题，为什么钱穆不选择使用心理、社会、政治、宗教和哲学这些范畴来安排他的材料，从而改进他著作的整体设计？人们可以进一步认为，他应把哲学范畴分成例如形上学、认识论、伦理学、美学等各自独立的单元。然而，把知识的现代分类法强加在中国宋明儒学时期的文献上是不妥当的。事实上，真正的关键不仅仅在于分类法。

钱穆对朱子文献中主要概念的注解并不是对原文文义的研究，而是引导读者以探索的精神去赏识朱熹思想的启发性设计。虽然没有一个显而易见的布局格式，但是他的方法确实有助于认识朱熹哲学所关心的主要领域。当然，读者可能会想把这部著作仅仅当作参考书来使用，因为它包含了有关各种不同题目的大量资料，而且它确实是迄今以中文撰写的研究朱熹思想最完备的著作。然而作为研究的工具，此书在使用上似乎较为困难。例如此书几乎没有相互参照的条目，甚至书末的索引也只是对那些熟悉史料的人才有用。这本书的目的当然不在于对朱熹思想做百科全书式的描写。本书所呈现的是作者对朱熹经验的理解，所以内容是以个人知识的论断为基础，而不是以一套预先拟定的客观标准为基础写成的。因此，此书中的35个章节固然是钱穆对在朱熹的《朱子文集》《朱子语类》中精选出来的50多个主要概念的思考，但在这35个章节背后却有着一种酷似宋明理学思想模式的统一感，这是值得注意的。

实际上，钱穆在这部书中所使用的方法与朱熹把北宋四子的著作和语录编辑成《近思录》的方法是一致的。现代学者以及钱穆在其序言中经常把理气、心性这两对基本的范畴解释为形上学和生命哲学，前者包括本体论和宇宙论的问题，而后者则主要是关于道德的问题。不过，应该注意到这两对范畴是被用来区分两个具有互补关系的思想领域的。显然钱穆并没有强调它们的专门意义，诚然，如阴阳和鬼神这些问题自然都归于形上学的领域；但是对诸如天理、人欲、善恶、圣贤这类概念，这样的分类法的确是显得有些武断了。幸好，在正文中，钱氏仿效朱熹的先例把研究思想的两个部分分别称为理气和心性。这样把道器、体用和命看作探讨理气的组成部分就显得合理了。同样地，在对心性的一般研究中同时考察忠恕、知行和诚思等问题也颇有根据。由于朱熹的兴趣不在纯思辨，因此即使是明显的宇宙论问题也必然会导向道德性思考。仅是为了便利，钱穆才使用了那些独立的范畴。

钱穆研究朱熹思想的一个显著特点，就是他坚持"心"这一概念的中心地位。在对朱熹有关心与理的概括研究中，他指出，朱熹学说的重点显然一直放在前者。流行的看法认为朱熹作为程颐思想的真正继承者，他主要关心的是理的层面。与这个看法相反，钱穆指出甚至可以把朱熹学说看作"心学"的一种形式。这样，除了论心和理的关系一章之外，钱穆又用了至少7章的篇幅来专门讨论心。心的问题在其他许多章节中也起着主要作用，钱穆的这种看法当然含有很深刻的意义。它是对那些著名的学者如冯友兰所坚信的宋明儒学传统可分为理学和心学之看法的一个严肃的挑战。冯友兰认为朱熹是理学最伟大的构建者，而他的对手陆象山却是心学坚强的守卫者。钱穆很有说服力地指出心学、理学的二分法在这里也许有助于理解陆象山的精神取向，但是用来赞赏朱熹却是很不合适的。根据牟宗三、唐君毅新近的研究成果，我们认为一般把宋明儒学传统分为程朱学派和陆王学派不仅是片面的而且也是很危险的误解。钱穆进一步论证道，根据理与心之分来区别朱熹和陆象山在实际上是不正确的，同时在理论上也是毫无根据的。当然，这不是企图混淆朱熹和陆象山之间的基本区别，而只是要拒绝通常人所持的对朱陆之间区别的看法。

钱穆在其精心之作中指出，朱熹一生都潜心于认识和理解心的不同层面。当他二十八九岁时便开始思考关于心的问题，此后他一直持续不断地从事于发展有关心的全面的工作。首先，他寻求通过内在经验来把握心的本质。在他苦心积虑地摆脱了禅宗的微妙影响之后，他清楚理解了儒学心的概念和佛教对心的态度之间在分析上的区别。他认为孔孟之道归根究底是传达圣人之心的。然而不同于禅宗对心之传达，圣人的心不仅有先验的指涉，也有文化的层面。在有关人心和道心的讨论中，他指出受到"形气之私"限制的人心经由道德修养能够获得变化从而与道心合而为一。这种合一使作为仁的真正基础的道心得以在世务中显现"天理"。因此，对一个人来说，修养自己的心，使心能不顾生理自我的固有局限而体现作为人性最终基础的理，是为学的首要任务。所以朱熹重视心的"已发"和"未发"状态，重视心的"涵养"和"省察"。事实上，他关于"敬"、"静"和"克己"的反思也可参照他关于心的概念而得到理解。

因此，1175 年朱熹和陆象山之间有名的"鹅湖之会"并不是在心和理的选择上的争论。确切地说，它是对于心的两种不同看法的争论。对陆象山而言，心即理，而道德修养所牵涉的只不过是恢复本心的"易简"工夫而已。成圣的过程能够在先立其大者的内在决定中得以实现。尊崇人自身不可化约的人性是自我实现的直接和根本的途径。相反，朱熹却认为虽然道心体现理，但人心极易流于恶。他同意陆九渊人性是善的主张，但他坚持认为人性固有之理并不等同于心。当人心充满了私欲时，它就会轻易地使人内在的善不起作用。因此，心的修养就是一段以有系统的学习和不断地探究为主要内容的自我转化过程。特别是通过像"格物"这样的工夫，人才能基本上转化身体的自我，并成为不仅与他的同胞合而为一并且与太极合而为一的人。

经由他仔细分析心这一概念的细微区别，朱熹发展了他那深奥的与孟子关于人的意象一致的人性理论。特别值得注意的是，他巧妙地将气质之性这一观念纳入他自己的高度整合的哲学人类学体系中。这一观念是由张载首先提出而由程氏兄弟加以发挥的。这一观念认为气，如自然的禀赋和人欲等，在存在上是与理不可分离的。虽然人的本性在理中表现自身，但是人心必然是气的一个组成部分。因此，强调人的善性是自我实现的本体论基础是不完全的。除非实际充分地考虑人的条件，即人是道德倾向和利己要求的混合，否则理想主义式地依恋人内在的大者就极易把人引向歧途。正如钱穆所指出的，这就是朱熹格外重视"格物"思想的主要理由。朱熹曾论证说，如果还坚持努力学习，人就不能够在真正经验的意义上成为他应成为的人。因为，困难不在于"理一"而在于"分殊"。

钱穆认为，朱熹确实是巧妙地把南宋思想家的所有主要的哲学观点都和谐地综合起来并建立了自己的一套令人敬畏的思想结构。为了证明这一点，钱穆首先认真叙述了朱熹得以独自接触作为一个整体的北宋传统的思想缘由。除了北宋四子之外，我们还应该注意到朱熹与邵雍、司马光的关系。虽然朱熹的哲学体系主要是受了周敦颐、张载和程氏兄弟思想的启发，但是他对宋朝宇宙论和史学的总括性看法却是受益于邵雍和司马光。这样，当他向他的思想先驱表达敬仰之情时，他总是对"六先生"表示特别的尊重。不过，朱熹主要信奉的似乎一直是程颐的思想，这部分是因为他的老师李侗，所以在《朱子语类》中，他不仅对程颐而且也对程颐的弟子做了很多广泛的评论。由于《朱子语类》仅仅包括朱熹40岁以后的谈话记录，而且其中的大部分又是朱熹60岁以后的语录，因此《朱子语类》在很大程度上反映了他成熟的思想。正如钱穆指出的那样，朱熹有时严厉地批评程颐的门徒如游酢（1053—1123）、杨时（1053—1135）和谢良佐（1050—1103），这的确是朱熹晚年的实际情况。不过，朱熹非常关心他们对程颐学说的诠释事实，该书似乎也指出了朱熹在形成自己思想的年代里曾仔细地研究了他们每一个人的思想。

虽然朱熹对前人观点的集大成可以看作一系列对北宋思想家基本概念的有意识的反应，但他的思想动力相当一部分还来自他和同时代思想家的认真对话。其中特别值得注意的是，他与张南轩（1133—1180）及张的朋友们的往来。张南轩是胡五峰的得意弟子，他为促成南宋的一次最有意义的哲学交流做出了贡献。这次交流主要是围绕胡氏《知言》中的论点进行的，《知言》中的一个论点即是主张心与性的统一。通过与张南轩多次讨论及以后与他的学生不断往来信件，朱熹得以依循程颐的思想传统而证明性同于理，但却不同于心。朱熹使湖湘学派接纳其哲学主张的最后胜利标志着他思想成长的一个重要阶段。同样重要的是他与吕祖谦（1137—1181，《近思录》编者）的友谊。吕氏作为当时主要思想潮流之一的领导者，提倡一种形式的"实学"，这种"实学"后来成为宋明理学中浙东学派的主要特征。正如刘子健在他最近的一篇文章中曾指出，吕氏的学生在说服朝廷把宋明儒学定为正统思想中扮演了关键性角色。[13] 这一政策的直接结果之一就是朱熹被奉为儒家道统传授系统中最后且唯一的南宋思想家。吕氏也是安排朱熹和陆象山进行鹅湖之会的人。

朱熹与陆象山短暂而又紧张的个人对抗一直被思想史家们看作

---

[13] 刘子健（James T. C. Liu）：《宋明儒学中之一支如何变成国家正统思想》（"How Did a Neo-Confucian School Become the State Orthodoxy"），收于《东西哲学》（*Philosophy East and West*），卷二十三，第 4 期（1973 年 10 月），483—505 页。

宋明儒学发展中最重要的里程碑之一，也是把宋代学问分为朱熹的理学和陆象山的心学的基础。即使我们认为这样的二分法过于简单而又容易引起误解，我们也不能否认这个思想对抗所牵涉的论题具有多方面的深远意义。因而详细考察这个争论的要点就成了研究中国哲学的学者们一个普遍关切的课题。事实上，作为宋明理学中最重要的研究课题之一，朱陆异同问题几乎是所有宋代学术一般概述之作的要点。在钱穆的著作中，第三卷超过四分之一的篇幅是专门讨论这一问题的。

陆象山指责朱熹犯了过分强调书本知识的错误，因为这种强调会导致对心的支离破碎的理解。朱熹却回答道，渐进的修养过程是真正理解心的关键。但是两人的区别不只是"顿悟"和"渐修"的冲突，也是关于心的两种思想的冲突。一方面认为心是理的真实表现，因此它是自我实现的最终基础和实际能力；另一方面却认为心是性情的综合（理气的混合），这样，它是自我实现的实际能力而不是自我实现的最终基础。陆象山坚持认为人心是自我完满的，朱熹却对那种因为每个人的心同于圣人之心，所以对自我实现所涉及的只不过是简易直接的内在精神转化过程之说法持相当怀疑的态度。

在鹅湖之会时，朱熹已40多岁，而陆象山才36岁。正如钱穆指出的那样，其时朱熹已完成了有关儒家经典和宋初儒学的十几本著作，经历了与湖湘学派和浙东学派的思想战斗。虽然朱熹很倾向于采纳并吸取陆象山的思想，但是这个后来成为江西学派领袖的青年，傲慢和咄咄逼人的态度却使他大为惊讶。不过，在鹅湖之会以后，他们两人还保持着一段相当长时间的真诚友谊，持续很多年经由书信往来讨论思想问题。1181年，朱熹邀请陆象山到闻名遐迩的白鹿洞书院讲学，陆象山关于义利之辨的演讲是这个书院的一个重要事件，他的讲演得到了朱熹的高度赞扬。此后的一系列偶然事件影响了他们之间的友谊。在鹅湖之会14年以后的一次关于周敦颐《太极图说》的争论，使他们的关系严重恶化。4年后，陆象山去世。朱陆之间的对立还因他们弟子之间的长期争论进一步加剧。然而相比之下，朱熹的思想却有着更为普遍的影响，以后历代儒学思想家都为他精心构建起来的充满新鲜活力的哲学所左右。而陆象山的学说不论是对于元朝学者，还是对于明清学者来说都未产生重要的影响。

王阳明是16世纪儒学的卓越代表。他的出现多少纠正了我们的上述看法。他有意识地选择了复兴陆象山的思想，从而又引发了一场新的争论，这场意义重大的争论导致了重新制定近代以前中国思想的发展模式。然而王阳明充分认识到正是朱熹对思想的挑战促使他去重估儒学思想的。事实上，他本人在相当长的一段时期内受了朱熹思想的影响，以致他坚信，尽管他的思想和朱熹的思想存在明显的分歧，但他的哲学取向与朱熹的晚年"定论"是一致的。因此，钱穆的著作包括了对王阳明所编的《朱子晚年定论》这部引起很大争议之著作的批判分析，这样的做法是很合适的。虽然对有些哲学问题没有给予解答，但钱穆的确为我们消除了大量历史和版本方面的疑惑。

钱穆对朱熹学术的研究（第四、五卷）有很多精辟独到的见解，尤其引人注目的是他颇有见地地指出朱熹对经典的注释与程氏兄弟有很大的不同，以及他对朱熹历史观念的详尽分析。前一观点对通常认为朱熹为程颐的忠实门徒并很少违背《二程遗书》这一看法提出了强有力的挑战，而后者证实了近来学者们（如余英时）认为的朱熹的史学不仅深刻影响了明朝的历史学家而且也深刻影响了清朝汉学的看法。[14] 此外，钱穆相当有说服力地反驳了那种认为朱熹不同于他的思想前驱而把《易经》主要看作卜筮之书的流行看法。他指出，事实上，朱熹反对程颐纯粹把《易经》看作哲学论著来研究的做法，因为他认为既然这本书源于卜筮的实践，那么根据这本书卜筮的结构而来研究它的哲学含义就显得十分重要。这样，朱熹认为每一卦的"占辞"就是发现古代作者本义的根据。朱熹或许没有能够以一种自己认为满意的方式把解易传统中的象数派和义理派结合起来，但他尝试着把这两派综合起来的意图似乎是很明显的。

　　朱熹把《诗经》视为美学思想的源泉和道德训诫的宝藏而加以认真研究。钱穆经由精选那些能贴切说明他观点的引文和逸事而活生生地再现了朱熹研究《诗经》的强烈意愿。朱熹认为在客观地分析诗以前，必须朗读诗和体验诗的意境。为了使注释者把诗看作高度凝练的表达形式，他建议在对某一首诗做批判研究以前必须把这首诗背诵四五十遍。当然这里所说的背诵并不是死记硬背，而是培养自己对诗意的感受性，体会字里行间的细微差别，理解诗的内在结构。在获得某些关于诗的切身知识之后，朱熹建议再对那些现存的注疏做比较的研究，然后再把这些诗背诵三四十遍。只有经由这两种学习方法的交互运用，才能达到对诗意的经验性理解。正是运用了这种研究方法，朱熹才能超越几个世纪以来传统学术在研究这个主题时所持有的道德主义立场，而代之以新的研究《诗经》的方向。他对《尚书》和《春秋》的一系列批判性见解也进一步证实了他思想的独立性。他认为这两部书都包含大量过时的和

---

[14]　余英时：《从宋明儒学的发展论清代思想史》，收于《中国学人》第二期（1970年9月），19—41页。这是分上下篇论文的上篇部分。副标题是"宋明儒学中智识主义的传统"。

神秘的材料，他甚至劝告他的学生不必在这两部书上花费过多的时间。

在精到地处理原始材料的基础上，钱穆指出，朱熹毕生研究《礼记》与他对待《尚书》《春秋》这两部经书的暧昧态度恰好形成鲜明的对照。根据《朱子语类》的一则记载，朱熹还不到20岁时就开始研读《家礼》。终其一生，他在这方面的兴趣一直是相当浓厚的。1175年鹅湖之会结束没几个月的冬天，他母亲去世，此后他对《家礼》的兴趣变得尤为强烈。然而，对《家礼》的关切只是他对礼之兴趣的一部分。对他而言，礼的研究不只牵涉对儒家传统礼仪仪式的重建，同时也是一种为社会行为提供全面指南的努力。在这里，礼仪化是指经由道德劝诱的变化力量所达成的人格理想之实现。1194年朱熹曾向皇帝呈递奏章，建议成立一个机构来专门研究"礼"。在十几个以前学生的协助下，他准备承担这项任务，其目的在于帮助学者官吏培养最终可运用于政治事务的"实学"意识。虽然朱熹的建议从未被朝廷采纳，但他仍努力去推动。正如钱穆所指出的，朱熹在他去世前的一天里写了三封信，其中的两封是教导他的学生如何继续他的编订《礼》书的工作。

通过刊出一批迄今尚未被研究朱熹的学者注意的重要证据，钱穆颇有说服力地指出，所谓的《朱子家礼》一书之所以在后世引起争议——譬如像颜元这样的思想家就曾抨击程朱学派过分拘泥于礼仪——主要原因在于此书在朱熹死后出版时只是未定本。因此，与其说《朱子家礼》反映了朱熹成熟的思想，倒不如说反映了朱熹年轻时即尝试履行的事。当然，我们不能肯定这样的说法，即认为这部书的手稿遗失了多年，只是在朱子死后才被发现的。但是钱穆的解释比王懋竑（1668—1741）把整部书说成是伪书的说法似乎更令人信服。[15]因为朱熹不仅对自己的朋友和学生提起过这部书的具体计划，而且在他的几封信中也曾提及这部书的形式。朱熹的真实心愿并不是要编纂新的家礼，而是编纂以司马光和程颐著作为本的合选集。这使我们想起朱熹的另一部与人合作的书《通鉴纲目》。然而，不像他的历史著作，朱熹对《礼记》的看法不同于北宋古典学派的主要思想。儒家的三部关于礼的著作即所谓的"三礼"，朱熹认为其中《仪礼》是源，《礼记》是流，而《周礼》是自足的关于古代典章制度的著作。这进一步证实了这样的事实：朱熹的论断常常是以自己对既有传统的看法为基础的，而不必屈从于其同时代的学术权威。如果他对北宋学者的思想亦步亦趋的话，那么他就会把重点放在《周礼》和《礼记》，而不会放在较不为人所注目的《仪礼》上。

因此，复兴传统的认真努力既包括忠实的解释，也包括创造性的改编。他与儒学的一般关系和与北宋学术的特殊关系是一种辩证的关系。虽然他像孔子一样，认为自己是传承者而不是创造者，但他继承"道统"的自觉意图，经常导致他对传统做根本上的重建。然而，认为朱熹是在有意识地使自己和过去发生联系时而无意形成了自己对传统的看法仅仅是抓住了表面现象。因为他的真正"创造"，是他对整个儒学传统中的主要思想做了一系列深入的探索后所形成的累积的结果。事实上，他潜心于传统是如此之深刻，他对传统的影响又是如此之巨大，以致我们无从辨认他"潜心"传统之前传统原来的方向，和受他"影响"后的传统所采取的新取向之间的差异，因为朱熹的创造性是不能离开他的传统性的。

我们从朱熹对"四书"的认真研究中可以发现这种现象的一个例证。如钱穆指出的那样，整个《朱子语类》三分之一以上篇幅是

---

[15]　王懋竑：《朱子年谱考异》（丛书集成本，1937），263—268页。

讨论"四书"的，然而提到"五经"的篇幅却不及讨论"四书"篇幅的一半。实际上朱熹对"四书"的形成极具贡献。陈荣捷把此举看成是朱熹"最激进的革新"[16]。简单地说，他所做的就是选择了《大学》和《中庸》(《礼记》中的两章)，然后把它们与《论语》《孟子》编辑在一起，这样就形成了"四书"。此后他为"四书"仔细作了注，并把它们解释成一整合的哲学，使它们成为儒家学说的核心。因为"四书"及朱熹的注从1313年到1905年期间被朝廷定为科举的基础，所以"在过去的六百年间它对中国人的生活和思想产生了远较其他经典更为巨大的影响"[17]。正是由于受到科举制度的支持，朱熹的名声也就传到了朝鲜、日本和越南。根据以上的讨论，我们可以看出朱熹实际带来的正是儒家传统的重建。

然而，朱熹激进的革新绝不是企图脱离传统。相反，他致力于继承儒家的传统并且极认真地理解圣人学说的真正意旨。他的注解旨在从原文中抽出它的内在意义，朱熹自认为这些注是他不断努力、逐字逐句地理解圣人真正想要传达的思想之记录。在这里，作注并不只是一个学术性的工作，它要求整个身心的参与。朱熹反复谈到这项艰难的工作耗去了他大部分的"苦力"。对他来说，这个注是他与孔子、孟子的认真"对话"："他圣人说一字是一字，自家只平着心去秤停他，都不使得一毫杜撰，只顺他去。"这种无私地赏识圣人言语的状态绝不是容易达到的。在无数次修订他的"四书"注之后，朱熹说："只今六十一岁，方理会得恁地。若或去年死，也则枉了。"这样的修订代表了近30年的密集研究，以致"也不少一个字，也不多一个字"。钱穆指出，即使这样，朱熹至死也没有终止改进他的著作。众所周知，他最后一次修改是在逝世前三

[16]　陈荣捷：《资料书》，589页。
[17]　陈荣捷：《资料书》，589页。

天做的，在这次修改中他对《大学》注中的三个字做了更改。

　　钱穆在解释朱熹思想的研究上确实做出了有价值的学术性贡献。从 18 世纪王懋竑的《朱子年谱》问世以来，还没有出现过一本对朱熹的思想和学术进行如此广泛而又认真研究的中文著作。在这五卷本的研究著作中，我们能看到以往汉学中颇为罕见的朱熹完整的形象。无疑地，钱穆的这种全面考察研究的见解将会提供一个衡量的标准，足为将来评价对朱熹的各种片面看法之用。诚然，在《心体和性体》一书中，牟宗三对朱熹哲学做了更为细致深入的分析，在《朱子年谱》中，王懋竑对朱熹的生活经历有更生动鲜明的描写，但在钱穆的著作中，我们能看到朱熹那伟大综合的整体结构。钱穆著作的成就是对朱熹在整个儒学传统背景中主要关注之问题的展示。然而，归根结底，应该指出的是，了解朱子的观念世界是没有捷径可循的。尽管此书对解释朱子本义具有真诚的意愿并给予明晰的描述，但是钱穆关于朱熹所作的《朱子新学案》，如同黄宗羲关于王阳明所作的《学案》一样必然是一个"创造"。不管这部著作对朱熹思想和学术的研究是如何深入精致，它终究不能代替阅读朱熹诗句、信函、注解和哲学性反省本身而产生的惊奇和欣喜。有志向和勇气去研究《朱子文集》《朱子语类》中的许多"丰富的暧昧之意"，仍是最接近于与朱熹进行面对面会话的途径。

主体性与本体论的实在性
——对王阳明思维模式的诠释

一

　　阐述王阳明思维方式最困难的地方，在于人们常常容易忽视阳明哲学中悬而未决之问题的重要性，而过早地为阳明哲学建立体系。他的诸如"知行合一"、"存天理，去人欲"和"致良知"这样的教旨为研究中国思想的人所熟悉，因而和构建朱熹或王夫之的哲学体系相比较，试图构建一个令人信服的王阳明哲学体系似乎要相对简单些。人们对王阳明哲学有各种各样的解释，这是不足为奇的。人们很容易相信，由于资料的可塑性，根据设计者的意图，无须多少人为努力，这些资料就可以被整理成各种各样的结构。阳明是否真的不期望人们系统地阐述他的观念，这仍然是一个悬而未决的问题。虽然构建王阳明哲学体系的行动并不能仅仅基于这样的理由，但是这种类型的知性活动早已广泛且持续地展开了。

　　当然，虽然王阳明有意识地决定不以一种系统发展的形式来呈现他的思想，我们却绝不能排除从评述其学说的"内在逻辑"角度来铺陈其哲学结构的可能性。事实上，设法揭示阳明学说的内在含义是我们的责任。不过，问题不在于是否一定要重建一个最

141

具创造性和影响力的中国思想传统创造者的哲学，而是何为重建其哲学的正确方法。

有人认为，重新构建王阳明哲学，所牵涉的只不过是把他的基本概念整合成一个理性系统，我对这种主张越来越表示怀疑。我也不认为王阳明思想可以或多或少包含在一套严密的、有联系的公式之中。因为我不能赞同这种乐观的看法：一旦完成了对王阳明哲学体系纲要的解析，重建的任务就可以由一批专业的"建筑者"轻易完成。

加布里埃尔·马塞尔认为："现在的问题与其说是一个建设性的问题，不如说是一个发掘性的问题，哲学活动现在被看作深入钻研的活动而不是建构的活动。"[1]对王阳明学说而言，将"发掘"或"钻研"作为方法论意味着什么呢？在这个问题上，这和建构不同，它不预先假定有一个现成的设计大纲。它趋向于探索精神的发挥，较不强调将一个体系强加于原始资料之上。当然，其目的也是通过不断地探索，努力使王阳明思想的内在结构得以展现。但在时机成熟之前，保持王阳明哲学中丰富的含糊和隐约性，要比把它们塞进一个整齐但肤浅的综合体更有意义。

二

王阳明曾把他的学说描述为"身心之学"[2]。如果认真对待这一说法，我们就必须在诠释他的思想时重视其学说中的体验层面。这就产生了一个相当复杂的方法论问题，因为这样的学问已经断然拒绝承认知性的论辩是传递这类知识的适当、有效的工具。那么，我

[1] 见《创造的诚信》（Creative Fidelity），罗思尔（Robert Rosthal）译，（New York: Farrar, Strauss and Co., 1964），14 页。
[2] 见其《年谱》之三十四岁条下，收于《王阳明全书》（台北：正中书局，1955），卷四，82 页（以下简称《全书》）。

们怎能有系统地谈论研究这种学问的方法呢？

的确，王阳明曾一再拒绝把他的学说用书写的形式表达出来，担心"知解"将脱离其体验性基础而变得抽象。如果体验的基础不存在，那么知解至多只是一种形式上的企图，设法要接近那只能经由实际努力才能显示出来的道理。知性的理解必然是片面的，因为和言教者不同，身教者必须设法经由他的整个身心来把学问传授给学生。他宁愿用口头措辞而不愿用书面教诲，因为前者是随机的启发，它可以对场合的特殊性和学生的差异性有所反应；反之，后者则是固定的指示，无论对场合或者是对学生而言，它都可能不适当。

我们必须立刻指出，王阳明对经验和处境的强调既不意味着斥责理智，也不意味着赞同情境伦理。说得更恰当一点，它立足于这样一个信念，即真正的学问过程涉及整个人日常具体的存在。这种学习不是把某种外在于身心的东西据为己有，也不是使自己获得与自我不相干的某种技能。它的内容正是要学习怎样成为一个人，用宋明儒学的话语来说，就是怎样修养个人身心，怎样实现自我的普遍人性。如果这是主要关切的问题，那么王阳明担心的，与其说是知性活动本身，不如说是研究题材沦为知性投射或观解的对象，因为题材必须作为自省的前提而被经验到。一旦学习怎样成为一个人的问题仅仅被看作一个思想上的问题，那首先曾经促成讨论的情感需要就将失效了。而且必然导致的结果是，这个主题赖以呈现自身的经验性基础也将丧失。的确，虽然知性的辩论常常能理清我们的思维方式，但是，在这儿运用它以获取这类知识时，必须清楚地认识其内在弱点。

王阳明学说主要关切的是人的问题。不过，它的主要目的不是呈现关于人的客观研究，而是指出成为真正的人的途径。因为圣人完全体现了人性，所以目的似乎是效法圣人之道。但王阳明遵循孟子的传统，他相信每一个人只要愿意，都可以成为圣人，因为圣人可以经由自我学习而实现。即使效仿圣人也是以内在决定为前提，它绝不可能由外部强加。这就出现了一个众所周知的自相矛盾：要开始学做一个圣人时，我必须首先知道圣性原本就在我心中，但是如果我真的知觉到它，还需要学习什么呢？《传习录》记载的一个故事对于理解这种关系或许有所帮助。

> 在虔与于中、谦之同侍。先生曰："人胸中各有个圣人，只自信不及，都自埋倒了。"因顾于中曰："尔胸中原是圣人。"于中起不敢当。先生曰："此是尔自家有的，如何要推？"于中又曰："不敢。"先生曰："众人皆有之，况在于中，却何故谦起来，谦亦不得。"于中乃笑受。[3]

从这个故事看来，每人固有的圣性是永远不会丧失的。的确，王阳明进一步认为，不论一个人做什么，他内在的圣性是永远不会被摧毁的。即使一个小偷也自认为他不是一个小偷，如果你叫他小偷，他会感到羞惭、恼怒。

另一方面，王阳明终生都在努力实现内在的圣性，这可以说是证明了这样一个事实，即一个人要成为他所"应当"成为的人，绝非一件"简易"的事，而是一个永远奋斗、永无休止的自我实现过程。如果王阳明必须遭受"百死千难"[4]才能断言他的确是对内

---

[3]《传习录下》，收于《全书》，卷一，77页。见陈荣捷译：《传习录及王阳明其他新儒学作品》(*Instructions for Practical Living and Other Neo-Confucian Writings by Wang Yang-Ming*, New York: Columbia University Press, 1963), 193—194页。
[4]《年谱》之五十岁条下，收于《全书》，卷四，125页。

在圣性的要求有了回应，那么，我们每一个人在实现自己内在圣性的过程中，也要付出心理上的巨大痛苦和道德上的巨大勇气。事实上，从很少一部分王阳明本人的作品和逐字记录的教诲，以及较多的由他的学生重新整理的对话中，都木看出于阳明带有一位杰出大师的傲慢味道。他不愿意把他的思想用书写形式表现出来的一个重要理由，似乎是他了解到他的学说仅仅对那些承诺以实现他们自身之圣为念的人才有意义。对于那些缺少自己内在的经验，并且想经由对他人文字教训的理智吸收以寻找圣道真理的人来说，他的学说极容易成为混淆视听的根源。这种学习方法暗示着老师并不必要拥有接近圣人真理的特权，和学生一样，他也处在成为他应成为之人的过程中。这样理解的内在圣性是种永远不能完全实现的潜能。

将植根于我们每个人之中的圣性形容为一个永远不会丧失的实在和一个永不能完全实现的潜能，正好提供了介绍王阳明感知的一个途径。为了方便起见，我从两种互补的角度提出理解这种领悟的方法。当我们说一个人能成为圣人是因为圣性植根于每个人之中时，我们是在谈论人的存有结构，即在本体论上人是什么，和在实存上他应该是什么。当我们强调事实上没有人是圣人，因为内在的圣性永远不能完全实现时，我们是在谈论人的蜕变过程，即在本体论上人不是什么，和在实存上他应该不是什么。从存有的观点来看，我是我应该成为的我，并且我应该成为的我正是"真正的我"。从蜕变的观点来看，我并非应该成为的我，且在性质上应该成为的我不同于"真正的我"。当王阳明说每一个人都是圣人，他指的是人的存有的"本体"。当他暗示没有一个人能完全实现其圣性，他指的是人的蜕变过程的"工夫"。前者是自我实现的基础，后者则是自我实现的具体过程。因为人不是一个抽象的概念，而是活生生的实体，那么，就不应该仅仅根据所谓的"本来面目"来理解人。同样地，我们不易接受实存之人，理由无非是根据其具体活动之本体所构成的观点。

我们已经提出了人的本体结构和人的蜕变过程是两个互补性的观点。事实上，如果笔者诠释王阳明的感知是正确的话，那么，它们确实代表了实存之人的两个不可分割的层面。因此，我们必须承认人是既定的结构又是未确定的过程。形容人是一个既定的结构并不否认人选择的自由，因为我能独自做内在决定，决定要成为我应该成为的人。这样的决定必然把我的既定结构的限制转变为自我实现的工具。形容人是一个未确定的过程，并不意味着破坏人的内在本质。无论我选择怎样的行动，我这样做正是因为我是一个有意义的实体。所以自由的衡量是既定结构的组成部分，而本质的感觉又是未确定的过程的组成部分。尽管结构是既定的，但为了自我实现，它必须经历一个转化的过程。同样地，由于自我的认同，未确定的过程常常采取一个时间上的结构。于是，"人是什么"的存有问题必须在他应当成为什么的蜕变中去寻找，反之亦然。

我们可以这样解决这个基本的争论：人在实存上是什么样的人与他在本体论上是什么样的人有所不同，并且也与他在实存上可以成为的人有所不同。但是，他的实存状态既不否定他的本体论本质，也不妨碍他在实存上可能的蜕变。认为一个人能够成为圣人是说这个人在实存意义上能成为他所应然的。他可经由自身努力变成他应该成为的人，这不同于外在于人类结构的力量之干涉使他产生的蜕变，因为本体论的本质是人自我实现的最后根据。不过，人的本体（即已在他之中的圣性）可能会被"遮蔽"，即或它绝不会全部"丧失"。并且，当它在一个较长时期被遮蔽时，一个潜在的圣人事实上会像《孟子》里提到的牛山一样，看起来完全被"毁坏"了。因此，尽管人具有内在的圣性，他必须在他日常存在中学习怎样成为一个圣人。这种学习需要一个不断自我实现的过程，这个过程正意味着体现我们每个人之中的圣性的过程。

我们在初步的思考中必须认识到，作为人存在的最终根据的原初实体和作为人蜕变具体过程的实际努力的统一，并不是一种信念的主张，也不仅仅是一个逻辑推论。恰当地说，它是经验的确据。"身心之学"所关切的是人们的日常存在，这是可以理解的。理性的分析和知性的论说在这研究中是极有价值的，但是它们必须建立在探索者的内在体验之上。因为主要任务不是发现客观真理，而是加深和扩大自我认识。如此定义的哲学，是用人的经验来阐述的学说。假如我们遵循这条思维路线，那么，我们若只是个漠不关心的分析者，就无法从事哲学思考，因为从事哲学活动必然包含自我转化的行动。虽然这种思维方式与传统学院式对哲学的看法——纯粹分析——有某些不同之处，但它与苏格拉底的"知道你自己"的见解却毫无冲突。不过，如果自我的内在经验是哲学探索的基础，那么，我们怎样才能超越各种复杂多歧的主观主义形式呢？这个问题把我们带到王阳明哲学的中心——自我的问题上来了。

"身心之学"也可以理解为是自我学习的一种形式：彰显根植于自身之中真正人性的一种尝试。事实上，这种学习也被诠释为怎样成为圣人的学习。圣性在现在的脉络中意味着真正的人性，也可以被描述为真正的自我。这样，成为圣人就是忠于自己。这正可以说明为什么本章开始提到的王阳明学说的三个基本教旨，全部集中在自我实现这一论题上。这引起了王阳明成熟哲学中好几个纠缠不清的问题，自我的最终真实是什么？自我与他人产生共鸣有何必然性？自我如何与众生联系？因为几个世纪以来人们都认为王阳明学说的特征是主观主义，所以至关重要的是，必须先注意到作为其学说根本特征的主体性哲学和主观主义谬误的基本区别，我们才有讨论的基础。

三

在王阳明"身心之学"的模范尊师生涯中，"知行合一"是他的第一个哲学命题。在这个命题提出之前，他唯一的教诲似乎是学生在和他一起从事正式的学习之前，首先要有愿意成圣的许诺。从发生学角度而言，"知行合一"是王阳明多年致力于朱熹的"格物"教学法所获得的经验上理解的结晶。从两个有名的逸闻来看——1492年于竹林七日在精神上苦思"格物"之理[5]和1508年重思格物之旨（从追寻外在之理恢复到格正本心）以求内心平静的生死挣扎[6]，王阳明1509年提出的"知行合一"象征着他反复试图了解自己的一个重大胜利。因为通向完全自我认识的道路永无止境，"知行合一"仅仅标志着漫长而专注的追求自我实现的开始。然而，即使这个早期的命题也已经显出王阳明对圣人之道具体而普遍适用之主体性原理所具有的卓见。在许多方面看来，这已与朱熹的"格物"体系分道扬镳了。

第一，"格物"把主体与客体理解为两个独立的实体，当主体有心努力去接近客体时，它们才发生联系。"知行合一"驳斥这种人为的两分。它指出了一种动态的自我实现过程，在此过程中人的

---

[5]《年谱》之二十一岁条下，收于《全书》，卷四，80页，又见《传习录下》，收于《全书》，卷一，100页。
[6]《年谱》之三十七岁条下，收于《全书》，卷四，84页。

主体性变成了一种真实的经验而非抽象的概念。第二，"格物"过分强调修身的具体形式，这倾向于把道德抉择客观化为自我努力的"目标"。然而，"知行合一"把焦点集中在思想与实践的联结上，因而沟通了内与外。第三，"格物"倾向于把道德量化为一系列个别行为，这样，外部的表现优于内部的转变。而"知行合一"强调在任何处境中都保持清醒的道德意识，以致心灵之"机"的活动也将受到关注。第四，"格物"倾向于把道德原理包括在经验知识的项目下，而"知行合一"则以意向为中心，因而强调了伦理宗教修养的内心层面。第五，"格物"看来缺少某种紧迫感，因为它认为自我实现必然是一个渐进的过程。"知行合一"把焦点集中在意志的定向性上，强调道德修身的直接性。"渐"与"顿"在自我实现过程中的对立问题变得次要了，因为中心问题是"怎样"在当下彰显内在的圣，而不是经由"什么"过程使内在的圣最终得以彰显。

必须指出，尽管王阳明对"知行合一"的解释从根本上改变了朱熹的"格物"含义，但它既不意在否定"格物"的方法，也不是轻视它的重要性。说得更恰当一点，其目的是要恢复"格物"在《大学》之中的最初立场。我们在这里不必考虑王阳明试图回到所谓《大学》古本上的努力是否在原文的根据上得到证实，但是我们应该知道，与其说王阳明是对朱熹"格物"方法本身的批判，不如说是对朱熹鼓吹这个方法的哲学基础的批判。如果我相信仅仅经由理智的渐进过程吸收植根于外在事物的"理"，就能够获得自我认识的话，那么就无意中认同了这样的观点，即我自身中的"理"既缺少自我自足性也缺少创造力。如果我必须把外界的"理"内化在心中，那么，自我实现的最终基础就不能在我的人性中找到。这样，我必然被教导去成为我应该成为的人。这样的教导不是自我的发现，而是把一套既定的社会价值观强加于自我之上。因此，"理"作为我的存有的基础不必是我的存在不可分割的部分。这就是为什么王阳明断言朱熹的哲学存在着"心"与"理"的割裂。

就实践活动而言，王阳明也感到朱熹"格物"说缺少一个中心点。他用的词是"头脑"[7]。如果"身心之学"以如何成为圣人为主要目标，那么，作为自我实现方法的"格物"必须以内在决定为中心。如果没有这样一个决定，那么无论仔细调查和研究的事物有多少，它们对自我认识不能有任何作用。王阳明极其严肃地认为，学生必须首先对他的生活目标做出以上的决定，才可以和他一起从事学习。[8]他相当清楚，除非能够学会献身，否则经验知识永远不能转化为自我知识。但是，一旦应用了"头脑"，那么"格物"的方法对于自我知识不但是有益的，而且是不可缺少的。这样理解的"格物"就不仅仅意味着研究外部现象，而且意味着依照自我实现的追求来调整自然物和人类事务之间的关系。

在这个意义上，"知"不是与知者的存在完全无涉的纯粹认识功能，"行"也不是与自我的宽阔境域无关的孤立活动。这样，"知行合一"不应该理解为一项有关理论和实践之间关系的一般性陈述，虽然它肯定蕴含着这层意识。但是，王阳明的最终关切似是与怎样成为圣人不可分地联系在一起的。如果说王阳明是站在圣人的立场来揭示"知行合一"的，似乎是太冒昧了。我们肯定有理由说这个教旨是以一个已经积极投身成圣成贤过程之人的精神立场而提倡的。我知道这样一个条件必然限制"知行合一"的认识论范围。人们会感到疑惑：它将怎样运用到伦理宗教性哲学以外的领域中？

[7]《传习录下》，收于《全书》，卷一，82 页。
[8]《年谱》之二十四岁条下，收于《全书》，卷四，82 页。

但是，我目前的任务不是阐述它的一般应用性，而是要说明它的核心意思如何得以保存。

如果"知行合一"要根据自我实现的过程才能获得理解的话，那么，认为"知"不会必然产生转化的行动或者行动并不会促使自我的知识变得更深刻及范围更广，这是不可思议的。实际上，"知"不仅仅是从事一种理解外在事物的超然的心理活动，也注意践行的领悟本身如何在具体的行为中完全实现。因为知要成为真知的话，它就必须引起整个行动过程，在其中，已知的东西在每天的活动中显出来，"知是行之始"（《传习录上》）。用王阳明自己的例子来说，知道实行孝道不仅仅是明白一些抽象原理，而且是在当下的具体活动中显示我内在体验的一个层面。如果仅仅因为孝道是根植于人性的一种情感，便说孝道是值得向往的，那么我就不能算是懂得孝道。如果我只在理智的基础上赞同这观点，那么我只是在不坚实的信念上赞同了它，因为我没有任何经验性的基础论证我的赞同。在这个意义上，知不仅仅被限制为一种认识功能。本质上它是"行之明觉精察"（《传习录中》）。

那么，什么才是真正的"行"呢？那种认为实践必须对存在的事情有实质性影响的看法，还是过分狭窄，不能容纳王阳明"行"的概念。当思想把握了方向并成为一种意向时，行动就开始了。有意向即意味着行动。一个行动要是真的，它必须是全部过程中一个不可分割的部分，在这个过程中，已产生的行为可在自我知觉的背景中获得有意义的确认，"行是知之成"（《传习录上》）。用王阳明的例子来说，行为依循孝道不是遵循一套被接受的仪式，而是实现人的基本感情。还应该再补充一点，如果孝的感情是以传统认可的形式表现出来的话，它只是因为受到内在冲动的指令，以那些涉及者可接纳、可理解的形式表现出的一种一般感情。所以当一个行之已久的仪式不再适合一个特殊的情况时，它可以被修正甚至否定，这是完全可以理解的。王阳明有意为他父亲的丧礼做了一些改变，就是一个很恰当的例子。尽管他的行动遭受到其挚友湛若水（1466—1560）的严厉批评，但这绝不意味着这行动与他自己的学说相冲突。[9]因此一个真正的行动必然是一个经验性的知的具体化。从本质上说，它是知识"真切"和"笃实"的表现。[10]

这样理解的"知行合一"意味着它是一动态过程的本质，而不是两个静止概念的统一。它特别指出了成圣的创造性道路。如王阳明所示，这个教旨的"宗旨"是教导学生排除自私的欲望并在日常事务中彰显知和行的本质。它的本义不是要抽象地讨论知和行的性质为何。如果认识内在的圣性是根本的问题，那么，只要思想是以意向表现出来，实践的活动就开始了。作为事实的另一方面，只要实现的过程还未完成，那么，有意识的反省就永远不会终止它指导的功能。确实，"知是行的主意，行是知的工夫"（《传习录上》）。王阳明进一步主张，"圣学只一个功夫，知行不可分作两事"（《传习录上》）。

隐藏在以上讨论背后的是获悉圣人之道在自我的结构中可以找到，因为"理"不仅植根于人性，而且也包含在人心中。心即理——王阳明和陆象山都是这样主张的——提供了以下争辩的哲学基础：成圣之途只涉及内在自我转变的全部过程。"知行合一"作为对朱熹"格物"诠释的回答，就可以理解为是这一过程有效性经验上的确证，坚持主体性作为统一和创造的原理必然涉及主观主义的问题，这便引致王阳明第二个重要的启发性教旨："存天理，去

---

[9]《年谱》之五十一岁第二月条下，收于《全书》，卷四，120页。
[10]《传习录中》，收于《全书》，卷一，35页。

人欲。"

四

　　王阳明在提倡"知行合一"之后不久，又提出了"静坐"以作为探讨"性体"的方法，这可以和禅宗的经由自我知觉的直接经验以显示内在佛性的实践相比较。但是，没过多久，他就改变了他的学说。后来他十分后悔自己曾一度过分强调了完成修身的静坐方法。时至 1514 年春天，他已从根本上重新调整了他的教学方法，并把注意力集中在"存天理，去人欲"这一教旨上。[11] 这样，就产生了一个重要的问题：为什么静坐——一种内在精神自我修养的形式——不能被当作一种合宜的成圣工夫？换句话说，如果自我的结构足以实现内在的圣，那么，还需要些什么去彰显植根于人性的东西呢？如果我们把社会的、政治的或心理性质的解释抛在一边，答案看来就在王阳明对自我的看法中。

　　我们已经指出，在王阳明的哲学里，人的教旨论之存有是与他的实存上的变化过程互相依附的，它们事实上代表了人的实在不可分割的两个层面。因此，从本体论上讲，"自我"足以实现内在圣性的主张，不必然意味着即使没有实践的努力，人在实存上也能够自动地成为他应该成为的人。事实上，为了使内在的圣性成为一个被经验到的实在而显示出来，不断地自我修养则是必要的。当然，静坐本身是一种修身的形式。问题的关键是，究竟哪一种修身才和自我实现最为契合？

　　让我们扼要地重述一下先前的一段讨论。虽然"知行合一"之陈述，目的在于对朱熹"格物"诠释的批判，但是王阳明从未试图

---

[11]《年谱》之四十三岁第五月下，收于《全书》，卷四，91 页。

抛弃整个"格物"之实践。相反，他花费了不少心力，试图以《大学》中的所谓八条目来恢复他所理解的"格物"的真实含义。王阳明力图用他自己将"格物"解释为调整人类事务的说法，来代替朱熹研究事物的"格物"概念。表面上看，这仅仅是另一种对古代文献的不同的语言学解释，然而，隐藏在这种变化之后的是一种新的关于自我看法的出现。对王阳明来说，《大学》里所讲的自我实现的五个发展阶段组成了八条目的"内在层面"，它们代表着一个统一的过程，而不是一系列分离的学习阶段。和朱熹不同，他注意的焦点不是牵涉的特殊技能，而是经由一段内在反省过程所觉察到的个人实存的自我性质。在这个意义上，他认为"察之于念虑之微"是一个比朱熹所指导的那些形式的修身更为深刻而切题的工作。[12]

有人认为，既然王阳明极为重视内在反省，那么，静坐应当被看作一个重要的"格物"方法。这种看法是不正确的。实际上，在王阳明新的看法中，一个人是否静坐是无关紧要的。真正的论题在于"诚意"。只要一个人意志真诚，这就意味着他忠于他的真正自我，即令没有静坐，他的本体之质也将会得到保存。相反，如果他尚未决定要忠于他内在圣性的原来意图，那么，像静坐这样的工夫本身不会带来一个根本的转化。认真分析王阳明学说中关键性的一段话是有必要的："身之主宰便是心，心之所发便是意，意之本体便是知，意之所在便是物。"（《传习录上》）

---

[12] 工阳明说："文公格物之说，只是少头脑。如所谓'察之于念虑之微'，此一句不该与'求之文字之中，验之事为之著，索之讲论之际'混作一例看，是无轻重也。"这句话见于《传习录下》，收于《全书》，卷一，82页。关于英译，见陈荣捷：《传习录》，204页。关于这个论题阳明有一简短的叙述，见他的"答友人问"，收于《全书》，卷二，48—50页。唐君毅曾有一文批评阳明攻击朱熹之事，见唐氏著：《中国哲学原论》（香港：人生出版社，1966），卷一，321—323页。朱子的话见于他的"大学经筵讲义"，收于《朱子大全》，卷十五，16页上—下。

这段话的内在结构是四种相互关系，它们中的每一种都代表了自我的一个重要方面。它们是：身与心的相互关系，心与意的相互关系，意和知的相互关系，意和物的相互关系。我们不难看出在这个关于自我的系统陈述中"意"的中心地位，议也就是王阳明坚持要回到所谓《大学》古本上的根本原因。在这个"古本"中，"意"似乎比朱熹修改过的本子占有更为突出的位置。

王阳明的理解或许可以用图表展示出来。首先，身不是外在于心的，因为身是心的所在之处。然而，因为心是身的主宰，那么，心可以把身看作意之物。其次，心的指向是意，它是心的表现。再次，知在这个意义上指心的本来意识。基于以上所述，它是意的本体。最后，物也不是外在于心的，因为心的意向是由物引起而确定的。

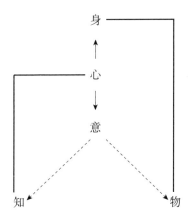

从王阳明的话可以看出，这四种相互关系实际上指的是修身的统一过程。耳、眼、口、鼻和四肢是身的组成部分，但是只有与心发生关系它们才能听、看、说或行。同时，心要依赖感觉器官的功能以满足它自己的听、看、说或行的需要。身作为肉体存在是心居住的地方，但心却向身发布命令。意是心的功能，作为心的指向，它提供了本体（知）和它的意念对象（物）之间的连接。

根据以上所述，诚意是指使意忠于心的真正意向的一段过程，这样的过程必然包括对意念对象的矫正和对心本体的洞察。因此，这与修身的过程以及调整心灵的过程是一致的。这就是为什么王阳明不断地谈论，"只是一件，意未有悬空的，必着事物，故欲诚意，则随意所在某事而格之"（《传习录下》）。

王阳明把重点集中在诚意上，因此把"格物"看作一个能动的过程，经由这个过程，人的存有论之存有在他的实存变化中彰显出来。特别是这个过程被理解为一双轨行动，同时有两个方面的实践：一方面是存天理，另一方面是去人欲。

天理这个词是王阳明从程颢那里继承来的[13]，它指人成为他应该成为的人的最终基础。天理表现如下意念：人性的本体论实在和心灵中的圣性是"自然如此的"。要保存天理，一个人应该注意他的"原始形象"，使之免受损害。如果天理自然就在他心中，那么是什么东西引起他对保存天理的关注呢？他应该根据什么来保存它呢？这就把我们引导到人类欲望的问题上来了。

除了经常使用的"人欲"以外，许多其他的词也被用来说明这个受到关注的领域，如私欲、物欲、私意等。根据王阳明对人的看法，人的欲望首先应该被理解为那些易于阻挠和扭曲人成为他应该成为的人的力量。在这个意义上，阻挠意味着一个消极的限制，扭曲意指一个积极的赝造。于是，去人欲是指消除那些不但限制个人真正自我全面发展，而且曲解人的本义与真正本质的东西的过程。

---

[13] 见王阳明与马子莘书，收于《全书》，卷二，55页。

要广泛分析王阳明的人欲理论，需要先对宋明儒学家"恶"的概念有所说明，这当然在我们直接的关注之外。我们现在只要把注意力集中在一般争论的两个方面——习气和自私上就足够了。前者既指惰性又指日益衰弱的抵抗力，后者指人的感受性的严重瘫痪。当一个人被习惯力量束缚时，他完成自我成长的创造力将受到很大的限制。尽管他内在的圣性还在，但渴望真诚和真实的意志会变得极为脆弱，以致他的存在状态实际上已经变得身不由己了。自私更具破坏力。它不仅仅是病理学上孤立状态的一种形式，而且在孤立的自我中，它萎缩成仅知人类基本需要的极小的范围。用《孟子》里的例子来说，这就像牺牲了人的整个身体来保全手或指。

在王阳明的学说里，"去人欲"和"存天理"代表了同一过程不可分割的两面。"存天理"就是"立诚"[14]，它指保护个人本体论存有的真实性，这样的行为有赖于人克制人欲的能力。当一个人真正控制了自己，用王阳明的比喻来说，人欲的苗头就会像热炉中的雪滴一样。同样，"去人欲"不仅仅是达到目标的手段，它也是一个持续不断的自我纯化过程。王阳明说，"格物"作为纠正人意向的一种方法，必须在学习发端到圣性完成的实践中去体现。因为从存在意义上说圣性是永远不能完成的，所以，"格物"事实上是一个永不停止的修身过程。这样的过程不是人性的分离而是回归，因为人刈除习气和自私力量的能力之源存在于他自己的心灵之中。

从本体论上讲，心灵是天理的情感表现，而天理是心灵的本体，它们是绝对不可分割的。但是，从存在上讲，当心灵遇见一样东西时，在其欲求的对象上它面临着被固定化的危险。如果被对象固定化的时间延长的话，那么，心灵将因事物惰性之影响而逐

---

[14] 见王阳明的第五封《与黄宗贤书》，收于《全书》，卷二，7页。

渐"物化"。当这种事情发生时，天理将失去其作用。这样，对于自我实现至关重要的动力和创造性将不会产生，心灵的本体就被掩蔽了。尽管在本体论上心灵与天理是同一的，但是在日常事务的活动中，心灵可能在存在上被人欲控制。这样，它的正常功用就被阻挠和扭曲了。因此，"去人欲"就是恢复本体以及矫正心灵的功用。这样的努力与"存天理"是完全一致的。在这个意义上，王阳明极力强调天理和人欲是势不两立的，对前者的保存必然是对后者的排除。

王阳明坚持天理和人欲之间的对立可与古代将道心和人心（小人之心）加以区分相比拟。[15]前者外延广大，并且性质真实，后者范围狭窄，并且是心之本体的虚假呈现。人欲含有某种吊诡的意思：它们不具任何人性特质，因为它们代表了心灵自私的表现，它们的出现已经阻挠和扭曲了心灵之真正意图，这意味着心灵在存在上已和本体分离了。当心不再依循本体而动时，用程颢的话来说，植根于心灵中的人性可能已经麻木了。我们上面曾提到，人欲就是私欲，它们不是要实现自我，而是要毁灭自我。从这个角度看，"存天理，去人欲"的目的是刈除自私以保存真正的自我。

五

1521 年，王阳明正式提出了"良知"这一教旨（意为天赋的知识、良心的智慧、对善的直觉知识、良心的意识，或仅仅是善的

---

[15] "人心"，按字面上说，应该意指人的心灵。然而，在目前的语境中，使用"人"这个字而不加任何解释，是极易招致误解的。事实上，在这种特殊状况下我所使用的解释（小人）和这个词语的原始意义毫无冲突。事实上，真正意味人的本体论存在的是"道心"。人心与道心有别，指的是私心，因而是小人之心。

意识）[16]，这是他提出"存天理，去人欲"的指导方法6年以后的事。"良知"与他"存天理，去人欲"的学说有什么关系呢？事实上，根据他的主体性的思想，"良知"的意思是什么呢？《阳明年谱》记载说，他是"体认"到天理，即植根于人心中的良知这一事实后，才提出了"良知"的概念。在他的"体认"之前，王阳明已反复教导他的学生经由个人经验的证实来体会天理的含义。但是，当一个学生问他天理真正指的是什么时，王阳明简直想不出准确的词来表明它的特殊指涉。因此，当他把天理指作良知的时候，他精神上极为快慰地说，事实上许多年来这个词一直就在那儿，仿佛就在他嘴边，然而他却无法把它明确地表达出来。[17]看来，一旦说出要说的词并作出正确的指认，体验就像突然迸发的洪水一般，势不可当。当然，关键不是口头上的指认，而是它的体验基础。不过，当天理被解释为良知时，这意味着什么呢？

我们已经阐述过，"知行合一"是以"心即理"为基础的。我们也注意到"存天理，去人欲"立基于理是心之本体之信念。王阳明采用了孟子经典的"良知"概念来表示天理的特征，这当然不意味着阳明有意背离以上提到的两个教旨。他的"良知"观念实际上代表多少主体性的新见解呢？当然，这涉及许多无法言说的认识论和本体论上的问题。不过，现在把我们的注意力集中到两个互相有关的问题上就够了，即"良知"的内在性和普遍性。

虽然"良知"与感官和理智有密切的联系，但是它既不是感官知觉，也不是概念理解。然而，如王阳明已指出的，"良知"是天

---

[16] 实际上要理解"良知"的含义有相当大的困难，这一点从不同的人有不同的英译（诠释）中可以看出，如陈荣捷译为"内在知识"，方东美译为"良心智慧"，倪德卫（David S. Nivison）译为"善的直觉知识"，唐君毅译为"良心知觉"。在个别场合，也有译为"好的良心"的。事实上，良心有时和良知可互用。

[17]《年谱》之五十岁条下，收于《全书》，卷十四，125页。

理的"昭明"和"灵觉"。天理是心的本体，那么"良知"就表示心的情感和认识层面。作为昭明，"良知"是一种凭借自我生成的"智的直觉"紧扣最终实在的敏锐洞察力。[18]作为灵觉，"良知"是一种凭借自足的"人类宇宙性情感"而包容整个宇宙的无所不容的感觉力。因此，良知不是一种内化的价值，它不是可以学习到的东西。"良知"也不是从神秘的源泉，如完全超乎人类结构的"全然的他者"那里产生出来的。确实，"良知"不能完全没有经验的知识，但是它是绝对独立于宋明儒家共同指称的"见闻之知"的。因此，在王阳明的哲学里，"良知"应该被理解为人最深的和永久不变的实在。这也是每一个人的内在圣性永不会完全丧失的最终原因。

不过，尽管有内在性（这与任何形式的主现主义是尖锐对立的），但是"良知"必须被"扩展"。实际上，"良知"的扩展就是为了它的自我实现。这样的思维途径需要一些澄清。尽管"良知"被看作人最深的实在，但它不仅限于人类，或仅限于生物界，因为它是天、地及万物的最终实在。事实上，"良知"作为一个概念是不能加以限制的。它的适应性在下面的陈述中生动地显示出来："夫良知一也，以其妙用而言谓之神，以其流行而言谓之气，以其凝聚而言谓之精。"（《传习录中》）我们还可以看到它的普遍性：

> 人的良知就是草、木、瓦、石的良知，若草、木、瓦、石无人的良知，不可以为草、木、瓦、石矣。岂惟草、木、瓦、石为然？天、地无人的良知，亦不可为天、地矣。盖天地万物与人原是一体，其发窍之最精处，是人心一点灵明。（《传习录下》）

---

[18] 这一词借自牟宗三。见他极具原创性的著作《智的直觉与中国哲学》（台北：商务印书馆，1972）。

正是在这个意义上，我们说人之所以为人，不仅仅在于他拥有良知，也在于他有能力扩展其良知，使之包容整个宇宙。在《大学问》里，王阳明以人与宇宙万物之间一系列共情的交往来界定人性。人性的作用在于他的精神感受和对爱的关注会将他和整个宇宙联系成一个有机统一体。要彰显人性，或者要实现他心中的圣性，就是要体验他自己的存在和他的人类同胞的存在之不可分，和动物界的存在之不可分，和树草之类的生物存在之不可分，甚至和瓦石等无生物的存在也不可分。根据王阳明的理解，人和宇宙中所有存在的原始统一既不是一个可成就的境界，也不是一个可欲求的理想，它本质上是一个体验到的和经历到的实在。这就是人的本体论。因此，在很大程度上表现其人性的伟人和在有限程度上表现其人性的能者之间的区别，不在于人的存在，而在于从实存状态而言他已成为什么样的人。再回到先前的论点来看，受限制的人变得渺小不是因为他心中的圣性的限制，而是因为圣性已受到其私欲的"掩蔽"。当人性消失后，不论他的存在如何，从实存状态上而言，他可能已变成了一个非人性的人。

正是在这个意义上，王阳明把教育的工作集中在人"怎样"在当下存在的环境中成为圣人的问题，他自己很少系统地阐释他的学说，因为他知道缺少直接自我转化工夫的概念分析可能会变成某种形式的主观主义。如果私欲不铲除，人性的真正显示是不可能的。只要私欲根除，人的"良知"也将自然显露。这里我们碰到了一个非常有意思的关于人类处境的观念。人在本体论上是"与天地万物为一体"的，然而在具体经验中，他知道，使他得以成为他应然的实存过程必须遵循一个有分化的关系结构。虽然这样一种关系具体地表现了人的存在的有机统一性，但是，它可以在理智和经验上限制甚至破坏自我实现。例如，关注自我是一个人存在的具体表现，但是，如果个人的自我关注被固定在自我的主观结构中，那么很容易变成利己主义，这种情况是人性中麻痹性的限制。同样地，孝道会变成一种裙带关系，对祖国同胞的爱会变成一种种族优越感，甚至对人类的爱也不能逃脱人类本体论的危险。因此，"去人欲"意味着让人从被限定的虚假的人性观念中解脱出来。的确，人的感觉和关心只能在一种关系的形式中表现出来，但是在人存在的特殊时际，个人的关系可能是一种主观依恋的形式，亦可能是一种自我实现的表现。"良知"的功用在于区别私欲与天理。一旦做了这样一个区别，它就自然而然地按照自己的领悟去行动。作为心灵原始意图之虚假表现的主观情感必须铲除，只有这样，内在的圣性要求才能实现。

总之，人之所以能与宇宙万物产生精神上的沟通，是因为在本体论上他与天、地和万物形成了一个有机统一体。但是，要表现心中所固有的圣性，他必须经历自我实现的具体道路。这条道路一方面包含了一种分化关系的相关性；另一方面包含了一种感性和关怀的多重结构。因而，人主要的任务是实现这样的关系而又不受它任何有限形式的制约。只要人能够从自私的欲望中解放出来，其全部潜在的"人性"将会扩展开来。而他能够超越主观主义的阻碍和扭曲力量的最终依据，是他自己的"良知"。

早在1505年，其时王阳明刚刚30岁出头，他便与湛若水达成了传播儒道的"默契"，了解这一点是颇有启发性的。湛若水在次年写给王阳明的诗中提到，当时他们两人都信奉程颢的学说"仁者以天地万物为一体"[19]。因此，主体性（良知）与本体论实在（天

---

[19]　程颢：《识仁》，收于《二程遗书》，卷二上，3页。有关历史的叙述，见湛若水：《阳明先生墓志铭》，收于《全书》，卷四，224页。

理）的同一，作为王阳明思维方式确定的特征，是深深植根于一种独特的"人类—宇宙"的体验之中的。

在这样一种经验中，主体性根本不同于主观主义。这里包含有一系列的假定。第一，作为内在的圣性和真实的自我，主观性代表了真正的人性。第二，虽然在实存上它的具体表现可能会被阻挠和扭曲，但在本体论的意义上真正的人性是不能削减的实在。第三，尽管它是自给自足的，但不可缩减的实在总是能产生原动力和创造性。第四，纵使动态的和创造的力量不会从"无"中产生任何东西，它也能引起一个自我实现的过程。第五，虽然有实践上的困难，自我实现的过程最终必然导致天理的完全彰显。第六，作为本体论实在的天理是心的本体，而作为纯粹主体性的心的本体又必须加以扩展，以彰天理。

王阳明四句教考

　　在这篇探索性的论述中，我将证明由王阳明的一位真传弟子所诠释的四句教非常接近于禅宗精神。这当然就引起了一个有趣的问题，"王阳明的思想中具有多少佛教的成分呢？"尽管我对王阳明的精神取向做一般性的解释工作，但我将把着重点放在对四句教哲学含义的分析上。虽然我仍然认为王阳明清清楚楚地经由自觉的选择而献身于儒家之道，但我现在确信要对王阳明的思维方式进行精密的评价，也需要研究他与禅宗的关系。我认为如果没有这样的研究，要探索王阳明学说的微妙之处，是不可能的，特别是1527年他启程去思恩和田州之前的那些思想。现在我把注意力集中在王阳明宗教性哲学这个方面，这当然并不意味着我排除一种可能性，即在其他方面他可能受到道家思想更深的影响。王阳明曾数次企图有系统地陈述他的思想，我这里主要关心的仅仅是最重要的一次，这次，在我看来，特别能够说明他的禅宗式的智慧。

　　"心体"、"意"、"良知"和"物"是否都在善恶区别之外的问题是王阳明两个杰出的学生钱德洪（号绪山，1496—1574）和王畿（号龙溪，1498—1583）之间争论的焦点。整个论点集中在王阳明有名的四句教上[1]：

> 无善无恶是心之体，
> 有善有恶是意之动，
> 知善知恶是良知，
> 为善去恶是格物。

钱德洪认为四句教是老师的学说以四个原则的形式呈现。而王龙溪则怀疑它是不是王阳明关于这个问题之观点最后的系统的阐述，他认为，一方面，如果心体无善恶可言，那么，意、知和物也应该无善恶可言。另一方面，如果意有善恶之别，那么心体也必定有善

---

[1] 钱德洪曾对四句教的原始争论过程有生动的叙述，收于《传习录》中。因为我目前研究的主要分析焦点是在王龙溪的诠释立场上，所以把钱所认为的讨论过程全部引出似乎并不适当。以下就是这段记录的原文：

"丁亥年九月。先生起复征思田。将命行时。德洪与汝中论学。汝中举先生教言曰。无善无恶。是心之体。有善有恶。是意之动。知善知恶。是良知。为善去恶。是格物。德洪曰。此意如何。汝中曰。此恐未是究竟话头。若说心体是无善无恶。意亦是无善无恶的知。物是无善无恶的物矣。若说意有善恶。毕竟心体还有善恶在。德洪曰。心体是天命之性。原是无善无恶的。但人有习心。意念上见有善恶在。格致诚正修。此正是复那性体功夫。若原无善恶。功夫亦不消说矣。是夕。侍坐天泉桥。各举请正。先坐曰。我今将行。正要你们来讲破此意。二君之见，正好相资为用。不可各执一边。我这里接人。原有此二种。利根之人，直从本源上悟入。人心本体原是明莹无滞的。原是个未发之中。利根之人。一悟本体。即是功夫。人已内外一齐俱透了。其次不免有习心在。本体受蔽，故且教在意念上实落为善去恶。功夫熟后。渣滓去得尽时。本体亦明尽了。汝中之见。是我这里接利根人的。德洪之见。是我这里为其次立法的。二君相取为用。则中人上下，皆可引入于道。若各执一边。眼前便有失人。便于道体各有未尽。既而曰。已后与朋友讲学，切不可失了我的宗旨。无善无恶是心之体。有善有恶是意之动。知善知恶是良知。为善去恶是格物。只依我这话头。随人指点。自没病痛。此原是彻上彻下功夫。利根之人。世亦难遇。本体功夫。一悟尽透。此颜子明道所不敢承当。岂可轻易望人。人有习心。不教他在良知上实用为善去恶功夫。只去悬空想个本体。一切事为。俱不着实。不过养成一个虚寂。此个病痛。不是小小，不可不早说破。是日。德洪汝中俱有省。"

陈荣捷的译文，见其《传习录及王阳明其他新儒学作品》(*Instructions for Practical Living and Other Neo-Confucian Writings by Wang Yang-Ming*, New York: Columbia University Press, 1963)，243—245页。必须指出的是，为求内在的一致，在我的文章中，四句教的英译有所不同。

恶之别。王龙溪的论点指出了干阳明宗教性哲学的一个基本问题。

应该注意到，在四句教之后有一套假定存在，它们最早出现于《大学》。事实上，四句教在结构上可以比作《大学》里八条目的前四个"阶段"[2]。在另一篇研究文字中，我把它们描述为修身的"内在层面"，以和齐家、治国、平天下的"外在表现"相对照。组成这前四个阶段的是格物、致知、诚意、正心。如果我们把注意力集中到中文的措辞上，很清楚，这些关键性概念与四句教的概念——心、意、知、物——是同一的。因为王阳明认为格物就是正物，致知就是致良知。《大学》里四阶段的解释意义和四句教的解释意义事实上是完全相同的。还应该注意到的是，从历史上的观点看，四句教教旨出现在王阳明《大学问》问世的那几个月[3]，这就进一步暗示了它们之间必定有密切的关系。

为了把讨论放置在它原来的背景中进行，我们须注意力更集中到王龙溪的解释观点（见解）上来，这是很重要的。下面一段引文看来特别有相关性：

> 夫子立教随时，谓之权法。未可执定。体用显微，只是一机，心意知物，只是一事，若悟心是无善无恶之心，意即是无善无恶之意，知即是无善无恶之知，物即是无善无恶之物。盖无心之心则藏密，无意之意则应圆，无知之知则体寂，无物之

---

[2]《大学》的八条目过程是："古之欲明明德于天下者，先治其国；欲治其国者，先齐其家；欲齐其家者，先修其身；欲修其身者，先正其心；欲正其心者，先诚其意；欲诚其意者，先致其知；致知在格物。"英译见陈荣捷：《中国哲学资料书》(*A Source Book in Chinese philosophy*, Princeton: Princeton University Press, 1963)，86 页。

[3] 据钱德洪《大学问》序，这段文字是阳明即将征思田之时应学生之请而记录下来的。皇帝诏令于 1527 年 5 月抵达，而阳明于同年 9 月启程，因此这段文字的记录肯定发生在关于四句教辩论的几个月之中。见阳明之年谱，收于《阳明全书》(四部备要)，卷三十四，16—18 页。

物则用神。[4]

王龙溪的论点可以经由探索心本身而获得理解。如果我们用"心"的概念作为我们的出发点，那么，我们必定会得到关于"意"、"良知"和"物"的含义的一些明确观念。"心之体"常常被译作"the substance of the mind"（心之实体），新亚书院的牟宗三教授建议最好译成"mind-in-itself"[5]（心之本身）。其理由之后会逐渐清楚。

主张心体在善恶之外的看法，是主张善恶这样的概念实在不能运用于心的"实在"之上，因为这样的心不能被分化成具体的实在物，而后包含在一相对的范畴之下。认为人心充满私欲并相当危险地有为恶的倾向，这当然有理可说，并且这并不仅仅是朱熹的传统看法。但是，认为心体不是善就是恶的看法，意味着否定它是"至善"的根本假定。[6]把至善看作善的一种形式意味着用一个两分架构使一终极概念相对化，这虽然并不会像"恶心之体"观念这样荒谬，但它也是一种误导。

为了方便起见，我们或许可以把这种理解心的途径界说为"否定"的方法：让心处于一种无的状态。但是，说心处在一种无的状态不是说心被界定为本体论上的非实在。关于心体是最终的实在，还是归根结底是一种虚无，这个问题这里暂且不涉及。问题在于，既然有了心体的先验性质，用什么模式来理解最合适？假设心体是最终实在而不是虚无，那么，它就一定是善、是恶，或者只是中性

---

［4］《王龙溪语录》（重印本）（台北：广文书局，1960），卷一，1页上。

［5］牟宗三：《王阳明的直接继承人：王龙溪和他的"四无"理论》，《东西哲学》（*Philosophy East and West*），卷二十三，第一、二期（1973年1月—4月），104页，脚注②。关于同一论题，牟宗三有更为广博的分析，见其著：《王学的分化与发展》，收于《新亚书院学术年刊》，卷十四（1972），93—94页。

［6］事实上这一词语是王阳明本人所使用的。见《传习录》，收于《阳明全书》，卷一，2页下。

的吗？照王龙溪的说法——他的观点在这里与四句教第一句完全一致——用这类措辞来描述心体是无意义的，因为只要这样做了，心体就不适当地被理解为经验上的心了。

经验上的心在具体形式中表现自己，而作为实体存在的心体，从不在具体形式中表现自己。对于心体来说，具体的形式成了不必要的附属物，它们既不表示心的存有状态，也不表示心怎样真正地发挥作用。在这个意义上，王龙溪把心体界说为没有心的形式而能表现它自己的心。当然，无心之心在语法上可以译为"the mind of no-mind"[7]。但是，非常重要的是，要注意到"无心"在这儿特别指心的一种能力：它可以发挥作用，但却不具任何"有心"的作用痕迹。因此可以理解为，这样的心是超越善恶对立的。

我相信，这样设想出来的心体与王阳明其他学说的思想是完全一致的。王阳明曾经说过：

> 然不知心之本体原无一物，一向着意去好善恶恶，便又多了这分意思，便不是廓然大公。书所谓"无有作好作恶"，方是本体。[8]

除此一例外，我们还可以找到其他可相比拟的例子，来表示王阳明也使用了"否定"的方法来研究心体。王阳明有一次用一个类推来证明他的观点。他认为，心体像眼睛一样绝对不能容忍丝毫灰尘存在，无论灰尘的性质怎样，都一样。金子或翡翠的灰尘（金玉屑）同其他任何种类的灰尘一样都会伤害眼睛，同理善与恶的意念

---

[7] 这个词一直被张仲元译为"the mind of no-mind"，见其《王龙溪哲学中主体性的基本泉源》（"The Essential Source of Identity in Wang Lung-hsi's philosophy"），《东西哲学》（*Philosophy East and West*），卷二十三（1973），37页。

[8] 陈荣捷译：《传习录》，77页。我做了一些改变。

同样会伤害心体。[9]简言之，王阳明认为心体没有任何善或恶的痕迹，只有这样，它才能被认为是"至善的"。

同样，"良知"也可以被认为是超乎善恶的。王阳明认为，"良知"不但是自我实现的最后根据，而且是修身的基本力量。它不仅仅是作为一种认知的形式而"知"，而且也是"行"，这种行是一种经验性的启发，必然导致最深层的自我转化。这样设想的"知"，当然不限于经验知识，无论感官知觉被认为有多全面而广泛，它都不只是去认识客体。从事认识客体就预先假定了主体与客体在认识中的空间距离，以及认识程序的开始与完成之间的时间间隔。它需要分析的方法和实验的技能。当然，它也能够影响人的生活方式。但是，良知的知（体认）本身就是一个创造性的行动，它是真正的行动能够完成的基础。同样，"行"在这里也不仅仅是实际运用。它既不是外在技能的练习，也不是养成的习惯表现。"良知"的行必然包含着更加深刻的自我认识。因为只有这样，真正的知性的自我定义才能实现。知与行的合一是良知的规定性特征之一。

这必然使我们得出"良知"既是一个实体存有、又是一个转化活动的推论。它一方面是感觉性最深微的核心，另一方面是修身力量最深刻的源泉。"良知"绝不是外在的抽象观念，它以一个内在的具体实在，事实上更是以创造的中心来表现自己。当然，"良知"没有和感官知觉相分离，但也不能仅仅以日常经验的意义来完全理解它。它所谓的"完整性"（integrity）绝不能化约为宋明儒家学者们所说的"见闻之知"。很可能就是在这个意义上，王阳明把"良知"视为"造化的精灵"[10]。实际上，"良知"不仅仅是限制在人的

---

[9] 见《传习录》，卷二，26页上。
[10] 陈荣捷将同一词英译为"the spirit of creation"。见陈荣捷译：《传习录》，2—6页；及《传习录》，卷三，26页上一下。

界说领域之内的人类学概念，它同时是万物的最终实在。的确，良知使天和地能够变为可以理解的和有意义的存在过程。因此王阳明把良知叫作心的"本体"，总之，"良知"是心体的不同表达形式而已。因此，可以理解的是，良知绝不能设想为是善的或是恶的，因为像心体一样，它是至善。

如果心体超乎善恶，怎么能把"意"看成善的或恶的呢？在什么意义上，王龙溪有理由断言"若说心体是无善无恶，意亦是无善无恶"呢？根本问题当然是心和意的关系。一个回答是把意界说为心的意向。这样界说的意是一种激发，指向心的一种具体表现。意和心不可分离，就像波浪和海洋不可分离一样。如果海洋超乎善恶，那么，作为海洋自然表现的波浪本身有善恶之别，这样看来是非常令人迷惑不解的。因此，意像心体一样，也是一个先验的概念，所以王龙溪有理由断言，意既不是善的也不是恶的。同样，如果"良知"超乎善恶，怎么能认为物有善恶之别呢？这就产生了物与"良知"的具体关系的问题。如果物由"良知"产生，那么，"良知"产生的物却不是至善的，这是不可想象的。这条推理路线看来与王阳明学说是完全吻合的。

事实上，王阳明常常根据"良知"的自我表现来说明物的概念。可与心体和心意的不可分离性相比拟，作为"良知"具体表现的物，必然是"良知"自我定义的一个不可分割的部分。因此，王龙溪坚持认为，如果心无所谓善与恶，那么，物也无所谓善与恶，这同王阳明所明确宣扬的学说毫无冲突之处。王阳明的下面一段系统阐述是非常贴切的：

理一而已：以其理之凝聚而言则谓之"性"，以其凝聚之

> 主宰而言则谓之"心"，以其主宰之发动而言则谓之"意"，以
> 其发动之明觉而言则谓之"知"，以其明觉之感应而言则谓
> 之"物"。[11]

这里的整个讨论，明显是在先验层次上。根据王龙溪的见解，我们可以很容易证明"没有心之形式的心"，指心体统帅人性的方式，正是因为浓缩并且集中了的理深深保存在人性之中，所以心才可以说是已经"藏于密"了。同样，"没有意之形式的意"，指的是意表现及激发心的方式，因为意像海洋的波浪一样，作为心本身的内在要求自然地浮现出来，它的反应可以说是"圆而全"的。"没有知之形式的知"，指意敏锐地意识到自己方向的方式，如果意被理解为心的意向，那么，属于心的自我觉察的知识诚然可以被说是"体寂"。于是，"没有物之形式的物"，指的是良知在具体场合下活动的方式，当物作为良知的性质，而非一固定的客体时，它确实是"用神"的。

许多人都认为，王龙溪研究四句教的特征在于"四无"，换言之，四个根本的概念都被看作处于无的状态。要注意在这个特殊情况中，"无"是作为功能意义被定义的，这一点非常重要。在先验的意义上，它意味着心体、良知、意图和实物都摆脱了附属品的束缚。在修养心灵时，只有当我们不是"有心"地做出努力时，养心的工作才能完全实现。同样，当我们一点也不具意图地去彰显我们的意图时，这意图才是真实的。就像最深刻的"知"没有知识的痕迹一样，最完美的事物完全从物性中解脱出来。

但是，我们必须做一个严格的区分。心体和良知是绝对超乎善

---

[11] 阳明答罗整庵书，见《传习录》，卷二，28 页。参见陈荣捷译：《传习录》，161 页。

恶的，而意和物则可以用善恶概念来分析。虽然我们可以说心体之意和体现良知之物是至善的，但认为意和物永远超乎善恶则是困难的。即使在无的状态下，心体超越思虑的层次，也根本与所谓没有意图之意的层次不同。因此，良知的"不知"与物的"非物"毫无相似之处。虽然良知总是可以不以"知"的形式而"知"，但只有当物被设想为良知的性质时，它才具有无物性之物的特征。

但是，在实际的修身过程中，物常常被看作一个意欲的对象，可在一个具体的场合里定位。它既非没有内容亦非没有形式，物的可感性对于修身如此重要，以致否定它就损害了修身的自觉努力赖以集中的基础。依此脉络，可以说剥夺了一物之性，等于是放弃修身的整个计划。

这就把我们带到了这样一个基本问题上，即"物是什么？"如果它在概念上被看成是与良知不可分离的表现，那么，它当然可以被设想成一种"先验的性情"，完全超乎善恶之别。作为一种先验的性情，物终究是没有物性的。那么，"正（格）"的努力怎么可以被运用呢？"正"一件物当然不是"正"良知的先验性情，在良知本身上施加道德努力既非必要，也不可能。的确，我们能够且应该"致"良知，其本质正意味着自我彰显的过程。但是，认为良知之"致"或者彰显也必须隶属于"正"的过程之下，是会使人误解的。

然而如果物在概念上被界说为一个意欲的对象，它就不能避免善恶的评论，也不能免除道德上的检查。在这个意义上，修身的努力，即大家都知道的"正（格）"物，就有相关的实义了。从这方面来看，作为矫正心的意欲对象之基础而发挥作用的"良知"，其本身必须清楚地区分正确与错误之差别。需要"正"的物必然有物的形式，评价人类事务的良知不能去除知的形式。这样，处于存有状态的物与良知都不能超乎善恶，因为两者都"定位"在具体的关系之中。

同样，当意在概念上被界说为心体的意向时，能够进一步净化意是不能想象的。事实上，如果意终究没有意向性，使意真诚的努力如何能运作呢？但是，如果意被认为是由一对象所唤起的，那么我们就必须对被唤起的意，参照它的意图对象而加以评价。自我修养，作为使意志真诚的努力，立刻就与之相关了。要使意真诚就要发挥自觉的努力，经由这自觉的努力，意最终就变得忠于心体了。从这个角度来说，心体本身也不是必然没有善恶之分的。带有心的形式的心必须选择善，这样意（尽管它附着于物）才能够保持为纯粹的、诚实的和正直的。

和"四无"相对照来看，这种研究四句教的方式就是众所周知的"四有"。换句话说，这四个根本的概念都被认为处于存有状态。因为物有它自己的具体结构，不是必然处于正确的位置，所以就需要正物。于是，道德努力就是"去恶为善"的先决条件，这样，意的对象就会被安置于恰当的位置。这有赖于良知区别善恶的能力。良知，具备了知的形式，本身必然固定在一明确的功能之上。如果我们依循这条探索路线，只要意一动，善恶就不可避免地产生了。尽管我们断言心体是至善的，但就实际的道德实践而言，心也需要经常加以"修养"。

如果我们以正物为修身的开始，那么便可以把四句教定义为一个追求深化的主体性过程。第一步，从正物到良知，是综合自我修养的具体事件，以达到全面地对所有道德努力都赖以产生的"智的直觉"（intellectual intuition）的理解。下一步，虽然作为知的形式的良知是对已完成事实的反省，意却指产生具体活动的最初倾向。因此，了解植根于意的活动之中的善与恶是一种更微妙的修身方式。最后，最终决定一个人存有性质的是心的"实质"。除非道德努力最终能够渗透到人的主体性的最深层面，否则，修身仍然是不完全的。因为在实际意义上，总存在着让个人内在主体性进一步纯化的范围，所以朝向更深的主体性发展的过程就是永无止境的。

强调修身是一个终身奉行的任务，指的是一种逐步的、一点一点积累而成的渐悟之教吗？其答案是否定的。因为修身的实际官能和最终基础是良知。修身从正物开始，这是因为良知经由辨别善恶，能够发挥道德努力去行善去恶。既没有外在原理指导道德实践，也没有外在力量发动道德实践，修身的存有论基础和真正力量是内在于良知之中的。而且，如果修身从意的活动开始，那么，使得意诚的最终基础和真实官能都能存在于心体之中。事实上，通过道德努力调整意的最初倾向的唯一可能性在于心的自我觉醒。没有这个觉醒，由外部刺激而生的意将会逃避个人内在感受性的道德检查。这样，意不再是心的忠实表现，而是外部对象的附属物。

这样构思的四句教可以解释为它表示了两个平行的过程：一是从物到良知，二是从意到心体。在任何一种情况中，中心问题都尖锐地集中在心的微妙表现上。在这个意义上，正物、致良知和诚意都是修心的方式。用王阳明自己的话来讲，这是一个"拔本塞源"[12]的尝试。如果我们严肃思考这条进路，王龙溪对所谓"四有"的批判就容易理解了：

> 天命之性，粹然至善，神感神应，其机自不容已，无善可名。恶固本无，善亦不可得而有也，是谓无善无恶。若有善有

---

[12] 阳明答罗整庵书，见《传习录》卷二，28页。见陈荣捷译：《传习录》，117页。

恶，则意动于物，非自然之流行，着于有矣。自性流行者动而无动；着于有者动而动也。意是心之所发，若有善有恶之意，则知与物一齐皆有，心亦不可谓之无矣。[13]

应该指出，王阳明本人也有同样的主张："无善无恶者理之静，有善有恶者气之动，不动于气，即无善无恶，是谓至善。"[14]由钱德洪记录的王阳明与王龙溪之间一段非常有意思的对话，进一步说明了这段话必定是他们双方都同意的观点：

先生起行征思田，德洪与汝中（龙溪字）追送严滩，汝中举佛家实相幻相之说。先生曰："有心俱是实，无心俱是幻；无心俱是实，有心俱是幻。"汝中曰："有心俱是实，无心俱是幻，是本体上说功夫；无心俱是实，有心俱是幻，是功夫上说本体。"先生然其言。洪于是时尚未了达，数年用功，始信本体、功夫合一。但先生是时因问偶谈，若吾儒指点人处，不必借此立言耳。[15]

王龙溪对王阳明的理解确实是非凡的，似乎有点超出王阳明弟子中最受信赖及最受尊重之一的钱德洪的理解。他们之间惊人的默契，可以在《传习录》中许多其他的例子里得到证实。当然，王阳明与王龙溪都共有的内在体验是本体与自觉努力的绝对统一。但

---

[13] 这是脚注[4]所提龙溪的话的下文。见《王龙溪语录》，卷一，1页上一下。
[14] 《传习录》，卷一，22页上。见陈荣捷译：《传习录》，63—64页中的英译。
[15] 《传习录》，卷三，26页下。参考陈荣捷译：《传习录》，258页中之英译。在龙溪的传记中，关于这次特别的交谈，下面的话语被记录了下来："心非有非无，相非实非幻。才着有无实幻，便落断常。辟之弄丸，不着一处，不离一处，是谓玄同。"见《王龙溪先生传》，收于《王龙溪语录》，1页。

是，这种统一可以从两个重要的不同观点来加以体会。如果自我修养从心体开始，本体就需要自觉努力，这就是众所周知的先天之学的一种形式。因为"正"心，作为追寻顿悟的整体尝试，不是在经验上可以加以定义的。在这个意义上，"正"的概念基本上不同于"正物"的概念。"正物"是在意欲的对象上发挥自觉的努力，但是"正"心只是表现它的本体。因为心，作为最深的主体性，绝不能作为一个客体来"正"，所以，正心实际上意味着心的自我觉醒。一旦心体完全觉醒了，意就变成了"自然流行"，而作为意所驻足的物也就恰当地得其所处。这当然不是经验意义上的学习，严格说来，它甚至是不可学的。因此"有心俱是实，无心俱是幻"就是指心的自我觉醒。

另一方面，如果修身从意开始，那么自觉的努力对恢复心的本体来说是一个不可缺少但不充足的基础。这是众所周知的后天之学的一种形式。因为由物刺激而生的意必须借经验上可验证的道德决定而使之成为诚挚的。如王龙溪所指出的那样，当意不再是一个"自然流行"时，它就成为附着于存在的一种状态。这样，它不能超越善恶之别。道德决定就成为需要，以便意从固定的物中解放出来，只有这样，它才能再一次成为心体的真实表现。这使得像正物这样的努力成为必要。实际上，为善去恶是诚意的一条具体道路。但是，在更深的意义上，除非"正"心，否则就没有意可诚的保证。说意诚依赖于心正，意味着在心上可以施展道德努力。表面上看来，这和我们前面讲的心绝不能作为一个客体来正的主张是完全相反的。确实，在先天之学里，说正心是没有意义的，但是在后天之学里，因为心是一个存有状态，它就不能没有形式。事实上，被正的不是心体而是心的形式。"无心俱是实，有心俱是幻"，因此指的是心自觉从自己的形式中解放出来的努力。

当然，王龙溪是有心实践先天之学的。他十分相信四句教的最终意义是要在没有心之形式的心里找到。事实上，心，而非有意的心，才是心体。这和"般若而非般若叫作般若"的思想相近。说王龙溪对王阳明的精神取向有了经验性的了解，而后能够将王阳明的四句教在逻辑上推展出来，这并不过分。应该注意的是，王阳明本人完全赞同王龙溪的解释，虽然他仍然坚持四句教最初提法的有效性。看来王阳明也非常清楚王龙溪企图把四个根本概念放置在无的状态中所具有的佛学上的含义。王阳明愿意回答王龙溪关于法相（dharma）是真是幻的问题，他实际处理这问题的方式，进一步说明了他并非不愿意面对佛教的思想。事实上，王阳明似乎已怀着极大的兴味用佛教的术语系统地阐述他有关宗教性哲学的见解。

因此，我对这样的断言不持异议：尽管王阳明早期在思想上自我定义为一个儒家信徒，但在他整个一生中，他还是深深地受到佛教思想的激励。他的四句教以及他与王龙溪的许多对话，说明了在他的宗教性哲学中，有一层面可以完全以禅宗为脉络加以很好地探索。我也不会坚称王龙溪为儒者，仅是因为他忠于阳明的精神取向。虽然我不能确定王龙溪"似禅宗"的智慧必然是他对佛教特殊爱好的表现，但我却绝对相信，和他的老师一样，他对明朝士大夫出于错误的理由，充满猜忌地反对佛教异端、捍卫儒道之举绝不会感到自在。钱德洪明显对儒家吸收佛教智慧很关切，但如果他像王龙溪那样敏锐地掌握了王阳明的教旨，那么他可能已经热情地投身于这种创造性的改编。

作为哲学的转化思考*

丁博（Ronald G. Dimberg）对 16 世纪中国士大夫何心隐做了一番内容扎实而有系统的专门研究。在这一研究中，他用三重关切来界定儒家的问题性："与社会关连的个体，作为人的终极潜能，怎样最大限度地实现这种潜能。"（第 1 页）在对整个儒家传统中个人完整性的维持和社会责任感的要求之间存在着永恒的张力做简短分析后，丁博非常有力地证明，虽然宋明儒学研究个体问题的处理方式本质上是与古典儒家相一致的，但宋明儒学大师们一心一意追寻"经由确定自己的人性而达到与万物同一，以此克服私欲"（第 11 页），他们这种追求在宋明时期的中国，根本地改变了"儒者"的含义。当然，在那个时代政治文化的影响之下，一个忧心忡忡的知识分子要放弃干涉时政，而专为精神的自我修养追求学问是十分困难的。经由考试进入官场，是一个必然和令人向往的实现儒家理想的途径，这是人们长久以来的信念。但是到了明朝中叶，这种信念发生了显著变化。

这种平衡发生转变的一个例子就是泰州学派的兴起。它显示

---

* 本文是对丁博有关研究的评论。参见：丁博（Ronald G. Dimberg）：《圣人和社会：何心隐的生涯与思想》(*The Sage and Society: The Life and Thought of Ho Hsin-Yin*)。《亚洲及比较哲学学会专论》，第一册（*Monographs of the Society for Asian and Comparative Philosophy*, No. 1, Honolulu: University Press of Hawaii, 1974），10—75 页。

出，在 16 世纪时"主体性"变得越来越重要。这个学派是以王阳明的一个杰出学生王艮的家乡命名的。王艮一心一意要在百姓日用中证明王阳明"良知"的教训，他辩称教育绝不是经验知识的积累，而是志在保存每一个个体之中最纯真的东西。因为每一个人都被赋予了"明哲"，能直觉什么是对于自我实现最适合的，所以个人，不论他的背景为何，最有资格承担"滋养他自己身体"的任务。这样，学习就是在各样灭绝人性的势力中自我确定的过程。然而，王艮对儒家传统的忠诚迫使他在寻求与人发生关联的背景中寻找内在真理。他拒绝直接参与政府事务的自觉选择，绝没有减少他承担促进社会福利的职责。当然，他苦恼而又深深地感受到政治上的疏离。但是，只要他的学说仍然是与社会相关的，他的表面上非政治的思想就包含着影响深远的政治含义。事实上，和许多常见的顺应尘世的形式相反，他所竭力成就的不仅是对现状的激烈批判，而且是从根本上重组既有评判政治价值的规则。尽管王艮没有系统地提出社会改革或经济改革的具体纲领，但他仍然能够对当时流行的政治术语的语法做出有意义的改变，依丁博之言，这是可以理解的。

我们说把"与万物同一"看作自我实现的最高理想，是这个"新"语言的一个界定特征，这恐怕不是牵强的说法。当然，当何心隐的教师颜钧根据这样的理想表达他"毫无顾虑的自我肯定"时（第 41 页），他仅仅表面上重述了张载著名的《西铭》里的教旨。但是，由于反复讲述这位宋朝大师特殊教旨的中心教旨，颜钧可能无意中强调了宋学的一个方面，这个方面当然一直是宋明儒家象征中的一个不可分割的部分，但绝不是它唯一重要的特色。当然，这绝不意味着颜钧或泰州学派的创建者王艮促进了这句独特惯用语的流行。这个现象发生的原因可能无法得到充分说明。但是，丁博把何心隐的事例放在泰州学派象征性结构的背景中，他这样的做法是有理由的。不熟悉徐樾和前面提到的王艮与颜钧等人在思想上的奋斗是为何，就不易理解为什么何心隐充分相信，他自己对当时狭隘的齐家观念——即地域观念的一种形式——的攻击，是《大学》的哲学意图的正确体现（第43页）。同样地，在相同思想风气的影响下，何心隐强烈地相信土地私有制的观念与孔子公平无私的精神是不相容的（第44页），并认为颁布一个普及教育的纲领是打击裙带关系的有效措施（第46页）。

如果允许我提出一个试探性的解释，我会认为，这种新的认知模式实际上促使何心隐在决定命运的1560年（据说他当时和张居正有过一场抗争）于北京组织了一个由士大夫组成的小集团以讨论王艮的学说，并组织了一个"知识分子会社"（即一种儒学会馆）（第48—49页）。丁博描述何心隐的性格特征是：具有"自由思想家好追根究底的性情"（第43页）。如果我们看重这种说法，那么，何心隐后来果然成了张居正反对独立学术活动和思想团体的"攻击目标"，便完全可以理解了。虽然"没有任何证据证明1579年对学校的镇压，和同一年对何心隐的逮捕之间有直接联系"（第53页），但是当何心隐用他最后一口气说张居正要对他的死负责的时候，他看来知道他所说之意何在。当然，"公平地说，应该强调的是，对张居正不利的证据，特别是在何氏之死这件事上，充其量只是间接证据"（第53页）。然而这里所涉及的争论并不是一个法律问题。

简短地分析一下何心隐主要著作《原学原讲》（丁博译为《论学习与讨论》[On Study and Discussion]）的思想可以帮助我们从一个恰当的角度来看待这个问题。

在王阳明的传统教学中，学习与讨论的重要性是显而易见的。王阳明本人曾一再用讲学（演讲与学习）的字眼来界定他对儒学的终身虔诚。因此，正是在学习与讨论中，王阳明发现了他在思想上的自我定义。但是，在严格的意义上，王阳明的"学习与讨论"，不仅仅是意在获取客观真理，而且是要变化自己的"身心"。所以，讲学的初步关切是启发学生去追求自我的知识。因为从本体论和人类学意义上讲，人的沟通有赖于自我的彻底彰显，深入探究一个人存在基础的过程是导向真正相关性的可靠道路。在这个意义上，"与万物同一"并不是需要否定自我的一种普遍化的形式。说得更恰当一点，只有在一个被经验到实在的主体性中，普遍主义（universalism）的基础才真正存在。超越任何褊狭形式的地域主义，或任何其他形式的主观主义，不是要否定主体性，而是要彻底实现主体性。这样，教育不仅仅是传授"见闻之知"的手段，它更是经由学习使人成为人的神圣道路。

在传统中国政治文化里，学习如何做人，被看作"仁政"最重要的任务之一。因而，教育本身带有影响深远的政治含义。如果泰州学派的追随者是有意识地力图传播根本上不同于当权者的教育模式，他们的做法必定会被官僚们解释为在政治和意识形态上反对王朝群臣。即使不把影响"公共舆论"的整个问题列入考虑，何心隐试图扮演"师"的角色的一贯努力，必然会促成他与王朝的直接对抗，这不是不可想象的。因此，尽管没有直接的证据，但当何心隐声称张居正要对他的死负责时，他绝不是信口开河。

那么，何心隐生活和思想的"哲学"意义是什么呢？在试图回答这个问题之前，也许值得指出的是，这个问题的存在就预先假定了中国哲学的研究中，有一个见解迄今尚未被有系统地加以反思。

当然，我们现在不是推测这方面有益的探索可能会得出的结果，而是只需要了解海德格尔关于让"思维"从专业化的哲学中解放出来的观念是与此相契的。如果我们认真考虑何心隐认为的儒家思想是一种生活方式而不是学院派训练的看法的话（第132页），那么，何心隐的哲学思维方式就可以被描述为"人在思维"。事实上，这样理解的哲学就不能被化约为纯粹的分析或体系的构造，仿佛这样的工作是由学院训练出来的专家们的特权。相反，哲学思考就是让人的精神从一切形式的限制（包括这样一种未经检验的假定，即认为哲学仅仅是一种理智的运动）中解放出来。特别要注意的是，思维的人必须同时是一个日常生活中的"有感觉的人"。他不能选择在一个特定的地方和特殊的时刻进行哲学思考，因为哲学思考是他的存在的界定特征。所以，认为哲学家的特征在于他被训练得比他的大多数同胞更能分析思考，这是相当错误的观念。当然，一个哲学家在他的思想过程中常常是有规则的，在他的语言表达方面常常是有系统的，但是他的终极关切不仅仅是反映实在，而且要能够前后一致地描述实在，除非他能经由思维改变实在，否则他所做的，至多只是涉及了经验性真理的皮毛而已。

对充满批判精神的人来说，何心隐关于人性的箴言（第60—70页）显得只像是一系列信念的主张，而不是一个重新论证过的关于人性的看法。但是，如果我们不把一个外在的解释结构强加于何心隐思想的内在逻辑之上，或把它化约为一套社会心理学的推理，那么，何心隐思想的内在逻辑是容易理解的。他论证的力量似源于绝对严肃性的目的和彻底奉献的身心。因为他不仅用他的头脑，而且也用他的心和身体的力量进行哲学思考。认为何心隐毕竟是一个具有宗教色彩的人，认为对个人的思想领悟有全盘的承诺，必然会降低他的哲学思想的复杂性，这种解释不仅肤浅，也是站不住脚的。何心隐的生活和思想之间的不可分割性本身就具有哲学和宗教意义。或许有益的是注意到，如何不把话题扯到一个完全不同的讨论平面上去，如果不是不可能的话，能够完全把它自身从哲学家的"宗教的"承诺中分开的哲学思考模式，在任何思想传统中（无论它的界域有多狭窄）都是很少的。因此，当何心隐把躯体自我作为人行为的根本推动者来讨论时（第60页），他不但是在主张一个修身的纲领，而且用他特有的方式表达了经由自觉的自我反思而成人的方式。只有在这个意义上，他才能弥补实然（自然）和应然（道德）之间的缝隙。同样，他才能说出这样意味深长的话，即思想家并不是另一种人，而是人性的一种更高尚的表现。他把孔子看作"潜龙"（第71页），此一有启发性的说法也应该在这个意义上来理解。而且我还认为，他关于人与人之间适当关系的理论和关于家庭、友谊与自我的分析（第79页），也应该在这个意义上来理解。

思想史家尤其迷恋何心隐儒家思想中的所谓"激进的普遍主义"（radical universalism）。何心隐企图重新调整儒家道德条目秩序的创新之举——如他认为友谊高于孝道——在当代人的思想中，人们对他是否忠于圣人之道产生严重怀疑。类似"正统"这样的问题吸引了中国哲学研究者极大的注意力，这是不足为奇的。坦率地说，和他的泰州学派同僚一样，何心隐釜底抽薪式地重建了儒家价值观，因此他对儒家之道的解释在根本上是与当时许多自认的儒者不相契合的。何心隐和他的许多敌对者，如张居正等，都自称掌握了儒家真理，他们彼此之间的冲突和紧张状态，一般来说，比儒教和佛教之间的对抗还要严重得多。当然，这是一个历史问题，也是一个哲学问题。但是对宋明儒学家来说，有两个方面的问题似乎值得更进一步的注意。第一个或许可以说是语言方面的。看来更细致地研讨宋明儒家语言的时机已经成熟，而何心隐批判性的自我反思就是这一语言的一个组成部分。我们不仅需要知道宋明儒学家语言的语法规则，而且也需要知道它的实践意义。从哲学上讲，这个任务涉及对宋明儒学传统中代表人物的表达模式具体的（或说技术的）研究。这样，我们可以重新思考他们的思维过程，而不至于过度损害他们"哲学"的完整性。在这样一个符号分析的基础上，重新展现何心隐哲学人类学的第二步工作才能卓有成效地进行。就思想而言，何心隐可能不是泰州学派最好的人选。丁博令人钦佩的研究——作为关于这个问题的先驱性尝试，可能不会成为研究新儒家哲学的最好的入门书。但正如何心隐拒绝依然只是个"忠贞的、有功绩的和坚毅的官吏"（第110页），丁博的专论也拒绝只重复过气的陈说，这对相关主题而言，向前迈了一大步。这主题就是：作为统治精英的一员，传统的儒家士大夫不管他是经由自我选择，还是出于疏忽，都是现存社会政治秩序的支持者。读了丁博的专论，我完全相信，要理解宋明儒家的思想以及正确理解儒家思想的全貌，以为可以借目前为人熟悉的思想结构之助，使其在哲学上具有意义，是不能达到目的，也是不值得的。我非常清楚，要了解宋明儒家的意义，仅仅沉醉于人格分析是不够的，因为宋明儒家的象征性不可化约为它的代言人的实际考虑。但是，不熟悉宋明儒家的生活方式和它对实际生活的教诲，就无法了解它的哲学意图，即对周围事物的持续的、事实上是每天的反省。在这个意义上，尽管"何心隐在他生命的最后20年离开了家庭独自生活，并且成为一个直言不讳地批评官僚机构及其成员的人物"（第143页），但是，他是自成一格的儒家传统的具有创造性的诠释者。可以毫不牵强地说，何心隐对实践的强调预示了颜元的实学，他对身体自我的洞察预示了戴震的新哲学，他对"三纲"观念进行正面攻击的勇气甚至为后来谭嗣同"激进的普遍主义"提供了象征上的可能性。

颜元：从内在体验到实践的具体性

由于对中国思想的研究日臻成熟，列文森（Joseph Levenson）在分析现代中国文化转变时所用的二分法的诠释就可能需要重大的修正。然而，我们必须同时承认列文森对现代中国文人的困境有深刻的了解。他认为这些文人为了证明他们在感情上对传统观念的眷恋是正当的，他们在辩护的手段上诉诸了一套由西方输入的价值系统。我们也必须承认这种洞见相当有用。列文森曾指出，中国文人这样做，不仅把传统观念所具有的有机整合性否定掉了，同时也没有掌握输入之价值在脉络上的差异，结果导致那些曾在传统中国塑造了伟大人物的生活方式和具有历史意义的观念，不能在当代中国学术的土壤中扎根，而且那些目前有助于决定现代西方伟大心灵思想方向的价值，也不能在中国学术领域里立足。[1]

这种文化失调产生了许多非常可悲的结果，其中之一是人们有意或无意地曲解了长达800多年的中国思想，即众所周知的宋明儒学。从梁启超起，学者们就一直被一种文化上的紧迫感所驱迫，要在传统观念中找出像西方那样的观念。[2] 他们的探索大部分集中在

---

[1] 见列文森的三卷本研究，《儒教中国及其现代命运》（*Confucian China and Its Modern Fate*，University of California Press，1968），vol. 1，pp.xxvii-xxxiii.

[2] 列文森以现代中国知识分子的困境为背景而对梁启超所做的开创性的研究，见于他的《梁启超和现代中国的心灵》（*Liang Ch'i-ch'ao and the Mind of Modern China*，Harvard University Press，1953）。

古代。墨子思想中所具有的科技智巧，公孙龙思想中所具有的逻辑技术，荀子和王充思想中所具有的科学精神——这些以及其他的种种发现，都成了他们心目中新中国理想形象的支柱。相较之下，隋唐佛学和宋明儒学似了是与之无关的——可能的例外是许多人企图把朱熹的"格物"看作具有科学上的价值，但这种努力最后还是徒劳无功的。只有在明代即将结束之时，学者才发现可与科学主义和实用主义相比拟的思想。[3]他们的热心后来为一些历史学家所继承，这些历史学家企图站在唯物主义的观点上把这个时期描述为早期中国启蒙运动的顶峰。[4]

因此，任何人想要一般性地对宋明儒学传统和特别地对17世纪中国思想做一番研究和诠释工作的话，他都会遭遇到两方面的困难：一是客观知识不够充分，一是主观判断过度膨胀。

颜元（号习斋，1635—1704）作为当时最具创建性的思想家之一[5]，恰是个与此相关的例子。但颜元一向不愿意把他自己的观念笔之于书，加上近代学者又心甘情愿地出于各种意识形态上的目的

[3] 梁启超：《中国近三百年学术史》（上海：1935；以下简称梁启超：《学术史》），1—10页、104—149页。

[4] 侯外庐：《中国早期启蒙思想史》（北京：1956；以下简称侯外庐：《思想史》），3—36页。

[5] 《颜元全集》的最好版本是四存学会所编的《颜李丛书》。这套丛书（序言于1923年写成）中所收的书，比《畿辅丛书》版的《颜元全集》要多，内容如下（这里的页码据于台北广文书局影印版重印本）：
《颜习斋先生年谱》，4—46页。
《四书正误》，47—87页。
《颜习斋先生言行录》，90—117页。
《颜习斋先生辟异录》，119—124页。
《存学编》，127—155页。
《存性编》，156—171页。
《存治编》，173—180页。
《存人编》，181—197页。
《朱子语类评》，199—225页。
《礼文手钞》，227—253页。
《习斋记余》，255—246页。

而使用关于他本人的有限资料，因此研究颜元的工作更加困难。我们最好先看看一些对颜元的所谓"定论"。

具有讽刺意味的是，因生前远离影响中心而默默无闻的颜元，却在 20 世纪 20 年代初期因为当权者有组织的运动而在一群杰出的知识分子中声名鹊起。这个运动的领导者不是别人，正好是中华民国总统徐世昌。在他的领导下，一个纪念颜元的学会在 1920 年成立，学会命名为"四存"，颇有所指。[6] 根据这个学会的记载，其会员在 3 年之内急增至 800 人之众。1923 年，学会正式出版了颜元及其大弟子李塨（号恕谷，1659—1733）著作的标点本全集，并广为发行。1925 年，一以此学会得名的中学在北京开办。除此之外，一份研究和宣扬颜元思想的月刊也开始问世。[7]

徐世昌如此努力的原因何在？要研究这个问题就会牵涉各式各样的细节。这儿我们只消说主要推动这个运动的是地区性的势力，特别是直隶系统就够了。徐氏企图重振北学，肯定是受到河北地区知识分子的影响，这些知识分子要求建构一个新的意识形态以领导全国。[8] 当然，在中国，一种地方势力的崛起，会导致在纯粹的政治力量之外，开展一种证明其存在具有正当理由的运动，这并不是不平常的现象。王阳明对浙江派的吸引力是一类似的例证，陈白沙对广东人士的吸引力也是一例，只是程度较轻。甚至在最近，王夫之在唯物主义大师的宗谱中备受青睐，不论中国理论家所阐述的是

---

[6] 颜元最有名的四部著作是：《存治编》、《存学编》、《存人编》和《存性编》。这些作品都有"存"字，因此这里"四存"概括地指颜元的学说。

[7] 有关 20 世纪 20 年代中国知识分子重新开始对颜元感兴趣的整个过程，只能由零星资料拼凑而得。见金絮如：《颜元与李塨》（上海，1935），1—3 页；见陈登原：《颜习斋哲学思想述》（南京，序言写于 1934 年），卷二。

[8] 见赵衡为《颜李丛书》所写的序。四存学会版（北京：1923）。

什么理由，在一定程度上，是由于他的籍贯是湖南。[9]

当然，如果颜元的思想与近代中国一点关联性都没有，人们也不会仅因为他的地域关系而把他挑选出来。颜元突然普得人心，在思想上的机缘（又是有几分反讽性的）是杜威（John Dewey）在1919 年 5 月到 1921 年 7 月之间及时访问中国。和詹姆斯（William James）或罗伊斯（Josiah Royce）完完全全是对美国本身特殊情况所做的本土反应有所不同，这位美国哲学家在中国极受人们的尊重，被看作科学——财富和权力的真正泉源——的守护圣徒。杜威在中国讲学，对促成人们重新了解到颜元思想的重要性，可在梁启超的话中看得最清楚：

> 自杜威到中国讲演后，唯用主义或实验主义（practicalism）在我们教育界成为一种时髦学说。不能不说是很好的现象。但我们国里头三百年前有位颜习斋先生和他的门生李恕谷先生，曾创一个学派——我们通称为"颜李学派"者，和杜威们所提倡的有许多相同之点，而且有些地方像是比杜威们更加彻底。[10]

在提倡颜元思想的活动中最重要的一件事是，梁启超在 1923 年做了一系列有关清代思想的演讲。[11] 梁氏把颜元的思想描述为

---

[9] 把思想上对过去伟人的倾慕和地域主义的政治活动扯在一起，或许过分牵强，但地域中所蕴含的情绪上的微妙性是中国一个极重要的成分，因此任何人要严肃地研究现代中国政治意识形态的形成，都必须考虑这些领袖人物的地域出身。当然，在大多数情况下，思想观念只是被用作实现政治目标的理由。然而，使用了一特殊种类的理由本身，也常常影响了政治目标本身的方向。

[10] 梁启超：《颜李学派与现代教育思潮》，收于陈登原的《颜习斋哲学思想述》附录中，下册，331—359 页。

[11] 梁启超在 1923 年为清华大学的学生做了一系列有关清代思想的演讲。他的《学术史》原是一系列的讲义。

"实践实用主义"，并且戏剧性地宣称，颜元和李塨在本质上对过去两千年中国思想中所有其他的思考方式，发动了一个"极猛烈但极诚挚的伟大革命运动"[12]。梁氏对颜的行动哲学有特别深刻的印象，他认为这种哲学正是中国青年所需的。梁同样为颜元对实用性的关切感到倾心，他认为这正是实验科学的精神。他更进一步断言，如果颜元在 20 世纪出生，他必定会成为一位伟大的科学家，也一定会到处鼓吹"科学万能"[13]。

梁启超的热心激起了许多其他学者的兴趣，包括民族主义者章炳麟，温和派的散文家周作人和自由主义者胡适。[14]然而，他们的观点与其说是对一个具原创性思想家的思想进行学术性的探讨，不如说是对颜的取向和试图解决当时中国面临的许多严重问题的方法这两者间的相关性，做出带有教育目的的思考。弗里曼（Mansfield Freeman）步徐世昌和梁启超之后，早在 1926 年就写了一篇文章《颜习斋，一位 17 世纪的哲学家》刊载于《皇家亚洲学会华北分会学报》（*Journal the North China Branch of Royal Asiatic Society*）之上。徐世昌在他所编撰的关于《颜李丛书》的导论中，对颜元有相当多的赞辞。梁启超在《中国近三百年学术史》这本书中，也有同样的赞辞。弗里曼引用了这两人的赞辞之后，接着满怀信心地宣称这位 17 世纪的"中国实用主义者"，在同时代中国学者

---

[12] 梁启超：《学术史》，105 页。

[13] 梁启超：《学术史》，123 页。

[14] 章炳麟的看法见《正颜》一文，收在他的《检论》一书中，卷四，19—22 页（《章氏丛书》版）。我们应该指出，章炳麟对颜元的研究基本上是批判性的。然而，在对颜元的思想做了一番批评性的评价后，他试图表明，迄今为止颜元的研究对现代中国的现实意义远远超过了纪昀的汉学研究和翁方纲的宋学研究。周作人的文章刊登在《大公报》的文学副刊上（1933 年 10 月 25 日）。这篇文章是对戴望的《颜氏学记》的反省，是周作人《苦茶随笔》的第四集。周作人的文章是讽刺性的。从他对那些想出于政治目的而利用颜元的人的批评，我们可以得知许多真相。章炳麟和周作人的文章均收于陈登原的《颜习斋哲学思想述》一书附录中，下册，359—367 页。

中享有很高的地位，并且他的教育哲学对近代中国具有相当重要的意义。[15]

然而要等到 20 世纪 30 年代，当冯友兰的《中国哲学史》、钱穆的《中国近三百年学术史》和陈登原的《颜习斋哲学思想述》出版时，颜元的思想才在中国学术界真正立足。由于冯友兰本人持新实在论的立场，在他对中国哲学所做的高度选择性的研究中，颜元占据了一个显著的地位，而陈白沙、湛甘泉、刘宗周和黄宗羲却遭到轻视，现在看来却有点离奇。[16] 钱穆更进一步暗示：颜元一壁"推翻"宋明相传六百年的理学，其气魄之深沉、见解之毅决，盖有非南方著者如梨洲、船山、亭林诸人所为。[17] 为了支持他的论点，钱氏甚至引用了王崑绳对颜元的几句赞语："开二千年不能开之口，下二千年不敢下之笔。"[18]

历史专家有系统地做了一番工作，力图"恢复"颜元在中国辩证唯物思想发展过程中的真正地位。侯外庐在他有关中国思想的广泛性研究中，谴责了资产阶级的谬误：把"古典的功利主义"和"资本主义式的实用主义"视为同调。[19] 他要求全面重新评估 17 世纪中国哲学，而他的结论是：颜元的主要贡献在于新的世界观。[20] 侯氏对颜的思想做了一番相当机巧但又有几分歪曲的"文本分析"

---

[15]　弗里曼（Mansfield Freeman），《颜习斋，一位 17 世纪的哲学家》（"Yen Hsi-chai, a 17th Century Philosopher"），收于《皇家亚洲学会华北分会学报》（*Journal of the North China Branch of the Royal Asiatic Society*），卷五十七（1926），70—91 页。

[16]　冯友兰：《中国哲学史》（上海：1931），卷二，946—948 页、974—990 页。冯友兰之所以会有如此明显"不平衡"的处理方式似乎是因为他在此时信奉哲学上的实在主义。见冯友兰：《中国哲学史》，卜德（Derk Bodde）译（Princeton：Princeton University Press，1951），卷二，53 页。

[17]　钱穆：《中国近三百年学术史》（台北：重印本，序言，1937 年），159 页。

[18]　同上，179 页。

[19]　侯外庐：《思想史》，33 页。

[20]　同上，324—349 页。

后，含蓄地指称颜元的思想是一种唯物主义的实在论（materialistic realism）。虽然侯氏也批评了颜元残存的"崇古思想"，但他称赞颜元是个为唯物主义真理奋斗的进步战士。[21]

那么，颜元的真实面貌是什么呢？他是个伟大的革命家、科学精神的化身、行动家、被证实的实用主义者，还是进步的实在论者？吊诡的是，上面所提到的每一种指称都有几分道理，但要认真地了解颜元本人，只接纳其中任何一种指称都是十分不明智的。把隐藏在这些"已确定"的观点背后的动机揭发出来（至少是部分地），并不是认为它们不合理而加以排除，而是把它们看作客观研究颜元"问题论"（problematik）的可能途径。

因此，我目前所关切的，既不是捕捉历史上的颜元本人，也不是依据真正发生过的事实去了解他的时代。颜元的生活史和他所生活的社会文化环境不是我主要关心之所在。我的重点将集中在从颜元对他时代主要论题之一的反应，来检视他在思想上所呈现的模式，这个论题不仅具有历史意义，同时也是个会继续困扰儒学思想家好几代的问题。这样的研究或许将有助于我们理解 17 世纪儒家思想内在的发展过程，特别是关于儒家整个传统中永恒显现的修身问题。

颜元生于 1635 年（明代最后一位皇帝崇祯八年），此时 17 世纪的第一代信奉宋明儒学的思想家早已开始誉满全国，他们是黄宗羲（1610—1695）、张履祥（1611—1674）、顾炎武（1613—1682）和陆陇其（1630—1692）。[22] 颜元的声誉却终其一生不出一小群学者的圈子之外。他的家乡位于北京和天津之间，从来就不是个思想

---

[21] 侯外庐：《思想史》，349—375 页。
[22] 陈登原：《颜习斋哲学思想述》，卷一，45 页。

重镇。他的父亲自小贫苦交集，为另一地区的朱家人士所收养。颜元 3 岁时，他的父亲就失踪了，据说是清兵在 1638 年入关骚扰京畿时将其俘虏。结果他由朱家抚养成人，并改姓朱。[23]

颜元 7 岁时，跟随·塾师开始了他的正式教育。11 岁时他的母亲改嫁。14 岁时他就完成了亲事，但他以练习道家神仙导引术为借口，娶妻不近。很明显，收养他的人即他的养祖父是出于功利上的原因，而擅自替他安排了教育和婚姻之事。15 岁时他的祖父以贿赂的方式为他求得了"生员"的资格，据说颜元曾因此痛哭不已，拒绝饮食，他说："宁为真白丁，不作假秀才。"（《年谱》，卷上）

18 岁（1653 年）时，他通过了生员考试。两年后，他决心放弃举业。虽然他仍然锻炼写作技巧，并参加乡试，但这只是为了取悦他的养祖父母。他当时的注意力集中在诵读司马光的《资治通鉴》。他之卷入有关历史和治术的研究促使他浏览了《七家》，也练习了剑道和拳术。当他严肃地从事医药之研究以为谋生之具时，他似乎选择了一条与当时社会升迁背道而驰的途径（《年谱》，卷上）。

然而，在 1658 年，23 岁的颜元开始了教书的生涯。他为他的书室取名为"思古斋"，他自己取号为"思古人"。他依据自己对三代圣贤之治所持的浪漫想法，撰写了《王道论》一文。他思索的论题，包括"复井田""复封建""兴学校"三种，及汉代乡举里选制度的可能复兴之道，排斥异端邪说的迫切性和田赋的改革问题。他所完成的，只不过是在国事领域中的一番思想训练而已。[24]诚然，

---

[23] 《颜习斋先生年谱》，李塨辑（以下简称《年谱》），卷上，1 页。

[24] 颜元的《王道论》后来改名为《存治编》，并且收于他的《全集》中，为《四存编》之一。见上注 [5]。

即使在这么简略的著作中，他也展现了高度的复杂性与原则性，但他的著作仍然只是反映了一个满怀理想的年轻人的内心关切。《王道论》已成为一些现代学者一再研究和分析的对象，不幸的是，他们都把它看作颜元鼓吹革命性社会改革而提出的成熟的建议书。之所以会这样，理由或许即是此书后来换了一个新标题"存治编"，并和颜元的三部成熟作品合印在一起。[25]

婚后约 10 年，他的妻子在 1659 年生了一子，他为之取名为"赴考"。在他养祖父的强大压力下，颜元决定再度进京应考。但他的京城之行并未有任何成果。他不但考试落第，也未在北京城中展露他的文才。因清政府严禁士子们有任何形式的聚会[26]，颜元企图进入政府担任公职，希望加入文社活动，都未能如愿以偿，这使得他更不愿意献身于社会政治的活动。直到此时为止，他一直是主要负责维持生计的人，他把大部分的时间花在耕种田地之上，偶尔也以行医为业。就在此时，他接触到了宋明儒学家的作品，特别是程朱学派的作品。他仔细认真地阅读了《性理大全》一书，这对他的知识前景和生活方式产生了很深刻的影响（《年谱》，卷上）。

1661 年，颜元设立了一个道统龛。他的神谱始自传说中的文化英雄伏羲，并由周公下传至孔子，孔子之后，他挑出颜回、曾子、子思、孟子、周敦颐、程颢、程颐、张载、邵雍和朱熹配位，每天敬拜，除此之外，他也把他个人特别选择的两位传说中的医生置于道统龛上。他对宋明儒学所持有的存在上的——以及事实上是宗教上的——献身，至少在此后 7 年中一直决定了他的精神方向

---

[25] 参见颜元:《四存编》，由王星贤标点（北京：古籍出版社，1957），1—3 页。
[26] 《年谱》，卷上，5—6 页。见郭霭春:《颜习斋学谱》（上海：商务印书馆，1957），4 页。

（《年谱》，卷上）。为了锻炼自己，他每天练习静坐，到田里耕作，并且研读经典和历史，直到夜半。他也组织了一个文社，主要为了文友们彼此能劝善规过。他到附近村落进行学术性的探访，拜见了一些有名的老师。颜元和这些他学之士进行了一系列的对话，他努力借这些机会扩大和加深他对宋明儒学基本观念的了解。此外，借着他的密友王法乾之助——做他的"借镜"，他坚持写日记以记录他的自我批评。

客观地说，颜元的方法似乎有些呆板。他每天反省几次自己的精神状态（批判性的自觉）。如果他的头脑在一段时间内"完全专注"（全神贯注），他就会在指定时间的空格中画一圆圈。如果他完全不专注，他就画一个叉。如果他的专注时间超过不专注，他会把圆圈的主要部分留为空白，否则他就把圆圈的主要部分涂上黑色。1669年，即创始这种方法3年之后，他增加了几个新的符号，代表他对言论和情绪的控制。如果他多说了一句不必要的话，他会在圆圈中加一横线。如果他的赘语超过五句，他会在圆圈中画叉线。如果他发了一次脾气，他就在圆上加一"T"字，如果他发脾气超过五次，他就以三条线把这个圆圈画掉（《年谱》，卷上）。

这可说是相当严格地实践了孟子的教导："学问之道无他，求其放心而已。"然而，实践者只有完全地献身，他才能集中精力，全神贯注于这样的一种锻炼。当颜元把这样严格自我控制的方法应用到日常事务中时，他的生活模式就变得高度仪式化了。事实上，他对他的穿着、饮食和言谈之道是如此拘泥于仪式，以致任何一次逾越他都忠实地记录下来，以为下一次行动之警诫。他甚至坚持在邪念成形前就把它记下。他力辩道，如果每次过失都以笔记录下来，可以提醒自己，这样虽然日记上会充满黑色的符号，但终究会有改过的一天；如果什么也不记下，上百的过失也许就此溜掉，而悔悟的机会就相对减少了（《年谱》，卷上）。

只有从他坚守礼仪这一观点来看，我们才能理解为什么他在33 岁时为他"祖母"守丧这么平常的举动，会对他的健康带来如此大的损害，以致他终身未能完全复原。这件引人注目的事件发生在 1668 年。他的养祖母病逝，他决定代父负起守丧三年之责。因他还不知道他的父亲是为朱家所领养，所以他以不孝子（由于他父亲不在）和报恩孙的双重身份守丧。丧期从 2 月 14 日开始。前三天，他什么都没吃，每天至少哭泣尽哀三次。他拒绝从俗雇用乐师，也没有邀请和尚或道士协助丧仪。第四天，他喝了稀粥，但只早晚各一碗。直到第 2 个月的 24 日他才让人埋葬尸体。在埋葬仪式进行当中，他哭个不停，最后以头触棺，昏厥过去。

4 月 6 日这天，他自己在墓旁搭了一所小茅屋，到这时为止，他日夜穿戴粗麻布孝服已有两个月之久了，结果他的手脚都长满了瘤块，肿胀得厉害。直到 6 月 3 日晚，他才换掉丧服，穿上常服就寝。到 10 月时，他已经病得很严重了。若不是有人告诉他，他的父亲是为朱家一好心老人所收养的故事——后来他再嫁的母亲证实了这故事，颜元可能会继续持守这种礼仪，进行自我折磨，直到三年之丧完毕为止（《年谱》，卷上）。

虽然颜元的肉体在经历这次有创痛的遭遇后逐渐复原了，但他的精神取向却因此产生了深刻的变化。他开始对《朱子家礼》，即他在守丧期间一直一丝不苟地遵循着的有关家族礼仪的书感到不满。他也对所有宋明儒者强调静坐和读书的态度提出了质疑。[27] 在 1669 年年初，这次痛苦经历的两个月后，他完成了一篇

────────────

[27] 颜元：《存性编》，卷二，2 页。有关《家礼》是否为朱熹所作之争论，在此与我们的讨论无关。

有关人性的文章，题目为《存性编》(《年谱》，卷上）。他反对朱熹有关人性二元论的诠释，赞成恢复到孟子对人性本善的坚持，开启了戴震对善的观念做哲学性探讨的先声。他做了个象征性的举动，把他的书斋名由"思古斋"改为"习斋"(《年谱》，卷上）。在这一年年底，他完成了另一部重要的文章，题名《存学编》。在这篇文章中，他严厉地抨击了程颐和朱熹的学说，并且主张恢复周公、孔子的教育纲目。[28]

颜元对程颐和朱熹的抨击，基本表示他精神取向的改变。静坐和读书被他贬抑为次要之事，以道德实践为主的行动主义成了他的主要关切。"习"这个他用以更改书斋名称的字最足以象征这个新的方向。就字源上说，"习"描绘一只鸟在学飞。在《论语》的第一句中，"习"字意指个人所学完全内化的过程。把焦点放在"习"而非静坐或读书上，是强调具体活动领域之重要性。然而，我们必须注意，颜元之背离程朱学派并不意味他反对这一学派的仪式主义。相反，颜元在经历 1668 年的痛苦之后变得更深信：达成自我修养的最真实的途径是习礼(《年谱》，卷上）。

1670 年，他得知他的父亲出身博野颜氏后，接着特地到沙北他的祖居之地做了一次访问。令他又惊讶又高兴的是，他自己的祖母张氏仍活着，已 80 岁了。他回到家后，用自己的血和墨掺和，书写了一神主牌敬奉他的父亲。他日夜礼拜，一如他父亲仍然活着。1673 年，他的养祖父过世后，他正式恢复颜姓。这一年，他因感染而致左眼失明。但这并没有妨碍他完成另一部重要的著作，这部作品原名为《唤迷途》，但后来改名为《存人编》。他的左眼失

---

[28] 颜元：《存学编》，卷一，8 页。根据他的观察，古代儒家圣人的主要科目包括六行和六艺。前者包含孝、友、睦、姻、任和恤，后者包含礼、乐、射、御、书和数。

明也没有阻止他广泛地游历关东，找寻他的父亲。当他抵达奉天府时，他跪在路旁，散发寻父报帖。大约一年之后，他精诚的努力有了一些结果：他从未谋面的异母妹妹，从关东来看他，带来他们的父亲已过世的噩耗。这样才结束了颜元长久以来找寻自己出身的苦斗。

1689年，他正式接纳李塨为弟子。两年后，他南游中土，这是他生平仅有的一次。整个旅程大约持续了6个半月。此后，除了短期主教漳南书院（毁于1696年水灾）外，颜元以阅读、教书以及偶尔的写作活动度过了他的余生。1701年，当李塨准备动身前往京城时，颜元送别，说道：把道寄存在千卷纸上，不如把它交付在几位有所知觉的人身上；李塨北行的首要任务应该是唤醒学生们对儒家真理的经验把握。

颜元死于1704年，享寿69岁。他给他所挚爱的学生留下的遗言是："天下事尚可为，汝等当积学待用。"（《年谱》，卷下）

颜元的一生留下了许多令人困惑的问题。他大部分时间都像隐士般生活在一小乡镇里，我们又怎能说他是个行动主义者？他常常依礼而行，以致他过着传统的生活方式，这样，像一些当代学者所做的大肆宣扬他的革命精神，究竟有无理由可据呢？他一方面十分强调实际地涉入政治事件，一方面又以偏远地方的老师身份出现，他又怎能调和这两面的现象呢？事实上，他怎么能一面批评朱熹的家礼太过严苛，而另一方面他自己的自我约束（规范）更令人难以依循？

要回答这些问题，我们必须超越颜元的生活，并且去研究他在思想上的承诺。然而，除非我们先对他所遭遇到的问题类型有适当的了解，否则这项工作是不可能完成的。明代的覆亡，事实上对所有 17 世纪中期的思想家都有很深刻的影响。儒家学派对这个伟大的中国王朝的没落以及最后覆亡的反应，当然是 17 世纪中国思想中最重要的一环。王夫之提倡了种族文化主义，黄宗羲批评了专制政治，顾炎武鼓吹了地方分权和增强郡县力量，我们应该以这个重大事件为背景来了解他们的举动。因此，颜元的《王道论》是有关治道的一本书，它反映了他那一代人所共同关切的大事。

然而，我已提到，颜元在 1658 年 23 岁时所完成的作品，不能代表他成熟的看法。简要回顾他的一生就可以看出，颜元和王夫之、黄宗羲以及顾炎武都不同，他对正史和制度史缺乏广泛的透视。和黄宗羲不一样，他对当代的政治缺乏深入的了解；也不像顾炎武，他对地方上的情况没有广泛的理解。因为颜元在思想上与他所处时代主要的论题相隔绝，在政治上与权势的中心相分离，所以我们不能期望他会在政治思想方面有所贡献。但是，虽然他没有发展出一种深刻的历史意识，没有与朝廷中的政治现实相抗衡，甚或没有探究各省的社会经济状况，但他并不因之而丧失了在 17 世纪中国思想中所据有的重要地位。他的特长究竟在哪里？

对于明代的覆亡，颜元对儒家文人有严厉的批评，这一批评后来常为人所引用："无事袖手谈心性，临危一死报君王。"（《存学编》）这或许可作为我们理解颜元问题的关键。然而，如果认真考虑这段引文，我们一定会禁不住要问：为什么那些真正牺牲了自己生命的人就该被提出来作为抨击的对象？自杀的决定本身需要相当大的决心与判断，牺牲一己的生命以实现个人身心的承诺，这种意愿绝不是一件微不足道的事。此外，颜元本人也非常关切心性的问题，他不可能反对任何有关这些问题的严肃讨论。那么，为什么他在评价晚明儒家文人的地位时会如此毫不留情？

回答这个问题的一个方法是强调颜元的"实用主义"。他并没有批评自杀举动本身，更没有攻击哲学讨论这回事，他只是对这两种活动都缺乏实用价值而感到不满。我们可以很容易在颜元的学说中找出他对实用关切的例证。他在1668年的惨痛经历后对宋明儒学家的攻击就是一例。颜元认为，广泛地阅读或写作对人体有害，他还嘲笑那些把大半生光阴浪费在书本上的儒家学者，说他们是"习成妇女态，甚可羞"（《存学编》）。他甚至认为那些枉费生命为死者守丧的寡妇，和那些埋身于书本中的儒学家之间有雷同之处。我们可在颜元的《存学编》中看到两则有关那些懦弱学者的相当生动的记载。一则来自他个人的观察：

> 吾友张石卿，博极群书，自谓秦汉以降二千年书史，殆无遗览。为诸少年发书义，至力竭偃息床上，喘息久之，复起讲，力竭复偃息，可谓劳之甚矣。不惟有伤于己，卒未见成起一才。比其时欲学六艺，何以堪也。（《存学编》）

另一则与他自己的老师，祁阳的一位学者有关：

> 祁阳刁蒙吉，致力于静坐读书之学，书诵夜思，著书百卷，遗精痰嗽无虚日。将卒之三月前，已出言无声。（《存学编》）

举了这两个例子后，颜元论证的结论是："今天下兀坐书斋，人无一不脆弱，为武士、农夫所笑者。此岂男子态乎！"（《存学编》）他因此提倡一种新的学问，叫作实学。然而，我们必须指出，儒家学者很久以来一直使用"实"的观念来描述他们的学问进路，因为儒学的主要关切是经由道德的修养而完成自我实现的目标，经验性的知识总是被认为优于思辨性的知识，儒家学者所谓的言教不如身教，就是指这个意思。明初儒学大师薛瑄（谥号文清，1389—1464）也称呼他的学问进路为"实学"，因为这种进路不是经验事实的累积，而是通过一连串能与书中观念印证的遭遇而达成自我实践的过程。[29]学问的实存层面对儒家思想是这么重要，因此没有一位宋明大师曾把读书和修身的实际修持分开。这么说，颜元的"实学"中又有什么"新"的成分呢？

在有关颜元生活的记载中，我们似可清楚地看到，他从未对自我修养在儒家价值的层级中所占据的显著地位感到怀疑。即使在对程朱之学感到幻灭之后，他仍然遵守一个严苛的自我操练计划。有点讽刺的是，他事事依礼而行的生活方式正可以被程朱学派誉为"克己"的模范。当然，颜元对宋明儒学家强调"静"和"被动"的态度有很强烈的指责，但他仍忠实地信守它的"内在的自我转化"方法。虽然，就某个重要意义上说，颜元实质上背离了程朱学派，这个背离曾被几位现代学者描述为"能动主义的哲学"，它和王阳明所提倡的观念相去不远[30]，这可能就是杨培之和其他人坚称颜元深受这位明代中叶伟大思想家影响的原因之一。颜元相当详尽地告诉我们的一个学琴的例子，足以说明这点：

> 书犹琴谱也；烂熟琴谱，讲解分明，可谓学琴乎？故曰以
> 讲读为求道之功，相隔千里也。更有一妄人指琴谱曰："是即

---

[29] 见薛瑄：《读书录》（1751 年版），卷十，11 页下。在朱熹的《中庸注》中，朱熹认为儒学是实学；见朱熹《四书集注》，《中庸》之序言。

[30] 有关王阳明对颜元的影响的讨论，见杨培之：《颜习斋与李恕谷》（武汉：湖北人民出版社，1956），243—258 页。

琴也。"……歌得其调，抚娴其指，弦求中音，徽求中节，声求协律，是之谓学琴矣。(《存学编》)

他接着描述了弹琵琶达到"精通"和"称职"的状态。从这个类比中，我们可以很清楚地看出颜元的主旨。一个人永远不能只借着读琴谱——不论他是多么努力、多么用心地去读它——而学会弹琴。一个人不能经由内化的心灵过程而精通弹琴的技艺，只有借练习（实践）才能学到。

颜元对实践的强调再次让我们想起王阳明的"知行合一"学说。[31] 知识，如果不能运用到现实人生中就是空谈。真知识同时就是某种形式的行动，这种行动必须在世上产生实际的改变，因为实践性是真知不可或缺的准绳。知道怎么练琴，然而事实上却不会弹琴，这是误用"知"字以描述无知的例子。如果一个人只是在思想上理解了琴谱的内容，他就说他知道怎么弹琴，这种状况是不可思议的。但我们也不应过分强调颜元和王阳明在观念上的相应性。毕竟，王阳明行动主义（activism）的基本前提是，人类道德自我实现的最终基础是一完全自足的内在转化过程，而颜元的"能动主义"则坚持自我修养必须在具体世界的实际事务中完成。[32]

颜元对真实实践的复杂性所持有的见解需要进一步的诠释。对他而言，修身的真正难关不只是要产生一个由知进展到行的质的"飞跃"，而且还要以一种持续不断的甚至机械的方式去继续实践的过程。掌握了弹琴的基本技巧只不过是个开始，一个人只有再经过多年的锻炼，才能够真正精通这种技艺。即使一个人已记住所有演

[31] 王阳明：《传习录》，见《阳明全书》，卷一，3 页（四部备要本）。
[32] 王阳明的理论则要更为深刻，但事实上，他的许多弟子未能把实践的生命与实际的事件连接起来，这说明了在他的哲学中，仍有一些部分容许人们倾向于主静和被动的思想。参见熊十力：《十力语要初续》（香港，1949），3 页。

奏音乐的技巧，他仍不能算是行家。要达到"心与手忘，手与弦忘"（《存学编》）的境地，他必须不停地辛勤练习。

同样地，礼仪的实践牵涉对自我完善永无止境的承诺。这是个每天事实上是每时每刻都应注意到的事，并且它也必然需要具备一具体的形式。当然，在这类琐碎的举动中，像早起早睡，穿着适当，节制饮食，言谈得体，步履稳健，坐姿端正和勤写日记等，几乎没有什么情趣可言。但就像琴师的训练一样，要把这些看起来是支离破碎的行动整合成一完整的礼仪化人格的表现，需要终生的投入。

实践某一特别礼仪的行动本身不只是一种记录，还是自我呈现的姿态。就某种意义而言，它为"内与外"这一永恒的儒学问题提供了一个解答，因为修身的内在努力和这努力的外在表现，即在家庭、国家，以及事实上整个天下的外在表现，这两者之间需要弥合，礼的实践就发挥了这种作用。礼仪化的行动，就其真正的含义而言，总是牵涉内与外两方面。它既不是一种不可在外在世界中落实的经验，也不是不具内容的形式。一方面它记录了个人所成就的修身的境界，另一方面它揭示了个人在社会政治领域中活动的精神力量。颜元对礼仪化行为的象征意义特别敏感，他几乎要求所有的礼仪行为都必须圆满完成。例如，他从未服装不整地出门过，即使在深夜要起床如厕，他也是如此坚持。他辩称离开房间的举动提供了一个练习道德与修身的重要机会（《年谱》，卷上）。

毕竟，学习弹琴只是要获得一门技能，而从事礼仪的修炼乃是要主宰自我。要主宰自我，一个人必须学习到的技艺是修身的技艺。这和学习弹琴不同，因为他不能有一刻放下他的工具去休息。一个人弃绝礼仪修炼的当下一刻，就已经偏离了自我修养的道路。

经常的修炼并不保证一定会有胜任的表现，颜元因此常常处于"恐惧与战栗"的心境中。当然，他个是因一超越实体的出现，也不是因因果报应的想法而感到恐惧。像孔子的弟子曾子一样，颜元觉得他总是"如临深渊，如履薄冰"，恐怕自己有失修身的职责。这让我们真正注意到颜元的问题论（Problematik）所在。

颜元从未质疑修身在儒家价值系统中的中心地位，这是事实。然而他却攻击了杨朱对儒家修身的看法，怀疑这种看法的可行性。他建立了实践性的标准，以区分他所谓的真实的儒家修身之道和其他非儒家式精神自我锻炼的方法。对他而言，静坐从未产生真正实际上的价值，禅师神秘的经验只是镜中之花或水中之月而已：

> 只可虚中玩弄光景，若以之照临折戴则不得也。……盖镜中花，水中月，去镜水则花月无有也。即使其静功绵延，一生不息，其光景愈妙，虚幻愈深。正如人终日不离镜水，玩弄其花月一生，徒自欺一生而已。（《存学编》）

颜元认为真正的修身是为"转世"而设置的，它所要达成的目标是增强个人内在的自我认同，因此一个人可以改变世界而非为世界所改变（世转）。[33]对个人环境中的具体现实产生可觉察的影响成了个人修身中不可或缺的层面。如果经由个人自我修养而得的新经验不能够转变成某种促使世界进步的能量，这种经验就没有用处，也没有价值。他明确认为，只有个体与生活现实之间有了动态的接触，价值才能被创造出来。由此，我们可以理解为什么颜元会很不寻常地为儒家的政治家王安石辩护。王安石有过人的胆识，他

---

[33] 颜元:《习斋先生言行录》，钟钹编，卷三，4—5 页。

敢面对当时"残酷的事实"，颜元之所以赞誉其他宋代儒吏的行动主义，也是立于这个观点之上的。[34]

因此颜元主要关心的问题变成了如何把修身的精神力量转化为社会政治力量，以达到按照儒家的理想来塑造这个世界的目的。对他而言，有用性是儒家真理的关键。所谓有用，一般说来指的是一个人努力的目标不仅是要获致一内在和平的心境，更是要对个人的直接环境产生可觉察的贡献，并且要为他的家人树立一活生生的楷模。驻足在精神的宁静中而把这种意境本身当作目的，这不是真正的儒者所能负担得起的奢侈。事实上，所有历史上的儒家圣人都是行动者。颜元认为，儒者与道家信徒或禅宗佛教徒有所不同，因此儒者完全孤立地修养他的精神自我，而仍能符合他真实生活的形象，这是不可思议的。在儒家的脉络中，自我实现的层次是通过它的实用性而加以衡量的。圣人把他的实际价值扩展到整个宇宙中，同样，普通儒者在家中发挥他的道德影响力。儒家思想的真正信徒从来不曾疏忽与他身边的人群分享他的"内在光辉"[35]。

现在回到我早先的论点，颜元没有反对关于心性这类基本问题的讨论。正如我在下面将要解释的，他本人就曾致力于对这些问题的研究。他对那些牺牲自己生命以彰显精神品质的人，也未曾流露出任何不敬。他有一次说："吾读《甲申殉难录》，至'愧无半策匡时难，惟余一死报君恩'，未尝不凄然泣下也。"（《存学编》）颜元深知导致明朝覆亡的不是讨论心性这些崇高观念本身所具有的弱点，主要的问题在于最优秀的儒者没有能力将他们在内在修身方面所下

---

[34]《年谱》，卷二，22—23页。颜元在61岁时，写了一部总体性的评论宋代历史的著作。他为王安石、韩侂胄的行动主张辩护。他之所以称赞陈亮，也应从他为两人辩护的立场来理解。

[35] 有关颜元对有用性的强调的讨论，见陈登原：《颜习斋哲学思想述》，卷一，124页。

的功夫，转化成有用的能量去面对国家的危机。他对那些儒家忠臣英雄式的自我牺牲深感敬佩，但对他们的无能又深感沮丧，因此他觉得他有必要做如下结论，依据实用性的标准，他们都死得毫无意义。

废弃修身的锻炼而只注意治国方略的工具价值，对我们大多数人而言这似乎应该是颜元最自然的可取之途了，但颜元并没有这样做，取而代之的是他对人类自我实现的根基做了一连串的探索。一般人都认为颜元是实用主义者，与此正相反，他的问题意识迫使他去考察宋明儒家思想中某些最基本的哲学概念，而非追寻"科学经验主义"的路途。事实上，他的原创性表现在他对程朱人性观念的批判和一个新的儒家对人的看法的系统阐述中。因此我们将着手考察颜元对人性的研究。

儒家思想的基本关切之一是人的独特性。从孟子开始，人类与其他动物之间的区别，就已变成哲学上极有意义的论题，此后儒家哲人一直潜心于有关人类自我形象的反思。随着宋代儒学的复兴，儒家哲人又把心思集中在如何"立人极"的论题上。可以说，人类的真实几乎是所有儒家学者严肃作品的研究起点，人性是儒家整个传统中一再出现的母题。因此就前后脉络来看，颜元对人性的探讨使得他置身于儒家思想的主流。

就方法而论，颜元在一系列对朱熹学说的评论中展现了他对人性的看法。[36] 他的主要目的与其说是暴露这位伟大的宋代哲人的弱点，毋宁说是尝试把他的观念安置在适当的透视点。因此，我把他的"评论"描述为虔诚地希望与朱熹"对话"，也即以同情之心来思考这位理学大师，以努力解决他的真正困难。

---

[36] 虽然颜元攻击了程颐、张载、李延平和许多其他思想家，但他的注意力主要集中在朱熹身上。见《存学编》，卷一，2页。

颜元知道，朱熹对人性的研究取向一直深受张载关于气的观念之影响——特别是气质之性这比较有限制性的观念。朱熹相信，张载在孟子有关人的观念上增加了"物质性"这一层面，这对儒家传统而言是极具贡献的，因为一个清楚而比较平衡和广泛的人性观可依此而获得系统陈述。然而颜元却觉得张载事实上搞乱了这个论题。就此而论，颜元对朱熹的批评重心在于，朱熹希望把张载有关气质之性的观念包含在孟子对人的观念之中。他辩称这样的意图产生了一些不必要的混乱纷扰，并且朱熹并没有真正掌握孟子的看法，即尽管人有弱点，但本质上他是可以变得完善的。

颜元同意朱熹这样的看法，即认为作为思想原则，如在讨论人的时候，只谈及气质之性而不涉及义理之性，便是晦涩不清；若只谈及义理之性而不涉及气质之性，便是不完备（《存学编》，卷一）。然而，他却不同意朱熹的另一个看法，即孟子关于人的看法从总体上说"终是未备"。他觉得朱熹在试图发展出一套更令人满意的人性观念时，实际上曲解了孟子。朱熹把张载的观念强加在孟子之上，因此不得不接受"恶亦不可不谓之性"（《朱子全书》）的立场。就颜元而言，这个立场事实上与孟子坚持人性本善的立场有了基本上的差异。

我必须顺便提一下，颜元发现他和孟子都作为批判者的角色之时有一相似性：他们两个都很不好辩论，但两人也都基于不得已的道德义愤而就当时公认的观点争论（《存性编》，卷一）。孟子坚持认为人性本善，这样，人可借修身而变得完善之学说才有了最后的依据。他力辩说，四种基本道德（仁、义、礼、智）的端绪内在于人心之中，道德的修身集中在心的思虑和内省的功能之上。因为人心有独特的能力，能出于自我实现的目的而把自我转化成一更高层次的完满，所以我们定义人性本善。就是这个特别的人性，不但创造了道德价值，还使得人类和其他动物——实际上是任何其他的存在——之间有了区别（《孟子·离娄上》，第二十八章；《孟子·告子上》，第八章）。

因此说人性本善即是以人类独特的禀赋来描述人。这基本上与孔子的学说相符，孔子认为道德完满的获得是基于一内在的决定。"仁远乎哉？我欲仁，斯仁至矣。"（《论语·述而》，第二十九章）我们必须肯定，孟子虽强调人性本善，但他并未因此忽视人性中的物质方面，像食、色等本能的欲求，相反地，他认为这些欲求是人合理的一部分。孟子把情与才——物质性两个重要的面向——看作是善的，颜元对此特别高兴。如果孟子试图把人的独特属性和那些与其他动物共有的属性都标作是善的，那么他又怎能协调这两者之间明显存在的不和谐性？这个问题引导我们注意"大体"和"小体"的理论。

方便起见，利用人性的深层结构和表层的观点来讨论孟子的理论或许有用。"大体"指的是人类存在的最终基础——他的独特性，它是人性的深层结构。"小体"指的是人类的物质性存在，或者是他的肉体性，它是人性的表层结构。吊诡的是，深层的结构，孟子称之为"大"的，是人类独有的微小的"芽"；而这表层结构，孟子称之为"小"的，却是所有动物普遍共有的巨大"材质"。然而，修身不是牺牲人的物质性去发展这内在的品德之芽（善端）。它乃是培养深层结构，以使表层结构也可获得适当的"滋润"，就像孟子所说的"德润身"（《大学》，第六章）。颜元指出，孟子强调"践形"是修身的真实途径。只有当深层结构明显展现出来之后，物质性才能真正地发展完成。如果只有表层结构显现，那么它永远不会揭示人的独特性，它甚至会引发自身的毁灭，并且同样毁坏了自体性。[37]因此，重要的意旨是修养深层结构以使表层结构也获得培育。

这样研究人性之进路的基础，是对完满人格的尊重。用正面的用语来说，就是深层及表层结构都受到尊重，而自我修养的目的在于这两方面都完全整合。朱熹企图把所有的人为价值归诸深层结构，所有的人为罪恶归诸表层结构，因而在人的整体结构中建构了一种不必要的张力。他这样做，摧毁了人的大体和小体之间的统一。如果大体的发展必然导致对小体的压制，人怎么可能借自我修养而"践形"？如果人在能够变成他应该成为的人之前必须先弃绝表层结构，那么深层结构的完全呈现又怎能协助物质性去发展它自己？朱熹详述了"气质之性"作为恶的主要来源之概念，于是以他对完整人格的看法取代了孟子的看法，他看法中的人是为了不真实的自我实现，牺牲了自身物质性的片面的人（a partial man）。

颜元进一步主张，由于修身必须依循一具体而有纪律的过程去完成，物质性事实上是达成真我实现的"工具"，否认人类肉体性的重要性是把人从他生存的环境中分离出来。朱熹批评"情"具有危险性，因为强烈的情绪常常对真实的人性有所损害。颜元辩称，强烈的情绪本身不应受到责难，事实上，孝子与忠臣都是有情感的人。朱熹步程颐之后，贬抑"才"的重要性。颜元辩称，"才"是物质性的构成元素，因此是人类善性的具体基础之一，它当然不应遭到轻视。

除此之外，颜元争辩说，"情"是人内在道德倾向的呈现，"才"是这种倾向在具体事务中显示自己的工具；没有"情"和"才"，

---

[37] 有关"大体"和"小体"的讨论，见《孟子》。

真实的人性不能呈现自己，没有物质性，讨论"情"和"才"就没有意义。如两者俱缺，真实的人性也就无从体现。因此"情"不是别的，正是真正人性的"现"，"才"不是别的，正是真正人性的"能"。毕竟，所谓的气质是"情"的气质，是"才"的气质，是真实人性的气质。

颜元可能只是利用孟子的盛名来增强他的论据，但他所要传达的讯息看起来是相当有说服力的。他提出的中心问题可以表达如下：理想人格是否即是他真正存在的一项否定，或者是否真实的人才是他理想呈现的基础。依据朱熹的观点，只有当一个道德实践者经过一段漫长的自我净化过程，已经成功地改变了他现实存在的方向时，他才能成为他所应该成为的人。例如，他本能上对色与食的需要必须获得升华或受到压抑。但颜元却认为一个人所应成为的人是植根于他现实存在结构本身之中的，要完成自我实现，一个人必须同时忠于人性的深层结构和表层结构。譬如，他认为，借实行独身以求得精神的更高境界，基本上是不道德的。

与此相关而必须一提的是，颜元对佛教的批评在于佛教主张独身主义。颜元宣称夫妻之间的关系不仅仅是最原生的，也是所有关系中最基本的。他说："有夫妇然后有父子，有父子然后有兄弟，有兄弟然后有朋友，有朋友然后有君臣。"（《存人编》，卷一）因为圣人之道肇端乎夫妇，所以否认两性关系的价值，就是把儒家的基本关系端绪都泯灭了。颜元辩称，朱熹不了解气质之性也是善的，证明他受到佛教的影响。[38]

正如我们曾提及的，颜元坚称气质之性是自我实现的工具，没有了它，人只是一个抽象的概念。只有经由气质之性的帮助，人才

[38] 颜元对朱熹"恶"的观念的批评，见《存性编》，卷一，7—10页。

能变成一具体的实在。要变成一个完全脱离肉体形式的精神存有至多只是一个想象的虚构（《存性编》，卷一）。当然，人的物质性限制了他的自由，这是丝毫不假的，但也是经由人的物质性，人真正的潜能才得以理解与体现（《存性编》，卷一）。如果一个人是一个具体的呈现，而非一个抽象的近似，那么人的物质之性不仅是一件要求我们赏识的艺术作品，也是一种不断产生新的人类实在的创造动能。

根据上面的分析，我们对颜元之所以会攻击朱熹"敬"的观念，同时他本人的生活方式似乎正证实了"敬"的可实践性这一现象，就比较不会感到奇怪了。他说这个观念本身并没有什么问题，但一旦把这个观念从具体世界的日常事务中抽象出来，并且转化成一种心境，它原有的"随事检点"的动态精神就丧失了。颜元说：

> 古人教洒扫，即洒扫主敬；教应对进退，即应对进退主敬；教礼、乐、射、御、书、数即度数、音律、审固、磬控、点画、乘除莫不主敬。故曰"执事敬"，故曰"敬其事"，故曰"行笃敬"，皆身心一致加功，无往非敬也。若将古人成法皆舍置，专向静坐，收摄，徐行，缓语处言主敬，乃是以吾儒虚字面做释氏实工夫，去道远矣。（《存学编》，卷四）

因此，根本的问题成为一种对立间的选择：一方面是动态而积极的修身过程，这个过程最终将导致一完满而具体人格的实现；另一方面是静态而被动的自我控制的途径，这条途径至多只导致一偏颇而抽象人格的完成。颜元力辩说最真实的修身方法是去做（to do）而非只存在（to be）。人经由处理日常事务而成为他应该成为的人。在开始内在修身的那一刹那去面对世界的现实，用孟子的话说，就是"必有事焉"。

做某些事意味着对事物的既存秩序产生一种影响，不论这种影响有多小，它都会产生实际的不同。每个人可经由"做某些事"，经由积极涉入世界的事务之中，面对此世界施展一些影响。当这类行动充分累积，世界的方向就注定要改变。人的真正价值在于他有能力改造世界，使之趋于完善。如果儒者拒绝做事，并且坚持只是独善其身，那么他们永远不能改变世界，也不能逃离可怕的命运，即被动地由别人所控制的世界来改造或（更确切地说）摧毁他们。

颜元了解几千年来儒家传统中的许多伟人都曾致力于某种"内在经验"的培养。他们可能已获致某些深刻的对他们自己的理解，但在社会政治领域却不曾扮演任何有用的角色。在紧要关头他们无法实现有用的功能，这事实本身显示了他们的存在是无力的。他们的声音与愤怒像寡妇无助的哀号，在残酷的现实世界中没有任何意义。即使决心要以牺牲一己生命来改变世界，他们仍然缺乏实际的经验来引导自己。结果许多儒者死得毫无意义。

我们因此需要在修身方面做基本的改变。颜元要求以积极投入日常事务的行动，或用我前面的描述，以礼仪化的具体过程来取代静坐、冥想以及读经的活动。因为人是依靠做、实践以及行动而成为他应该成为的人。人永远不能借静坐冥思而真正发展他自己。儒者必须因此改变他自己，由一偏颇、消极以及无用之人的抽象状态变成一个完全、积极以及有用的行为人的具体实在。如果儒者希望恢复他的使命感以及事实上他的生存权利，他必须在可被称为"实践的具体性"方面全力以赴。

最后，我们必须指出，虽然颜元主要关切的与其说是不在修身，毋宁说是不在对内在真理的寻求，但他曾一心一意要重新界定儒家思想的精神传统，重新建构他认为的具有儒家意图的基本要素。我们想要如实地理解他的这番努力，只有参照他借着积极参与儒家礼仪活动以训练自己的奋斗过程。当然，他对完满和具体人格的（理想）看法——依据孟子有关人性的看法而建立的——与他几乎是强迫性地强调礼教这一态度之间有相当的张力。借用芬格莱特教授关于儒家礼教思想的研究的题目来说，颜元也许已经不能发展出一套作为神圣礼节的人类社团的哲学。[39] 但他坚持伦理宗教的承诺是任何形式的社会政治行动主义的先决条件，他的坚持象征了儒家人文主义世界观的一项界定性的特征，而这种世界观正是所有伟大的宋明儒学家所共同提出的。

在本讨论开始时，我提出了颜元真实形象的问题，但我仍然没有提出一个令人满意的回答。然而，从某种程度上说，颜元攻击了深有影响的程朱传统，因此他能复兴儒家修身的真正途径，我可以暂且说颜元是个"革命家"；颜元使他自己从冥思的谬误中脱身而出，回归到在具体事务的世界中从事道德上的自我磨炼，颜元是"科学精神的体现"；颜元谴责被动性，而鼓吹一种参与性的礼仪思想，颜元是个"行动者"；颜元强调实用性，并且要求所有的人类行动必须有用，颜元是一个"虔诚的实用主义者"；最后，颜元赞成人类的物质性是自我实现不可或缺的工具这一看法，颜元是个"实在论者"。

除非把我们的词汇限定在上述特定意义的范围之内，否则我们

---

[39] 芬格莱特：《作为神圣仪式的人类社会》（"Human Community as Holy Rite"），《哈佛神学评论》（*Harvard Theological Review*）卷五十九，第 1 期（1966），53—67 页。

必须总结说，颜元不是一个革命家，因为他仍然忠于几乎所有儒家传统中的基本精神价值。他不是一位科学家，因为他从没有调查或研究自然现象，事实上他也从未调查或研究其他的现象，以对外在世界有纯思想上的理解。他也不是个行动家，因为他仪式化的行动不以自身为目的，而是达成一个更高自我修养目标的工具。他既不是实用主义者也不是实在论者，因为他的道德关切在取向上是理想主义的，他的使命感在本质上是宗教的。

颜元的真实形象会让他的现代崇拜者感到失望，他的思想也似乎偏离了当代中国急迫的问题。不过他不仅是 17 世纪一位有原创性的思想家，也是整个中国历史上一个伟大的儒家知识分子。他奋斗一生要解决的问题深入到了儒家思想的根底，他全部思想努力所专注的研究浸透到人类实在最深刻的层面之一。我们研究颜元的"问题"和探求他的思路，不是去观察他与我们的相关性，而是通过评价其思想的内在价值，来培养我们对"相关性"采取较宽广的认识。

第三部分　现代儒学思想体系

熊十力对真实存在的探索

现代中国的儒家思想

在研究一般的儒家思想及其特殊的现代转型方面，常常易犯的错误之一是过分简单化。这种错误所采取的形式，或是有意把一个先入为主的范畴强加于庞大的儒家典籍之上，或是毫无区别地使用"儒家"一词来涵盖中国文化史上许多尚未厘清的事物，这两种倾向都是扰乱思想的。前一种易于忽略与人类精神价值有关的人类经验的全部领域，而后者则倾向于根据未经梳理的社会心理模式说明复杂的动因结构。从发生学的角度来看，儒家思想与一个以农业为基础的经济、一个以世袭为原则的官僚制度和一个以家庭为中心的社会有密切联系。但是，如果把家庭观点化约成一种土地均分主义、家庭主义和官僚主义的话，那就忽略了它的伦理宗教性格。

当然，作为过去 1000 年中国思想主流的儒家思想在传统中国有其深厚的经济、政治和社会根基。但是，即使那些根基已被彻底摧毁，我们也不能因此说儒家思想失去了它的所有人类相关性。实际上，当代一些中国知识分子在儒家思想中找到的并不是一成不变的古代智慧，而是人文主义尝试的宝藏，而这些尝试对他们自己的存在具有深远的意义，并与他们对现代世界之重要问题的认识有关，这些看来并非是不可思议的。

列文森在他的"儒学研究三部曲"里曾这样断言儒学的命运：

> 正统的儒者，由于停滞不前，已经开始走向湮灭无闻之境地。起初，他们的思想曾是一股势力，曾是活生生社会之产物和思想支柱。最后，它成了一个幽灵；在产生它和需要它的社会瓦解之后，只在许多人的心灵中活着，人们珍惜它，仅仅因为它本身而已。[1]

这条思维路线不是由列文森开创的，也没有因他的去世而告终，许多研究现代中国思想史的学者仍然时常遵循这条思维路线。儒家中国的衰落和崩溃现在已不再是争论的问题了，因为这是一个历史事实。只是何为最足以象征终点的特殊事件尚有待定论。有些学者认为，1905 年科举制度的废除是对儒家传统致命的打击。另一些人则认为，1916 年洪宪帝制的崩溃、1919 年的五四运动，或者 1923 年科学与玄学的论战是对儒家传统致命的打击。无论如何，儒家传统确实在民国出现以前就结束了。从那以后，任何挽救它的企图通常都称为"新传统主义"。

如果顺着这套说法，我们就无意间认可了这样的信念：现代世界可以说是由科学理性所支配的，它是与儒家的人文主义不相容的，此一方的兴起必然导致彼一方的衰落。当然，列文森警告我们，他所提出的两分法并非"历史上确有其事的僵硬对峙"，而是

---

[1] 列文森（Joseph R. Levenson）：《儒教中国及其现代命运：三部曲》（*Confucian China and Its Modern Fate: A Trilogy*, Berkeley: University of California Press, 1968），ix-x 页，以下简称列文森：《儒教中国》。应该注明的是，这段话原出于列文森的《梁启超与现代中国之心灵》（*Liang Ch'i Ch'ao and the Mind of Modern China*, Cambridge, Mass.: Harvard University Press, 1953）。

"为了解说生活处境所采取的启发性设计"。他进一步辩称道，他的范畴分类是用来解说"心灵、处境和事件之间重要的、混合的及非范畴的性质"的。他非常清楚地知道，"正反对立是抽象物，这样提出来只是让我们了解到定义中的'僵硬性'是'如何'与'因何'，怎样在历史过程中被缓和下来"[2]。但是，在他对现代中国儒家命运的分析中，其二分法的"僵硬性"似乎将历史缓和的可能性都否决掉了。以传统的、人道主义的儒家中国为一方，以现代的、科学的西方世界（无论界定多么窄）为另一方，其间的不相容性被视为如此绝对，纵然科学主义在中国兴起也没有减轻这个根本冲突。

列文森认为："中国之病并不只是如科学主义者所发现的科学之不足。它为科学主义所反映，系某种显而易见的普遍真理一样，但是它最终却只具历史上的意义：像徒具空壳的思想一样，实在过于陈腐了，除了作为了解中国'思维'的线索之外，什么都不是。"[3] 结果，"这些在中华帝国的范围内，可说是世界主义者的儒家，在一个更为广阔的国际世界中却发出了地方性的论调，他们从历史之外经过，走入了历史之中"[4]。据说，列文森对儒家传统的衰落和崩溃深表悲痛。他痛苦的根源似在于他确信"归路"绝不是"出路"。然而，当儒家人文主义进入现代世界时，它不得不遭受与它的社会政治根基相分离的命运。

列文森对儒家中国的悲叹，表现为他对那些现代中国知识分子困境的看法，他们在情感上依恋着他们的"历史"，但在理智上则献身于外来的"价值"。换句话说，他们在感情上认同儒家人文主义是对过去一种徒劳的、怀旧似的思慕，而在理智上认同西方的科

---

[2] 列文森：《儒教中国》，xi 页。
[3] 同上，xvi 页。
[4] 同上。

学价值仅仅是对当今的需要有一认识上的理解而已。他们对过去的认同缺乏一个理智上的根据，而对现在的认同则缺乏情绪上的力量。这些知识分子似乎接受这样的看法，即在哲学意义上真正原创性的洞见不能从它们自身之中产生，而必须依赖于外界的刺激。换句话说，当代中国的伟大思想必须经由一个来自西方世界的助产士之协助才能出生。

在 17 世纪，"西方思想必须经过融合才能进入中国人的心灵"，而从梁启超所处的 19 世纪 90 年代起，"中国思想需要融合才能减轻西方思想不可抗拒的入侵所带来的冲击"。列文森继续说道："在第一种情况中，中国传统是屹立不倒的，而西方入侵者披着中国传统的外衣以求获得进入的许可；在第二种情况中，中国传统正在崩溃，而它的继承者们，为了挽救这种破碎的状况，不得不借助西方入侵者的文化精神来解释传统价值。"[5]

借用"体用"的术语来说，一旦"体"从"用"中分离出来，前者就成了无用之认同，而后者则成了无本之适应。在列文森看来，实际发生在中国知识分子身上的情况是，他们逐渐被说服，从绝对忠于中国的文化主体（当时它尚有足够的动力，足以依据它本身的内在逻辑去接受外来观念），到完全背叛儒家传统，这一传统已丧失其效用，以致它完全服从于"改变"的迫切需要。

尽管列文森的观察细致入微地分析了中国知识分子的困境，即他们生活在一个与中国文化背道而驰的价值所牵制的世界中，但列文森的分析绝不意在排除一项可能性，即现代中国有原创性的思想家仍可能在儒家传统中发现其意义，不仅是为了情绪上的满足，也是为了思想上的认同。梁漱溟（1893—1988）有能力在 1921

---

[5] 列文森：《儒教中国》，ix、xvi 页。

年"捍卫儒家道德价值观,并在当代世界罕见的程度上唤醒中国人"[6],并不是一项孤立的例证,也不应该纯粹地把它理解为民族主义情绪的表现。冯友兰(1895—1990)、马一浮(1883—1967)和张东荪(1886—1973)这一代与梁漱溟一样都具备了某一层次的思想成熟与素质,这仅仅用心理与社会的词汇是很难加以理解的。

但是,问题不在于有创造性的少数人是否存在,而在于他们利用了哪种文化资源来阐述他们的思想取向。如果他们之中相当多的人在其解决问题的方法上自称为儒家,那么,答案似乎将不只是为了想象中适应上的需要,儒家象征仍有可用性,并且也说明了作为建构原则性思考的媒介,儒家观念仍继续有效。基于此点,那种认为儒家传统已经从历史之外经过而进入历史之中的看法则须重新考虑。[7]

如果传统被认为与帝制国家不可分割地联系在一起,或者它仅是那个制度的残余价值的话,那么,儒家思想作为政治意识形态必定已经完全失去它的效力,或是从根本上改变了它的权力基础。从这种观点来看,它的伟大时刻已经过去了,它在政治上的讯息看来是与现代不相干的古代残余罢了。[8]同样,如果传统被认为与农业基础经济或家庭中心社会不可分割的话,那么,现代中国社会和经济上不可抗拒的变化,必然不可避免地导致了儒家价值体系的瓦解。

另外一种立场认为,儒家思想不仅仅是一种政治的意识形态或一种社会经济的伦理,而更主要是一种宗教性哲学的传统。这样构想的儒家思想是一种生活方式,它对儒者在个体存在承诺上要求的

---

[6] 陈荣捷:《资料书》,743页。
[7] 列文森:《儒教中国》,xvi页。
[8] 例如,见沙明:《孔家店及其幽灵》(香港:文教出版社,1970),53—68页。

强度和广度，不亚于其他精神传统如犹太教、基督教、伊斯兰教、佛教或印度教对其信徒的要求。这种说法也未尝不可，但是，把儒家思想看作一种宗教或一种哲学仍成问题，因为儒家的"道"是一条最卓越的入世道路。[9]而且，儒家思想与中国政治体制缠绕在一起的程度，又是其他文化传统很少有的现象。许多研究中国思想史的学者因而都相信，由于儒家思想是帝制中国一个完全不可分割的部分，那么后者的崩溃必然不可避免地导致前者的没落。对五四时期的大多数社会批判者来说，打倒"孔家店"是和他们反对帝制中国统治阶层的残余势力不可分割的。[10]

照上面的说法来看，任何关于现代中国儒家人物的讨论似乎都带有崇古主义的味道，这当然是可以理解的。尽管我们没有充足的理由把马丁·布伯、保罗·蒂利希、铃木大拙或萨瓦帕利·拉达克里希南（S. Radhakrishnan）当作他们各自文化里的"新传统主义者"，但是一个现代儒者，无论他具有多大的创造性和革新性，都有可能被定义为多少带有贬抑色彩的"保守主义者"或"反动者"。我们还需要发展一个新的（急需的）词来描述五四以后才出现的一小群极具素养的思想家，他们在性格上是儒家，又远离政治权力的中心，故对社会的直接影响相对有限，但他们却充满寓意深远的思想。同样，我们还需要从伦理宗教层面来研究他们的思想。因此，他们比较适于被称作"文化保守主义者"。

正如史华慈所指出的，在西方，"作为一种自觉理论的保守主

---

[9] 有关这一问题，有一杰出的研究，即芬格莱特的《孔子：即凡而圣》（*Confucius: the Secular as Sacred*, New York: Harper Torchbooks, 1972），1—17页。
[10] 应该加以补充的是，这种斗争仍在中国大陆以最激烈的方式继续着。列文森"博物馆化"孔子的观念很难解释"文革"期间在思想方面对所谓儒家成分的攻击。见列文森：《儒教中国》，卷三，76—82页。参见沙明：《孔家店及其幽灵》，54—55页。

义，是作为保守主义、自由主义、激进主义三位一体不可分离的整体出现的"，而那些在中国被叫作保守主义者的人所提出的论题是隶属于超出保守、自由、激进三分法的普遍层次之问题。[11] 但是他注意到，比较分析法给了他这样一个印象："在保守主义共存特性中的民族主义成分通常是强有力的，而其他成分则是弱小的。"[12]这就把我们引导到民族主义情绪是否也是中国文化保守主义的一个界定特征问题上来了。因为，文化自信心的丧失，造成现代中国知识阶层严重的认同危机和民族主义的提升[13]，所以人们很容易发现，民族主义的情绪无处不在，它构成了所有形式的政治信念的基础，从极端的保守主义到极端的激进主义。其至最具有自由思想的知识分子，在热切地要拯救中国免于全盘瓦解的意愿刺激下，也可说是民族主义者。而文化保守主义者，意图强调保存或重新发现在精神上对中国过去的认同感之重要性，在达成他们共同目标的道路上，即唤起人们民族主义情感的道路上，加上了一层强烈的民族文化自尊感的色彩。但是，文化保守主义者进一步相信拯救中国的任务所牵涉的不只是追求富国强兵。任何仅仅为了政治目的而企图巧妙地运用文化象征意义的人，既不能恢复过去的光荣，也不能在现在产生一种自豪感。这种单维的进路，所能成就的至多只是在情感上依恋于一套不具社会基础的价值系统，事实上，它所依恋的是"一个幽灵，在产生它和需要它的社会开始解体之后，只在许多人

[11] 史华慈（Benjamin I. Schwartz）：《关于一般保守主义及特别的中国保守主义之注解》（"Notes on Conservatism in General and in China in Particular"），收于傅乐诗（Charlotte Furth）编：《改变之限制：关于民国时期的保守性选择论文集》（*The Limits of Change: Essays on Conservative Alternatives in Republican China*）（Cambridge Mass：Harvard University Press，1976），16页。
[12] 同上。
[13] 史华慈：《关于一般保守主义及特别的中国保守主义之注解》，这里涉及列文森特别强调的一点。

心里活着"[14]。

不可否认,许多文化保守主义者本身就卷入把中国的过去浪漫化的活动之中。他们力图使单音节语言、官僚制度国家和家庭本位社会等中国文化的特色普遍化的努力有时是怪异可笑的。但是,他们追求民族复兴的进路并不限于政治领域。尽管有强烈的民族主义情绪,但是他们提出的问题极其重要,因此我们必须把这些问题看作现代人所关切的普遍问题,而非只是作为中国人对中国处境的特殊性所做出的反应。

对某些文化保守主义者,特别是对梁漱溟和熊十力而言,作为民族复兴先决条件的富强之道,必须以一群体意识为基础,而此群体意识只能从所有相关的人共有的信赖承诺中产生。因此,中国知识精英最紧迫的任务是激发人民对民族复兴的意愿并提高他们的文化意识水平。只有当知识分子自己决心面对西方的挑战,把这个挑战不仅看作经济力量、军事力量的冲突,也看作基本人类价值的对抗时,以上任务才能完成。因此,要拯救作为社会政治实体的中国,其途径不是奴隶般地模仿许多人所相信的西方明显的优点。要把中国从可悲的无力状态中解放出来,知识分子必须首先力图克服那种认为中国内在文化源泉已经枯竭,救命恩典必须来自外部的虚假信念。

根据这种看法,在儒家传统里真正打动熊十力的不是它的历史主义、整体主义、社会主义或"文化主义",而是它的本体论视野和哲学人类学。当然,熊十力是从儒家观点来进行哲学活动的,但他却以一普遍的意图来从事文化创建。他不仅是一个极度悲痛的中国知识分子,而且也以一个献身于探索真实存在的忧虑思想家身份

---

[14] 列文森:《儒教中国》,x 页。

来回应他所处时代的紧迫问题。他的文化保守主义包含了一种伦理宗教的层面，这层面既超越了狭隘限定的民族主义，也透露了他的民族关怀。因此，当一度追寻的精神观念被一些人认为无关宏旨时，熊十力则感到，作为民族共同体的中国之复兴不能避免文化重建的道路。当大多数与他同时代的人为中国的衰弱所困扰时，熊十力先察识了据以评判现代世界与中国之未来的哲学基础，因而开辟了一条新的探索道路。当然，他的价值取向在性格上是儒家的，但是他着手研究的问题却在极为宽广的层面上，因为他所探究的是人类存在的永恒问题。

熊十力亦师亦学的生涯

在研究熊十力的个人生平时，我们会看到从他为师生涯中所反映出来的一些似乎矛盾的形象。1968 年初夏，他以 83 岁高龄谢世。消息传抵香港后，中国大陆以外的中国学者莫不一致认为他是 20 世纪最有原创性的思想家之一。[15] 但是，他孤独的去世看来对中国大陆的思想界没有产生什么冲击。据说在 20 世纪 20 年代末期，他曾一直是北京大学最有生气的教师之一。但根据记载，由于身体不好，他每学期只能教一门课，而且，他从未获得教授头衔。[16]

所有的证据都表明，在他教书的整个生涯中，他过着几乎退隐的生活，直到 40 岁才开始和学术界发生联系。然而，在香港和台湾，他的弟子比冯友兰和梁漱溟的要多。一方面他在思想上坚持孤

---

[15] 有关这种不寻常的重大反应，可从新亚书院哲学系和东方人文学会在 1968 年 7 月 14 日为熊十力先生举办追悼会一事看出。参见《人生》388 期（1968 年 8 月），2—3 页中对当时情况的简要报道。

[16] 这一说法是由一些熊十力最亲近的人告诉我的，如香港新亚书院的唐君毅教授。此类唐氏和熊氏之间的思想性交谈，参见熊十力：《十力语要》（重印本，台北：广文书局，1962），卷二，11—20 页。以下简略称为《语要》。

行己见，另一方面是由于他不妥协的性格，因而熊十力在他一生中从未声名远扬。[17] 然而，他的见解在一批极受尊敬的学者之中占有极重的分量，这些人包括逻辑学家沈有鼎、形而上学家张东荪、历史学家贺昌群、佛学家任继愈和儒学大师马一浮。[18]

研究从其哲学中所体现出来的熊十力就像是在目睹远见卓识之一一展现。这一卓识深深地植根于中国传统，却又独特地和当代世界一些极重大问题紧密相连。即使只是对他的主要著作做一个简短的概观，人们也会被他观察问题的敏锐性和思想的原创性震慑。虽然他的思想具有影响深远的含义，但它们都集中在一个单一的关切之上，即如何在当代中国真实地做一个活生生的学者思想家。

简要比较一下熊十力和胡适（1891—1962）两人的公众形象可能是有启发的（后者或是五四时期最知名的知识分子[19]），因为这两个人象征着当代中国两种根本不同的思维模式。胡适试图用他从西方学来的范畴把中国的问题概念化，熊十力则试图从儒家人文主义的观点来评价他所认为的西学长处。当时胡适的许多引起争论的观点在今天的思想界早就过时，而熊十力富于想象的见解，直到现在才刚开始在专业哲学家的心灵中找到同情的知音。[20]

---

[17] 有人可以辩称这可能是由于熊十力缺乏社会政治方面之影响力。但也有理由相信，他之所以受到礼遇，事实上是北京有关部门批准的，这是因为他在海外享有盛誉。

[18] 对于沈有鼎、贺昌群和任继愈，熊十力不是以后辈就是以弟子待之。关于此点，见《语要》，卷三，12—13 页、17 页（沈）；卷二，65—69 页（贺）、70—71 页（任）。张东荪是他最亲近的朋友之一，例，见《语要》，卷一，40—55 页；卷二，2—6 页。马一浮后来邀请熊氏加入他的复性书院讲学，但不久之后，他们的友谊即告破裂。

[19] 关于研究胡适的专题叙述有格里德（Jerome B. Grieder）的《胡适与中国之文艺复兴：中国革命（1917—1937）中的自由主义》（Cambridge, Mass.: Harvard University Press, 1970）。

[20] 我特别要提到的是香港新亚书院的牟宗三、唐君毅两位教授，美国南伊利诺伊大学的刘述先教授和坦普尔大学的傅伟勋教授。

胡适生于一个相当富裕的士大夫家庭，他是一个具有广泛教育背景、广阔的思想视野、很高的名声和显赫地位的世界性学者。熊十力出生于一个穷困潦倒的家庭，他是否受过任何正式教育还值得怀疑。他的学术背景仅限于三家学说（儒家、道家和佛教），他对西学的了解是通过翻译著作而获得的。作为一个兼职教师，他只能勉强维持生计，故他的社会影响是微不足道的。相反，作为自由民主主义和实用科学主义斗士的胡适有10多年都是知识界关注的中心，他举止文雅，富于雄辩，擅长交际。他上课的大厅经常挤满了人。在尖锐的对比之下，熊十力是一个执着于儒家之"道"的孤独斗士。他朴实，孤傲，甚至偏执，只有少数忠实的追随者。而其他人偶尔来光顾他的课堂，主要是出于好奇心。胡适与思想发展主流保持密切的联系，他的老师约翰·杜威在中国访问的两年间（1919年5月—1921年7月），掀起了人们对实用主义的广泛兴趣。另外，熊十力则或是自愿或是出于无意而把他的教学范围限制在一个极小的学者圈子里。他对伟大的东方精神传统的关切，就像印度诗人泰戈尔一样，泰氏在1924年所宣扬的普遍人类亲属关系的思想并未在青年人中间激起热切的反应。

在思想层面上，尽管胡适早年受过儒家经典的训练，但他却是一个打倒"孔家店"运动的伟大支持者。他提倡科学方法，主张逐步解决确定的问题，并且在思想上信奉西学。可能除了朱熹的"格物"观念之外，他认为宋明儒家的整个传统几乎没有什么时代意义。他相信，在佛教的传播过程中，中国印度化对中国人思想的理性倾向仅仅产生了消极的作用。他对古代中国逻辑、白话文学、墨家和清代学术的研究是要证明他的新方法的适用性。相对地，熊十力却献身于有创造性、有系统地重新阐述儒家的观点。他提议对中国传统上的讨论基础进行哲学探索，并对现存的价值体系进行全盘重新考察。他献身于发扬儒家的人格理想，对佛教的研究也非常精深。事实上，和胡适理性的、实用主义式重建中国社会的方法相反，熊十力感到他和中国社会有着血肉不可分割的联系，他只能从内部探索中国文化的出路。胡适能够用一种相对客观公正的态度看待中国的主要问题，而熊十力则全然地认同这些问题，并为这些问题感到苦恼。胡适能够采取一种超然的态度来考察当时中国面临的某些特殊社会问题和思想问题，而熊十力则为中国价值体系的精神破产而深受其苦，并因此不能自拔。

他们观念上的冲突实际上导致了他们之间某种私人间的敌意，这是不足为奇的。当胡适的同事们，想必是资格审查委员会之类的成员开始质疑熊十力当初受聘于北大的原因时，熊十力和他的三四个学生对所谓"名流学者"的"浅薄和粗俗"感到无比厌恶[21]，以至北京大学在他们看来是一个充满噪声和吵闹但毫无真实意义的道场。

实际上，熊十力发动的最严肃认真的运动之一就是揭露名流学者的华而不实，这些人会花好几个小时为一个哲学名词或《红楼梦》的真正作者是谁之类的问题争论不休。对熊十力来说，这只是中国知识分子精神瓦解之后所产生的怪异之处，他们很少想到具有伦理宗教深刻意义的问题。他们以为科学方法能够为经学领域的研究开辟新的视野，熊十力则认为那是不可靠的。他感到，他们实际上做到的只是最无创造性的乾嘉学术余绪而已[22]，并且，在他们的

---

[21] 有关这类私人间敌意的叙述，见牟宗三：《我与熊十力先生》，收于他《生命的学问》（台北：三民书局，1970），143—144页。应该注明的是，这些叙述根据的是牟教授个人的回忆。

[22] 熊十力完全承认乾嘉学术的力量，他真正批评的是当时经院主义的心态。见熊十力：《读经示要》（重印本，台北：广文书局，1960），卷一，8—11页。下称《读经》。

影响下，学生丝毫没有要和他们自己的文化遗产建立体验性联系的倾向，而且也没有探索西方思想精神基础的兴趣。在他看来，科学方法与烦琐哲学的结合阻碍了通向科学思想与古典学问的道路，并且妨碍了对含义丰富的思想做细腻系统阐述的可能。

一般认为，五四运动以后的20年间，因为吸收了新的观念，中国人的创造力获得了巨大的解放。熊十力对此则持有异议。他批判这种支离破碎地研究西方学术的做法只是一连串昙花一现的时尚而已。他注意到，新文学、实用主义哲学和应用科学都一个接一个地成了时髦。当新文学风行时，所有的学生都想成为作家，接着哲学成了他们爱好的领域，而后他们相信只有应用科学才能满足他们对真正学问的奉献。熊十力告诫说，尽管有大量的斯宾塞、约翰·穆勒、赫胥黎、达尔文、叔本华、尼采、柏格森、杜威和罗素的翻译著作，并且尽管中国人有把新洞见、新视境引进来的巨大潜力，但从西方来的哲学观念在中国人心中几乎没有产生什么影响。相反，一些关于西方的捕风捉影之谈，实际上在知识界产生了驳杂、混乱、浅薄以及其他的病态。

当时大多数历史学家认为，这种现象在文化吸收的早期阶段是不可避免的，熊十力则警告说，那些承担西学传递者角色的学者们没有认真地检讨他们自愿承担使命的复杂性。[23] 虽然他们的动机是想给中国人提供一些迷人的思想，但是他们对有系统地论述这些思想一事却力有未逮。熊十力认为，吸取一种在西方已成为主要思想动力的哲学洞见的唯一方法是不断努力地理解它的根本概念。只有这样，国人才能真正进入这传统并把它作为"自己的东西"（己物）的一个组成部分来发扬。但是，熊十力注意到，现代中国已经展开

---

[23]《语要》，卷一，46—47页。

的对西学之追求，就像《吕氏春秋》里的海上逐臭之夫一样，不仅是徒劳无功的，而且也损害了中国已经存在的识境。[24]

熊十力认为，如欲更加严肃认真地了解西方，需要甘于深入探究西方观念的哲学基础。如果那些提倡新思想的人仅仅出于宣传的目的才这样做，而那追赶这时髦的人又不曾试图去理解这些思想，"若此，则诸哲学家之精神，如何得入中国耶？"[25]熊十力似乎是在暗示，西学远不是中国西化派们所说的那样。它包括一深刻的伦理宗教层面，只有经由探究它的哲学含义才能获得理解。任何把它封存在一种简单的公式之中的零星努力都会严重阻碍进一步研究西方思想的意图。杜威在中国各地的旅行讲演在熊十力心里可能就属于这一类现象。虽然杜威的实用主义席卷了中国知识界，熊十力可能还会这样认为，只要他的宣传者如胡适，没有对实用主义哲学形成一个完整的观念，杜威的思想要在中国站稳脚跟的可能性是微乎其微的。

熊十力的论点基于这样的信念：真正学习西方，需要一种特殊的思想气质，一种超越富国强兵外表呈现的意愿和一种敢于面对人类存在最深刻层面上各种论题的勇气。为了与这条思路相符合，熊十力以一种深刻的迫切感献身于哲学探索。对他而言，当时每一个中国知识分子所遇到的真正选择是：依据经由体验性学习而创造出的价值来引导生活，还是怯懦地依循一些毫无生命意义的思想而苟存呢？这是一个在自我肯定的创造性过程和认同涣散的静态延续之间的选择。

这样构想的哲学探究当然不只是纯粹的分析。哲学探究的目的是建立一种意义的结构，在这个结构中，人类的活动才可以不被理

---

[24] 《语要》，卷一，46页。
[25] 同上，卷一，47页。

解为支离破碎的偶然事件，而是一个创造转化的整体过程。但是，熊十力清楚地表明，他通向哲学的路不是玄思。与那些毫无痛苦地对既存洞见的反省相反，熊十力的哲学旅程是一个对真实存在的痛苦追寻。这个追寻在他的《语要》里有最深刻的透露。

熊十力的自我形象

虽然熊十力的《语要》全本是在 1947 年才问世的，但它的第一部分已于 1935 年发行，其余的大部分也在 1939 年前完成。这部书包括短篇论文、随笔、讲课笔记、谈话记录，以及给朋友、相识、学生和亲人的信。这部书在风格上可和一些宋明儒学大师们的《语录》相比拟，是一系列有关各种不同生活处境的反省。这部书的大部分内容包括了熊十力经常提到的"讲学"，即宋明儒学意义下的哲学探究。我们偶尔会发现他的一些焦虑、挫折、愤怒和绝望，以及他一生自传性的事实描述。[26]

我们知道他出生于湖北黄冈地区一个贫穷的家庭。他父亲是一个程朱学派的信徒，在乡村私塾教书。熊十力年仅 10 岁时，父亲就得结核病死了，那时熊十力已经读了《三字经》和"四书"。他父亲的去世迫使他不得不帮邻人看牛以维持生计。从那时起，他从学的唯一正式老师是教他部分"五经"的何柽木。据说，何柽木是清朝末年革命运动的积极参加者，在维新运动的思想影响之下，他曾提倡妇女解放和建立地方学校。熊十力 20 出头时对科学新知着了迷。那时候，他了解思想世界的唯一途径是从附近地区的一个地方绅士那儿借书阅读。后来，他设法阅读维新派的文

---

[26] 应注意的是，虽然这一整本书在五四运动 20 多年后才出版，但书中的书信与议论实际上代表了他 20 世纪 20 年代以来的思想立场。

章和奏章，并且开始了解到革命性的转变即将来临。于是他选择了范仲淹（989—1052）的教旨"先天下之忧而忧"作为自己的座右铭。[27]

熊十力承认，身为一个年轻人，他是完全不受束缚的。夏天，他经常会住到荒废的寺庙里，裸露着身体在小山坡上漫步，并将打碎佛像作为消遣。那时，他已读了晚明大儒如顾炎武和王夫之的一些著作。由于深深地为他们的文化忠诚所感动，他决定参加革命。他先在武昌从军，当一个步兵，后来，进了特殊的军事训练学校。他的革命活动引起了司令官张彪的怀疑。虽然在逮捕他的命令下达以前，他已逃走，但悬赏的通缉令已散发出去。1911年辛亥革命后，他在家逗留了一段时间，接着参加了远征队，到德安垦荒。这次迁移与其说是出自对冒险的渴望，不如说是他为生计所迫。但是，由于恐惧意外的死亡，他退出了远征队。1918年他参加了广西军，不久又改变主意，和一个朋友到了广州。他曾提到1920年是决定从事学术研究的关键。他把他在35岁时这个存在上的决定说成是一生之"大转变"和"再生时期"[28]。

他接受严密思考和精神修养之集中训练的第一个时期是在欧阳竟无（1871—1943）领导的支那内学院完成的。但是，在认为已经掌握了唯识宗的哲学观点后，他发觉自己更为赞同儒家的"心性之学"[29]。他后来回忆说，他不到40岁时得了重病，也就是在那个时候，立誓要献身于圣人之道的研究。他在生命的最后20年撰写和出版有两部书：《原儒》和《乾坤衍》。此外，就是他在中华人民共和国建立以前出版的著作，后来证实了他的决定的严肃性。

[27]《语要》，卷三，63页。
[28]《语要》，卷三，63页。
[29] 事实上，自从宋代新儒学复兴以后，儒学已常被称为"身心之学"和"圣人之学"。"心性之学"的称呼也已广为使用。

熊十力所做决定的本质是什么？是他对消逝的传统理想在情感上的依恋吗？是他为维护文化认同提出的宣言而铤而走险面对西方的挑战吗？是他无视当时思想动力的主力所在，为了自身的存在开创出一个意义领域的特殊方式吗？或者仅仅是中国文化主义过时的表现？

要回答上面的任何一个问题，我们必须分析熊十力的哲学立论及其基本意图。熊十力讲得很清楚，他要成为真正儒者的意图植根于一内在的决定，他把这决定说成是"反身克己之功"[30]。这样，他的哲学本质就与他自诩为儒学思想家的自我形象有所关联。

与后来列文森所说的"思想融合"和孟旦讲的象征性的"整合主义"（integrationism）之类的观点相反，熊十力坚信，现代中国知识分子面临的最严重的危机是，他们虽然缺乏勇气直接面对当下存在的本身问题，但却愿意使自己适应外来的压力。[31]他在现代中国看到的是价值体系的崩溃、意义结构的解体，更严重的是，自我的失落——所失落的不是心理学上的自我（ego），而是，用孟子的话来说，人存在的真正基础"大体"[32]。一旦自我意识丧失，我们可以这样说，人类就只不过是生物、生理和心理作用过程的集合体。在这个意义上，要成为一个真正的儒者意味着要做一个真实的人，这需要对真的自我有深刻的体认。

以上的解释中含混之处太多，需要一番说明。熊十力的自我概

---

[30]　《语要》，卷三，64 页。
[31]　有关这点，我必须和孟旦唱反调。见拙著：《现代中国的人文主义：冯友兰和熊十力》（"Humanism in Modern China: Fung Yu-lan and Hsiung Shih-li"），收于《无所隐瞒：纪念刘毓鋆论文集》（*Nothing Concealed: Essays in Honor of Liu Yü Yün*），魏斐德（Frederic Wakeman, Jr.）编（台北：中文资料和研究服务中心，1970），179—192 页。
[32]　《语要》，卷三，64 页。

念使人联想起儒家思想中的孟子系统，特别是宋明儒家传统中的王阳明学派。事实上，这样构思的自我不仅是一个不可化约的实在，也是获致圣性的本体论基础。应该指出的是，这个意义上的圣性指的是真正的自我，它意味着根植于每一个人的人性（仁）的全面彰显或完全实现。这条思路朝向主观观点发展的倾向是十分明显的，但是熊十力和他精神上的前辈在这个问题上清楚划分了自我作主（self-mastery）和自我中心（self-centeredness）以及真我（true self）和私我（selfishness）的区别。把熊十力思想中的专门问题搁在一边，如自我中心的困境和互为主体性的问题，显然在目前的脉络中，熊十力强调自我实现是人类可以互相沟通的先决条件，这不是一种直观主义，并且它在根本上与许多为人熟知的主观主义既非完全对立，也非决然冲突。[33]

虽然熊十力反复重申他的哲学意图与王阳明的哲学意图完全一致，但作为对充满挑战的时代处境的反应，他从根本上与王阳明学说分道扬镳了。王阳明拒绝以系统的形式表达他的思想，他担忧因此会降低体验层面的重要性，而熊十力多年来则把他的生命投入将他的哲学立场以严格建构的形式呈现出来。因此他对自我实现的深刻承诺，是从企图以系统的推理形式来表达儒学讯息的知性热诚中来的。

一般说来，基于道德信念，一个儒家信徒必须为国家服务，并且必须以官员身份承担社会责任的担子。这样的人的"践履"精神通常反映在政治参与中。但是，许多历史人物的生涯却指向了另一种可能性，这种可能性也一直被人称道是儒家精神的全面体

[33] 有关这个论题的讨论，见拙著：《主体性和存有论的实在性——王阳明思维模式的诠释》，收于《东西哲学》，卷二十三，1—2期（1975年3月—4月），187—205页上，第十章。

现，即在乱世中独善其身。作为哲学家的熊十力，承担系统探索的任务是与儒家学说一致的。但是，在更深的意义上，独善其身在儒家思想中从未被认作一种孤立的行为或自求退隐，因为在意义结构中的转变意味着改造现存局面之必要。在儒家看来，政治参与毕竟总是以意义结构为基础的，意义结构才是一个独立的变数。更进一步说，政治在这里被看成是道德教育的工具，而不是官僚统治的系统。因此，儒者之所以参与政治，其目的是熊十力最喜欢的一部经典《中庸》所说的："能尽其性，则能尽人之性。"[34]

儒者相信，因为自我实现表达了伦理宗教的意义，它必然会影响到世界的行动方向，虽然我们不可把它只看作达到社会目的的手段。所以，孟子把君子定义为宇宙过程和社会秩序的守护者。[35]

关于熊十力实际上力图以"君子"的身份进行哲学探讨的说法并不牵强。当然，他很赞赏梁漱溟在乡村改革中使儒家价值得以实现的努力，他也赞赏冯友兰把儒家价值包含在一新的政治意识形态中的努力。但是，他相信自己的哲学努力，即恢复儒家信念的生机，以之为他寻求一新的存有论视境的必要部分，是更为基本的活动。他认为他有理由纯粹作为一个忧虑的思想家以探索他的存有论视境，并避免卷入任何直接的政治及社会行动之中。对大多数为科学主义所迷惑的中国知识分子来说，他奋斗的目标对于他所处时代的紧迫问题而言似乎相当遥远。但是他确信作为本体论探究的哲学活动对他本人而言，在本质上是意义深远的，对他那一代人而言，是可证明它确有重要意义的。

[34] 见《中庸》，第二十章，收于陈荣捷：《资料书》，107—108页。这段引文是原文的概括。

[35] 这里特指孟子"劳心者"与"劳力者"之分，这个观念的原意是主张劳动力的分工。见《孟子·滕文公上》，第四章。

因此，熊十力思想中包含着一种意识：个人的现世存在与超越直接历史此刻之意义结构是密切联系的。这种意识以这样的信念为基础：一个人是一个不能与他的历史根源相分离的自足的实体，而他是一个来源于过去，但继续与现在相关联的关系网的中心。作为自觉地对时代形势有所反应的沉思者，知识分子不能忽视那些一直制约他们思维方式，影响他们行为模式和塑造他们精神方向的过程。为了自我实现，他们必须彻底了解那些对他们的存在发挥过有意义作用的力量本质。根据这条思考途径，即使一个人相信传统已濒于消失，但对它进行彻底的了解仍然是必要的。只有这样，创造性的适应才有可能实现。熊十力对问题的理解不是辩护性的，他感到对儒家思想特别是对其本体论上的睿见，在知性上的赏识有助于现代中国知识分子自尊之恢复。但是，对中国和西方价值方向的根本差别做批判性的审查，对吸收新的价值观念和保留旧的价值观念而言是绝对不可少的。[36] 从这个角度来看，知识分子的最大错误是他们无意或无力去深入探索他们拥护或反对之思想的深层结构。肤浅地公开谴责传统中国，一厢情愿地挪用从现代西方来的东西，只会导致知识分子的反复无常。

熊十力远离当时的主要思想潮流，和少数的朋友及一小批追随者在一起，他不得不就此感到满足。很可能就是这种敌对的思想环境促使他以极强有力的风格从事写作。虽然如徐复观所指出的，他"至文词之典雅渊懿，实已摄六代之精英，成一家之巨制，在先生犹为余事"[37]。但是，他的著作的一个显著特征是，他表现了雄浑

---

[36] 熊氏认为："今日文化上最大问题，即在中西之辩。"最终目的是达到文化价值的互相补益。熊氏似乎是在辩称，缺乏对其间差异复杂性的理解，在更高水平上进行新的综合的可能性是非常小的。见《语要》，卷三，73页。

[37] 见徐复观：《重印〈名相通释〉序》，收于熊十力《佛家名相通释》（台北：广文书局，1962年），4页。

刚强的气概——一种急迫的，有时是愤怒的笔调。对于那些熟悉儒家经典文章风格的人来说，无论是不是其哲学的追随者，熊氏文章之气魄，犹如排山倒海而不可抗拒。[38]

作为思想家的熊十力

确实，大多数五四时期的知识分子从未感到，中国西方化的能力实际上有赖于自愿去抛弃它全部的文化包袱。即使最热心的西学支持者也了解到，需要把中国的过去和现在紧迫关心的问题联系起来。但是，因为都感到中国的生存处于危急之中，所以他们中的许多人绝对相信，增强国力必须优先于任何其他的考虑，而像寻求精神价值这类具有意义的问题就被有意地延后进行了。几乎没有人发觉伦理宗教思想对于国家建设是不可或缺的。

作为后五四时代的一员，熊十力也怀有中国知识分子所共同具有的"救国"愿望。他敏锐地感到知识分子重任的严肃性和试图欣赏及消纳西方动力的紧迫性。但是他坚持认为，这样的尝试必须以高层次的自我认识为基础。他认为，对西方洞识的采用必须与中国价值观念的重建联系起来。[39] 熊十力坚信，深入钻研中国人的心理根基不仅有内在价值，而且它在功能上对成功吸取新思想也是必要的。熊十力对五四心灵深感不安的，与其说是因为它毫无选择地接受西方，不如说是因为它在情感上依恋于西方思想的肤浅表现。不过，尽管熊十力对那些仅仅是为了公众需要而宣传西方思想的现象有过尖锐的批判，但是他明显从未对西方思想家表现出任何反感。

---

[38] 已故的台大殷海光教授曾告诉我，虽然他在哲学立场上与熊氏根本相左，但他却为熊氏的人格与文章风格所倾倒。作为研究英国经验主义的著名学者金岳霖的弟子，殷海光以逻辑方面之训练及文章表达清晰著称。

[39] 见《读经》，卷二，31—32 页。

虽然他的《语要》包含了几句对康德、柏格森和罗素的评论，但他对希腊文化、马克思主义、科学和本体论都做出了富有见解的观察。[40]他的西学知识当然是有限的，但通过他的想象与视野，他颇能正确地欣赏西方文化形上学的层面，而这方面在当时却大多被西化论者忽视了。

就"体用"而言，熊十力所认识的是：必须重建中国之"体"，以之为理解西方之"体"的真实途径。同样地，他主张对西"体"的赏识将反过来加深中国人自我认知的层次。只有这样，创造性的改变才有可能。张之洞的"中学为体，西学为用"的说法之所以错谬，不仅在于把"体用"二分是不当的，而且因为在他一厢情愿的思考中，他完全没有辨别出其中所涉及关系之错综复杂性。西化论者的弱点在于他们只采取了单一层面的进路来研究西学。他们坚决要向西方学习的努力并没有为中国人的思想带来丝毫实质性的变化，这是因为他们把西方的"用"从它的"体"中抽离了。当这些思想与其存有论结构分离时，它们就成了支离破碎的意见，仅仅对宣传家的意图有用。全盘适应不是西化的捷径，而是死胡同。熊十力深信对西方思想零星散乱的幻想绝不能导致对其基本结构有周密细致的赏识。如果有关中西两方的"体"的问题均未被触及，那么任何利用借来的思想的企图必定是徒劳无益的。

人们希望知道熊十力把哪一类问题视为"体"的问题。杰出的汉学家卜弼得（Peter Boodberg）把"体"翻译为"form"或"body"，"体"当然表达了基本结构的含义。[41]但是，如陈荣捷指出的那样，从王弼（226—249）在《老子注》里把"道体"解释为

----

[40] 例如，见《语要》，卷二，102 页、72—73 页。
[41] 卜弼得（Peter Boodberg）：《一些根本儒家概念的语义学》（"The Semasiology of Some Primary Confucian Concepts"），《东西哲学》（*Philosophy East and West*），卷二（1953），327—330 页。

"无"以来，这个术语就具有"实体"或"本质"意味的形上学意义。[42]"体"作为佛教和宋明儒家思想中最重要的概念之一，意指的是最深实在。因此"ontology"一直被翻译成"本体论"，是可以理解的。所以，关于"体"的问题就是本体论的问题。

对熊十力来说，哲学的主要任务是从事本体论的探索。他宣称，本体论不是一种玄想之形式或对外在真理的探求，他坚持认为本体论上的探求是要彰显人类文化和宇宙中创造性转化的终极根源。这种主张的基础是假定本体论——它常常被看作一小群专业哲学家脑中所玩的智力游戏，应该被理解为是与人民的福祉密切关联着的。作为对创造性转化终极根源之反思的本体论，它不仅讨论连续不断的宇宙起源过程的问题，而且也研究人性的问题。

在熊十力的哲学里，本体论不是一个依赖于一既存社会政治系统的可变物。确切地说，经由对实在结构的觉察，它事实上塑造了社会变化的大方向。当然，熊十力可以说是一个唯心主义者，但是把他的研究进路说成是唯心主义，就如同把王夫之说成是唯物主义者一样空洞。熊十力认为，意识可以决定存在之模式，他进一步辩称，人的意志不仅能理解而且能塑造这个世界的实在。在这个意义上，本体论不仅反思而且创造思想风潮，而思想风潮接着指引了社会变化的一般方向。因此，本体论以迂回但实质的方式影响人的生活。

即使对熊十力的本体论洞见做一个概要介绍也超出了本文的范围。我只想说，熊十力假定本体论能够从根本上重新组织既有现实，并且他以一种高度虔敬的态度从事这项工作。他的工作不应该被认为仅仅是一个行动取向的事业，因为它主要关心的不是社会思

---

[42] 见陈荣捷：《资料书》，791 页。关于此论题在本体论上之叙述，见牟宗三：《才性与玄理》(香港：人生出版社，1963)，128—139 页。

想或政治意识形态。但是，他相信他所从事的本体论上的任务，对中国的生存是重要的，而且，一个有生气、富于活力的中国文化传统的延续也要依于此。尽管这种信念之中有过度的自傲，但它反映了熊氏在参与拯救中国全民族的努力中，对他所应努力的方向有了真诚而又痛苦的理解。这样，他在本体论上的探究就带有了强烈的民族主义情感色彩，但是，他思考这项任务的方式和执行这个任务的途径，都不容许我们用简单的社会心理学上的注解来加以化约说明。

熊十力对后五四时期出现的思想危机的自觉反应，无疑可以由他对当时历史形势的认知来加以解释。当然，熊十力不能避免那个时代每一个有思想的中国人都感到的心理压力。事实上，如果能注意到和分析这些压力的影响，人们会更加欣赏他的著作。他独特的写作风格和他著作的刊行版式都强烈反映了他那一代人的心声与愤怒。然而，论称他的本体论可以化约为追寻根源的社会心理上的需求，是完全错误的，把他的探究解释为"试图避免历史感情和价值认知之间的冲突"，同样也是错误的。因为他明显不是列文森所定义的"传统主义者"[43]，后者榨干了不朽者的当代价值。因此，把他说成是一个陈腐的思想融合者或一个象征性的整合者都是不恰当的。

而且，从他的本体论观点来看，熊十力不仅直言驳斥了偶像破坏主义，他也认为"从东方和西方筛选出最好的思想"这种普遍流行的口号也不过是一厢情愿。他认为，严肃的选择依赖于体验的知识和批判性的考察。熊十力之倾向是试将中国文化本体论层面的探索，作为批判性地审察西方文化哲学基础的

[43] 列文森:《儒教中国》，卷一，132—133 页。

途径。他相信，只有这样，中国知识分子才能真正吸收西方智慧。熊十力试图传播的不只是研究西学的进路。他的意图是系统地阐述一种本体论上的知觉，这种本体论知觉将可作为中西方欣赏彼此文化价值的基础。人们很可能会问，熊十力"对普遍接受的价值的所谓承诺，是否掩饰了对其特殊的历史起源的关切"[44]。总之，熊十力是否最后还是陷入了列文森式的困境？"一个中国人在赞扬中西价值融合之美时，他的唯一动机是一种愿望——完全与价值领域无关——把中国和西方看成是平等的伙伴。"[45]

如果我们接受这种观点，认为在认识的意义上，对于中国后五四时期的知识分子来说，让他们与其文化传统发生联系的唯一办法是以输入自西方的法则来衡量它，那么，我们当然必须把熊十力的本体论洞见归于心理调节的范畴之下。根据这样的论证途径，"美丽新文化"的到来将迫使熊十力面对一个基本上是非儒家的世界。作为一个深深植根于中国传统的哲学家，熊十力不得不被西化过程异化了。对过去中国在情感上的依恋，一种形式的排他主义在他自己和他的门人心中盘桓，而且他要建构一个新本体论的普遍意图，只不过是一个哲学上的策略，其设计目的在于使他的民族主义情感能获得学术上的尊重。

这样的推理路线实际上立基于化约论的信条，即西方化是一个不可逆转的、单层面的、直线的进展。如果这样一种解释性的观点发生动摇的话，那么，只是因为熊十力的本体论洞见具有儒家的特征，它就必然是对历史的依恋而不是对价值的承诺，这种看法就不再有什么说服力了。同样地，仅仅因为熊十力自觉地试图从一

---

[44] 列文森：《儒教中国》，卷一，110页。
[45] 同上。

个特殊的观点来进行哲学探讨，就把他的思维方式看作一种党派主义，看来也是不恰当的。同理，把他的普遍意图说成只不过是一种民族情感的表现，那就排除了一种可能性，即在迷惑和混乱的环境之中，一个有原创性的心灵仍然能够察觉到基本的人文主义价值。

本心与终极实在

虽然很少有人曾试图研究熊十力思维方式之起源，但人们一般认为"印度佛教唯识传统里的形而上唯心主义"在他的哲学训练中扮演着非常重要的角色。他公开承认他思想上受到欧阳竟无的影响，欧阳竟无的支那内学院对现代中国系统研究唯识宗工作之恢复极有助益。这个学派以唯识论闻名于世，亦称为法相宗。[46]

法相宗的一个显著特征是它对心（意识）的了解很精致。整个唯识传统中由于心之地位突出，因此产生了对此主题的大量精细的分析。心被分为八识。前五识属于感官知觉：眼识、耳识、鼻识、舌识、身识。第六识是感官中心，是意识心或一般的感知器官。第七识是思想中心（末那识），是自觉心或思维的意愿、推理的认知基础。第八识是意识的仓库（阿赖耶识）。八识之中的每一种都被假定为一个可区分的实在，都要求一种适合它本性的分析。虽然前六种感官知觉可以很容易地依普通心理学来理解，最后两种则需要

---

[46] 有关法相（唯识）宗之扼要说明，见陈观胜：《佛教在中国》（*Buddhism in China*）（Princeton：Princeton University Press，1964），320—325 页。又见陈荣捷：《现代中国之宗教趋势》（*Religious Trends in Modern China*，New York：Columbia University Press，1953），105—106页。本书以下简称"陈荣捷：《宗教趋势》"。关于熊十力与此传统之关系的简要叙述，见于陈荣捷：《宗教趋势》，126—135 页。

较为复杂的分析模式。[47]特别值得注意的是阿赖耶这一观念。唯识宗的"阿赖耶识"说，不是关于无意识的机械论诠释，而是包含了许多类似心理分析的洞见。下列引文即是一例：

> 种子生现行，
> 现行薰种子。
> 三法（种子、现行、薰习）展转，
> 因果同时。[48]

　　一个印象，一个人类主体行为或思想的种子，必然要在外部世界产生一个表现（现行）。这样，个人的心理状态不是一种孤立的私人事务，而是一个必然要影响世界变化而充满活力的动因。这个表现使我们感知为宇宙的一个组成部分，同时，这一表现接着经由薰染过程对种子的性质产生影响。但是，它们之间的关系不是一种简单的因果关系。确切地说，与依赖而生的原理相一致，它们是"同时"发生的。因此，对这个理论进行分析的方法是双重的：一是出于启发性的目的，把实体分化为各自独立的部分；二是为了全面的理解，合成不同层次的观察结果。

　　这个学派的意图是"深入到转瞬即逝的面纱背后以获得超越一切条件性和相对性的绝对知识"，因此它把注意力集中在阿赖耶的净化上。除了其他事项之外，这个任务牵涉意识水平之升华。这部分解释了为什么该学派一直被认为中国佛教中最具知性取向的传统。陈观胜指出，虽然龙树的中观设想两种层次的真理，唯识学则提倡三个层次的知识。而此三个层次的知识指涉了三种获

---

[47]　见陈观胜：《佛教在中国》，321—322页。
[48]　见陈荣捷：《宗教趋势》，107页。这段话又为陈观胜书所引，323页。

致真理的进路。遍计所执性的观点，以"单纯的想象"为基础，以一种歪曲和零散的方式来掌握真理。依他起性的观点，以因缘和合原理为基础，只能认识到真理的暂住和无常面。圆成实性的观点，以对终极实在的洞见为基础，包含了对真理的"圆满的理解"。因此，这个学派的主要目标是经由分析探索来指点通向觉悟的道路。

熊十力在支那内学院学到的不仅仅是佛教的基本哲学和唯识论的教义。作为支那内学院大师欧阳竟无（他是现代中国最杰出的佛教思想家之一）最忠实的信徒，熊十力受到了十分特殊的教育，即将体证知识和严格超然的分析方法相结合的特别教诲。事实上，在"皈依"儒学之前，他已经成了研究中国佛教的主要人物之一了。他的《佛家名相通释》和《因明大疏删注》对佛学的贡献极大。这也许可以解释为什么布里尔神父（Father Brière）在他的《五十年来的中国哲学》（1898—1950）里把熊十力说成是一位有原创性的佛学思想家，并说他综合重建了"唯识"哲学学派。[49]事实上，当熊十力于 20 世纪 20 年代末期在欧阳竟无指导下系统地探究窥基的不朽著作《成唯识论述记》时[50]，他已被看作这位大师潜在的继承者了。

根据熊十力自己的回忆，只有在经过长期精神上的探索过程之后，他才决定改变他的哲学立场：

---

[49] 布里尔（O. Brière）：《五十年来的中国哲学》（*Fifty Years of Chinese Philosophy*），汤普生（Laurence G. Thompson）译（New York：Frederick A. Praeger，Inc.，1965），42 页。

[50] 此书在中国已佚失数世纪：在 1880 年，著名的佛教学者南条文雄将它赠送给杨文会。此书在中国重刊流行标志着佛学在现代中国复苏之始。见陈荣捷：《宗教趋势》，109—110 页。

有人说，我的哲学是援儒入佛的。这话，好像说得不错。其实，个中甘苦，断不是旁人所可知的。我从前有一个时代，是很倾向于印度佛家思想的。我研究佛家学问，绝不是广见闻矜博雅的动机，而确是为穷究真理，以作安心立命之地的一大愿望所驱使。我常问无著和世亲一派之学于欧阳大师，也曾经服膺勿失的。其后，渐渐离开百家之说，佛家和其他（连孔家也在内）一概不管，只一意反己自求。我以为，真理是不远于吾人的。决不是从他人的语言文字下转来转去可以得到真理的。所以，我只信赖我自己的热诚与虚心。时时提防自己的私意和曲见等等来欺蔽自己。而只求如陈白沙[51]所谓措心于无。即是扫除一切执着与迷谬的知见，令此心廓然，无有些子沾滞。如此，乃可随处体认真理。久之我所证会者，忽然觉得与孔门传授之"大易"[52]的意思，若甚相密契。因此，才把旧日所依据无著和世亲一派的主张而造作的唯识论，全毁其稿。又誓改造新唯识论，以救其失。我之有得于孔学，也不是由读书而得的。却是自家体认所至，始觉得和他的书上所说，堪为印证。这个甘苦，也无法向一般人说了。[53]

根据像这样自传性的描述，陈荣捷认为，熊十力对唯识宗的新解是从《易经》的观点来批判佛学的，陈荣捷诠释的见解与熊十力自己的论证非常一致，"评判佛家空有两宗，而折衷于易"[54]。我们

[51] 陈白沙（字公甫，1428—1500），明代新儒学思想领袖，一直广为人宣称是王阳明动态唯心论的先驱。
[52] 这里"大易"指的是《易经》中的"大化"观念。
[53] 熊十力：《新唯识论》（台北：广文书局，1962年重印本），卷一，82—83页，以下简称《新论》。参见陈荣捷：《宗教趋势》，126—127页。
[54] 熊十力：《新论》，序言，1页。

可以根据历史事实不赞成熊十力"易者，儒道两家所统宗也"的看法。[55]但是，不可否认的是，《周易》作为中国思维模式之最古老和最有特性的表现之一，为我们提供了"令人叹为观止的宇宙论，和一种认为在宇宙进程中人类拥有创造性行动和自由之潜能的哲学"[56]。用荣格（Carl G.Jung）的话来说，《易经》是从中国人的观点来探究"内在人格"和"个人完整性"的，作为一种探究方式而言，《易经》具有特殊意义。[57]

在《易经》的深刻洞见中，最直接激励熊十力的是"大化"这个本体论的概念。与唯识论所说的现象都是暂时的、不确定的、转瞬即逝的，因此是虚假的理论相反，《易经》断定大化的实在性。当然，熊十力坚称，外在世界，就其被设想为绝对独立于意识之外而言，是不存在的。不过，熊十力认为大化是本心的必然呈现，因此完全拒绝了唯识宗所断言的境由识（阿赖耶）生的主张。他相信终极实在或本心绝非一个静止的实体，而是一个源源不断的生命之流。现象世界与大化不可分离，应该被看作实在的一个组成部分。

陈荣捷注意到，在熊十力的新觉识里，实在之最终意义为"连续之流"。这样构想的终极实在不仅是一个存有的状态而且是一个变化的过程，"本体是显现为无量无边的功用，即所谓一切行的。所以说是变易的。然而本体虽显现为万殊的功用或一切行，毕竟不

---

[55] 同上。
[56] 牟复礼（Frederick W. Mote）：《中国的思想基础》（*Intellectual Foundations of China*，New York：Alfred A. Knopf，1971），15页。关于《易经》的一般性诠释，见卫礼贤（Richard Wilhelm）译：《易经》，由尼斯（Cary F. Baynes）转译为英文（Princeton：Princeton University Press，1967），x/vii-xii 页。
[57] 见荣格（C. G. Jung）《易经》前言，收于卫礼贤译，《易经》，xxi-xxxix 页。又见荣格（C. G. Jung）：《心理学与宗教：西方和东方》（全集，卷十一），贺尔（R. F. C. Hull）译（New York：Pantheon Books，Bollingen Series，1958），82 和 96 页。

曾改移他的自性。他的自性，恒是清净的、刚健的、无滞凝的。所以说是不变易的"[58]。事实上，《易经》中"易"的概念蕴含着两重意义：基础的恒常结构和变化的动态过程。因此，终极实在也被熊十力在概念上界定为不断地变化，这是可以理解的。与佛教所说的"变化的现象之流"是暂时的、无自性的，因而是虚幻的观念根本不同，熊十力坚持认为它（变化的现象之流）是终极实在的具体呈现。因此，现象界的复杂多样性，绝非心灵的幻象，它具有本质上的意义，因为它以有形的形式显示了终极实在的创造性。用熊十力所喜爱的比喻来说，这个关系就像大海和众沤的关系。大海是根据众沤而被感知的，而众沤则是大海的必然表现。众沤不能与大海分离，大海是众沤存在的必要基础。在这个意义上，熊十力阐述了"本体"和"作用"的统一。

无疑地，熊十力本体论上的视境与宋明儒学大师们的学说，特别是张载的学说相似。[59]事实上，熊十力的宇宙论二元论"翕"与"辟"，使人想起张载论"气"的聚散，"此虚实动静之机，阴阳刚柔之始"[60]。熊十力本人承认他思想上受到张载的启发，虽然他对张载宇宙论的赞赏首先是经由王夫之的哲学作为媒介而引起的。[61]对熊十力来说，翕意味着"凝聚的势用，是最成为形质与趋势

---

[58] 见《新论》，卷一，28—29页下。引文出自陈荣捷：《宗教趋势》，34页。

[59] 关于张载哲学的简短叙述，见唐君毅：《张载的心学及其形上学基础》（"Chang Tsai's Theory of Mind and Metaphysical Basis"），《东西哲学》（*Philosophy East and West*），卷七，第二期（1956年7月），113—136页。又见陈荣捷：《资料书》，495—517页。

[60] 陈荣捷：《资料书》，503页。

[61] 本研究省略了王夫之对熊氏的影响。但在关于熊氏思想的知性构造之较全面的分析中，必须把王夫之关于实在的哲学思考看作（熊氏思想之）背景，关于王夫之对体用之研究，有一易引起争议的分析可供参考，见朱伯昆：《王夫之论本体和现象》，收于《中国哲学史论文集》（北京：中华书局，1965），66—99页。

的"[62]。这种形体化发展的倾向是形形色色的世界和复杂多样的存在的本体论基础。但是，翕始终处于辟的选择性和指导性活动的笼罩之下。辟——作为心的界定特征——强迫"这个表面上处于对立紧张状态的宇宙之流"变为"一个秩序井然的，恒常的大化流行，而不是互动势力的静态平衡"。这就导致了这样的观点：终极实在是"功能或过程，从不曾完全是被动的，而是始终产生和不断产生天、地、人的和谐之综合"[63]。

要指出王阳明在这种看法中的影响并不困难。熊十力一再认为王阳明是儒家之道的真正传承者，而且是他自己的哲学先驱。[64]有意思的是，熊十力对王阳明"心"的概念的赞扬——这个概念被王阳明同时期的批评家看作禅宗的思想而加以猛烈攻击——正显示了他自己的思想方向，这一方向也被恶意批评他学说的人说成是基本上源自佛教的直观传统。熊十力对唯识宗因果关系理论的驳斥或许可以理解为佛学论域内的一项思想冲突。[65]但是，由于强调终极实在及其显用之间的统一性与不可分性，熊十力明显故意违反了佛教关于世界虚幻性的断言。而且在熊十力的哲学里，人类活动和关系是真理最高表现的组成部分，这个观点是任何佛教学说都难以赞同的。

熊十力忠于王阳明能动的唯心论的精神，他主张心不仅是认识上的知，而且是具感情的行。知和行的统一是熊十力思维方式的一个十分重要的部分，以致任何缺乏存在含义的纯粹知性都被他摒弃

---

[62]　见《新论》，卷一，57—66页。关于引文，见戴氏（Clarence Burton Day）：《中国的哲人》（*Philosophers of China*，New York：Citadel Press，1962），328页。

[63]　戴氏：《中国的哲人》，328页。

[64]　见《语要》，卷二，85页。

[65]　从佛教观点对熊氏新进路的严肃批评，见印顺：《评熊十力的新唯识论》（香港：成文出版社，1950）。

为无价值的东西，或至多只是一种玩弄光景的游戏而已。熊十力认为，心永远不可一分为二。它不可分的统一性在创造性的过程中已彰显出来，在那里，外与内的分别都完全被超越了。因此，心活动着，创生着，以及领悟着。实际上，正是在心的感受性里——它的感觉和关怀的能力——人的创造性潜能真正存在着。在严格意义上，"mind"这个词用来翻译汉字"心"是不够的，其实应译为"mind heart"。它所包含的内容比一般心灵哲学中的心要丰富得多。事实上，熊十力宣称，作为人性本质的本心，以与终极实在彰显自身同样的方式在诠释和指导大化之流。作为一个诠释性的动因，它赋予宇宙意义；作为一个指导性的动因，它塑造了真正实在。因此，意向不仅是意愿，而且是有塑造和创造意义的意愿。熊十力看到，心灵的定向力量是"生命力量"，它不断地发展和变化，然而不会失掉内在的主体性。[66]

熊十力认为，经由内在的自我转化，人的状态是可以改变的。他对心高度复杂的理解就是以这种强烈信念为基础的。心，经由它经验性的领悟，不仅理解着，而且定向着和主宰着。暗含在这种本体论见识中的是一种信念，即借着提高人民的觉悟水平，知识分子必然会塑造社会变化的方向和影响国家的命运。但是，这种形式的精英主义是以自我知识、自我定向和自我主宰为基础的。因此它指向一个道德群体的开放系统，而非指定的层层控制的阶层组织。根据这个理由，孟子"劳心者"的概念实际上指那些对社会意义结构之完整性负责的道德领袖（《孟子·滕文公上》）。注意宇宙过程和

---

[66] 值得注意的是，熊氏将本心界定为完全独立的整体。第一，它被称作"心"，因为它是万物的真正实体，但本身却非一物。第二，它被称为（真）意，因为它依据自性所有的不断创造性而发展。第三，它被称为（纯粹）意识，因为它在创造的同时也在理解。心、意、识三者统一才是本心真意之所在。见《新论》，卷三之一，100—101页。

法律及礼仪秩序保持一种和谐状态是他们的责任。当然，他们主要关切的不是维持现状。从熊十力的哲学来看，停滞意味着退化。如果终极实在被理解为大化流行的动态过程，那么，去改变和创造的勇气便是生存的先决条件。因此，和谐状态不能仅仅经由平衡互相冲突的力量而获致，不管内在的矛盾如何，只有经历了持续不断的创造性整合过程，和谐才能实现。因而，那些拒绝赞同单一层面进化的简单思维模式的知识分子对变化的真正秩序贡献良多。毕竟人类群体是"实然"与其成员所坚持的"应然"之间辩证的相互作用。对心的本体论探索，绝非是形而上学家的消遣，它成了人们不可剥夺的权利和不可避免的责任。如果知识分子没有完成他们作为意义结构保护者的任务，那么，用孟子的话来说，他们将不再为"劳力者"所"食"（《孟子·滕文公上》）（供养）。

要注意熊十力对心的内在性的强调是以"群体意识"成为自我实现之基础为先决条件的，这是很重要的。当然，作为社会幸福组成部分的个体价值是被承认的。但是，由于一个人从未被理解为一个原子化的实体，而总是各种关系的中心，那么人的尊严可以通过灭尽私欲，也可以通过争取公民权利的奋斗来证实。

熊十力本体论中的仁

与宋明儒学中的王阳明学派一致，熊十力说："仁者本心也，即吾人与天地万物所同具之本体也。……盖自孔孟以达宋明诸师，无不指本心之仁，以为万化之源、万有之基，即此仁体。"[67] 如同人们所预料的，"仁"在熊十力的本体论中处于一个关键性的位置。这使戴氏（C. R. Day）能够得出这样的结论："在熊十力一生的哲

---

[67]《新论》，卷三之一，79—80页。

学探索中，他把'仁'放在中心，并全然相信所有的人都能分享它，由此证明他自己在精神上是真正的儒者。"[68]

熊十力把"仁"当作生命之力来强调可能已带给布里尔神父一个印象：他过去所成就的只不过是种折中主义，"把（唯识）宗的经典理论和宋明儒学的阳明学基本原理融合在一起，并从柏格森的唯心论里汲取灵感"[69]。这里，提及柏格森之处需要一些解释。我所考察的用西方语言写的所有有关熊十力的资料实际上都至少附带提到了熊十力在某些方面受到了柏格森哲学影响的事实。汉密尔顿（Clarence H. Hamilton）在他给《大英百科全书》写的一个条目中就这样说道，"西方思想中，他对分析方法和柏格森的创化观念颇为赞赏"[70]。从什么意义上说，熊十力是一个柏格森主义者呢？

实际上，这个问题是由谢幼伟写给熊十力的一封长信引起的。谢幼伟认为熊十力领悟"本体"的方法似乎与柏格森直觉性的接触实在的方法十分相似。但是，熊十力直率地驳斥了这种比较，其理由是他的本体论上的识见与柏格森哲学上的假定根本不同。他认为，柏格森的假定是以生物学上的模型为基础的。熊十力对柏格森的了解确实是二手的。看来，在他收到谢幼伟的信时，他仅仅读了他的朋友、著名的西方哲学教授张东荪所译的《创化论》（*Creative Evolution*）。熊十力断然否决了他的本体论上的识见与柏格森的"直觉"有任何关系。他进一步认为柏格森的本能概念只在"习心"的层次上真正发生作用，而不是在"本心"的层次上发生作用。[71]

---

[68] 戴氏：《中国的哲人》，329—330 页。
[69] 布里尔：《五十年来的中国哲学》，42 页。
[70] 汉密尔顿的文章是对戴氏哲学取向的中肯总结。
[71] 《新论》，卷三之二，66 页。见刘述先：《熊十力的因果论》（"Hsiung Shih-Ii's Theory of Causation"），《东西哲学》（*Philosophy East and West*），卷十九，第 4 期（1969 年 10 月），407 页，脚注 18。

我们必须立即补充说，熊十力不愿意赞同柏格森的哲学，绝不意味着用西方哲学的其他办法对其本体论进行分析也要被排除。对他来说，这一类的比较研究，绝不是要不得的，而是极有意义的。在给谢幼伟的回信中，他接受了这样的诠释，即布拉德雷（F. H. Bradley）的《现象与实在》（*Appearance and Reality*）所包含的见解与他自己所坚持"本体"与"显用"的统一非常相似。但是，他警告说，他的"体验的领悟"本体论之方法——他把它看成是"中国哲学的显著精神"，可能在基本上与布拉德雷的理智推论不同。同样，虽然他有保留地说，这样的类比可能会产生误会，但熊十力还是赞赏张东荪的比较性观察意见，即他的《新唯识论》与怀特海德（Whitehead）的《历程与实在》（*Process and Reality*）中的哲学意图是相合的。[72]

可能在强调基本儒家价值"仁"的重要性时，熊十力主要关心的是创建他自己的本体论，而不是根据西方的新观念来抬高儒家概念的威望。康有为曾试图使"仁"普遍化以适应他所处时代的要求。与康有为不一样，熊十力不太关心他的哲学是否在那些熟悉西方思想最新潮流的人眼中有多么新或多么世界性[73]，他唯一关心的是把注意力集中在通过长期而辛苦的体验过程，以发现"真理"和"价值"这类看起来似乎是不可能完成的使命上。虽然他没有把他的工作看作一个离群索居思想家的孤军奋战，但是他强烈相信他在哲学上的追求，必须从探求自己文化的特殊性和他自己存在的独特性方面开始。用孟子的比喻来说，探究智慧的源泉要从发掘一个人

---

[72] 《新论》，卷三之二，65—66页。同处也提及杜威和罗素。同样地，他对社会达尔文主义之批评是出自一个本体论的观点，见《新论》，卷二之二，10页。

[73] 这里应该注明的是，虽然熊氏对谭嗣同十分推崇，但他一再批评康有为为了使儒家思想与现时相关而毫无批判地摄取西方思想。

真实的自我开始。然而，其目的既不是宣称其民族性的力量，也不是断言其文化传统的力量，而是肯定"真实存在"的普遍关联性。这样，"仁"就是一个不具政治色彩的本体论的人性理念。在这个意义上，熊十力的哲学有意识地试图证明，这样一个任务不仅在经验上是可能的，且在道德上是绝对必要的。

如果我们像列文森一样把思想史说成是"人进行思考的历史，而非思想的历史"，那么，熊十力在本体论上的识见确实没有指向一个如逻辑架构般的思想体系，永远传递它本质上的意义。确切地说，作为心理活动和哲学追求的"思想"，它"意味着脉络（变化）而非与现实分离，（因为）人们在完全不同的环境里思考思想时，他们意指着不同的事件"[74]。人们可以这样辩说，作为一个儒学思想家，熊十力所据以从事哲学活动的社会脉络清楚地显示"一套儒家态度，即使人们可以认为它们尚未被腐蚀的话，也不会融合成完整的心理形态（gestalt）"[75]。在理论上企图抹杀"历史是过程"，而赞扬历史是"本质的过去"（essential past）之持续，这当然是站不住脚的。但是提出"意义"的根本论题，作为理解看似冷酷无情之历史过程的途径，却是一个思考者的天赋权利。如果各类思想都可以化约为仅仅是社会变化中不可逆转的潮流的反映的话，那么，"人在思考"的意义是什么呢？"'在那儿'，在人为的历史中，罗网从未扯裂，并且思想、社会、政治、经济、文化各种线索都交织在一起。"[76]但是，交互关联的解释模式不必意味着关系的固定不变。重新组织的可能性总是存在的，而思考者从未"固定于"现状之中。

---

［74］ 列文森：《儒教中国的源起及其现代命运》（"The Genesis of Confucian China and It's Modern Fate"），收于小寇帝斯（L. Perry Curtis, Jr.）编：《史家研讨会》（*The Historian's Workshop*，New York：Basic Books，1972），258 页。

［75］ 同上。

［76］ 列文森：《儒教中国》。

　　布拉德雷主张，作为一种思想反省的形式，哲学不应该干涉社会事务。熊十力和他不一样，熊十力相信主体论上的认识必然导致既有现实的重组。熊十力忠于儒家"知行合一"的观念[77]，相信思考不仅仅是反省，而且是定向、塑造和创造。熊十力在研究"仁"之后得出了一基本信念：（本体的）认识不仅是现实之表现和真理之召唤，而且是事务基本结构的重新组织。有了对人的状况的深刻认识，才能产生对历史特殊性的强制性了解，也才能创造人类社会的新秩序。因此，系统地探询一个既定文化中最深刻的观念，是阐述作为根本性变化和适应先决条件的本体论最真实的途径。熊十力可能会这样认为，如果中国将会作为一个完整国家生存下去，一部分是因为它有勇气发掘其根基，钻研其存在理由的真正基础。事实上，熊十力使自己承担了这种"挖掘和钻研"的任务。因此，他在本体论上的认识，绝不是进入超然的观念领域里的逍遥游，而是经历他自己文化传统根基的痛苦奋斗，同时他是以思想上深厚的热情来完成这项工作的。

---

［77］ 列文森：《儒教中国》。